ŒUVRES COMPLÈTES

DE

FRÉDÉRIC SOULIÉ

LES DRAMES INCONNUS

AVENTURES D'UN JEUNE CADET DE FAMILLE

Paris.— IMP. DE LA LIBRAIRIE NOUVELLE.—A. Delcambre, 15, rue Bréda.

FRÉDÉRIC SOULIÉ

(ŒUVRES COMPLÈTES)

LES DRAMES

INCONNUS

AVENTURES D'UN JEUNE CADET DE FAMILLE

TOME DEUXIÈME

PARIS
LIBRAIRIE NOUVELLE
BOULEVARD DES ITALIENS, 15, EN FACE DE LA MAISON DORÉE

La traduction et la reproduction sont réservées

1857

LES DRAMES INCONNUS

AVENTURES D'UN JEUNE CADET DE FAMILLE

I

DÉBUT D'UN JEUNE CADET

— Il est probable, monsieur, me dit en commençant monsieur de Favreuse, que vous n'avez aucune envie de savoir à quoi j'ai passé ma jeunesse. Cependant il n'est pas inutile que je vous en touche quelque chose, afin que vous compreniez ce que j'étais.

Je suis né en 1755, j'ai donc pu voir la fin du règne de Louis XV, et apprécier ce qu'il y avait de véritable sagesse dans la façon de vivre de cette époque. On a beaucoup calomnié ce roi, que pour ma part j'estime du plus profond de mon cœur.

Mais il n'y a guère que la populace qui porte des jugements historiques ; c'est pour cela qu'ils sont presque tous si bêtes et si maladroits. On a appelé Louis XIV, Louis le Grand, non pas sans doute à cause de ses vertus, car il n'en a jamais eu d'autres que de faire bâtir de grosses maisons et que de donner des pensions à de grands faiseurs de belles phrases. On l'a sans doute appelé Louis le Grand parce qu'il a ruiné ce qui restait de la noblesse que monsieur son père avait lâchement abandonnée au couteau du cardinal de Richelieu; c'est peut-être aussi parce que sa grandeur l'attacha au rivage, comme dit Boileau, le jour du passage du Rhin; c'est peut-être parce qu'il a persécuté le reste des huguenots; c'est peut-être encore parce qu'il n'a pas eu une maîtresse sans la sacrifier comme une fille du coin des rues à un nouveau caprice ou à la peur qu'il avait de son confesseur, jusqu'au jour où il a trouvé une drôlesse assez adroite pour lui en donner un de sa main; la Maintenon a vécu de la fidélité prêchée au confessionnal, la peur du diable lui a gardé son vieil amant, que vous appelez le grand roi.

A mon sens, Louis XIV ressemble à une de ces femmes entêtées et pleines de vanité qui savent vendre assez chèrement leurs faveurs pour quelque chose de très-précieux, qui usent de leur jeunesse tant qu'elles trouvent à l'employer agréablement pour elles, et qui, lorsqu'elles n'en peuvent plus, veulent empêcher toutes les autres femmes de jouer le jeu dont elles se sont longtemps amusées. Si Louis XIV avait été femme, il eût été madame de Maintenon, comme madame de Maintenon eût été Louis XIV si elle avait eu des culottes.

Oh! que ce bon Louis XV était bien autrement un homme! Très-faible, très-facile, très-aimable, très-amoureux du plaisir, et trahissant tout bonnement ses maîtresses comme nous les trahissons tous quand nous en sommes fatigués, sans pour cela se poser en bronze ou en marbre, comme faisait son glorieux bisaïeul à propos des plus mesquines actions de sa vie. Aussi jamais société ne fut mieux à la surface ce qu'elle était au fond sous cet excellent roi. On vivait fort mal selon la morale, mais on disait et on faisait tout haut ce qu'on faisait tout bas autrefois, et ce qu'on fait encore en se cachant du mieux qu'on peut. De cette façon, on ne trompait personne, ce qui est au moins une vertu.

Or, monsieur, nous vivons sous une loi qui fait du mensonge une nécessité. On impose à l'homme et à la femme des obligations que l'un et l'autre sont incapables de remplir; et comme la nature est plus forte que toutes les lois écrites, on manque à cette loi, et, par-dessus le marché, on en parle avec une hypocrite vénération.

J'ai beaucoup vécu, j'ai beaucoup vu, et je suis parfaitement convaincu que si la loi matrimoniale était exactement suivie par les hommes et par les femmes, non-seulement il n'y aurait plus de monde, mais même il n'y aurait plus de société. A mon sens, l'infidélité conjugale est le seul lien qui rattache les hommes les uns aux autres. Vous voyez, jeune homme, qu'en me servant d'infidélité conjugale je ménage la chasteté de vos oreilles de vingt ans. Autrefois nous avions pour dire cela un mot que les gens de la meilleure compagnie trouvaient de bon aloi, vous l'avez remplacé par un mot qui n'est bon à prononcer que devant les tribunaux; mais passons.

On débutait fort jeune, à l'époque dont je vous parle. J'avais à peine seize ans, que je fus présenté; mon éducation fut faite par une femme d'un âge mûr. Elle avait encore de la beauté et une expérience qui pouvait remplacer ce qu'elle avait perdu de charmes.

Ce fut la seule véritable passion que j'eus dans ma jeunesse. Elle me renvoya pour un petit-collet de province, le jour où elle atteignait ses cinquante ans. Je la pleurai, et je ne fus point ridicule.

Cela vous étonne sans doute, monsieur; mais, à cette époque, on comptait à une femme, comme qualités exquises, le savoir-vivre, les grands airs, l'esprit conteur, la parole vive et éloquente, tout ce qui occupe l'esprit à côté du cœur : la femme dont je vous parle avait toutes ces qualités au plus haut degré.

On a beaucoup calomnié notre époque, monsieur (je veux dire celle de ma jeunesse), en la représentant comme un temps de débauche court vêtue. Pour ma part, je puis vous l'affirmer, jamais on n'a tant dépensé d'esprit en amour, jamais on n'a tant causé dans les rendez-vous les plus intimes.

Je fus assez à la mode pendant une dizaine d'années; mais comme, en ma qualité de cadet de famille, je n'avais aucun moyen pécuniaire de donner de l'éclat à mes folies, et que je me fatiguais à leur inventer un tour original; comme, d'un autre côté, on avait enterré la compagnie dont j'étais capitaine dans une méchante garnison, et que je ne pouvais tirer aucun parti de mon état, je me décidai à quitter la France.

C'était vers l'année 1777; j'avais alors vingt-deux ans.

A ce moment la jeune noblesse française s'était éprise d'une grande passion pour les aventures d'outre-mer, il était de très-bonne compagnie d'aller se battre en Amérique.

Je ne suis pas homme à contrarier les goûts de personne, mais j'ai eu toujours une certaine exécration pour le noble peuple américain; c'est, à mon sens, le plus méchant assemblage de marchands fripons, de prudes dont les vertus splendides au soleil ne résistent pas à une chandelle éteinte, un ramassis de toutes les saletés de la vieille Europe, un résidu de vices usés, lequel, en vertu de ce qu'il est établi sur un sol qui n'avait pas été labouré et à côté de forêts où il n'y avait pas de grandes routes, s'est amusé à dire qu'il habitait un pays vierge, qu'il s'abritait de forêts vierges, et qu'il était un peuple vierge. En somme, le peuple américain me faisait alors l'effet de laquais qui veulent s'asseoir à la table de leurs maîtres, et aujourd'hui je pense de même; seulement, au lieu de discuter la place, ils l'ont prise.

Je laissai messieurs de Lameth et de la Fayette aller faire de l'esprit encyclopédique à grands coups d'épée dans le nouveau monde, et je pris une autre direction. Il y avait alors (peut-être savez-vous cela, peut-être ne le savez-vous pas, car je ne suis dans le secret de l'instruction qu'on donne aux jeunes gens d'à présent que par mon petit-neveu, monsieur de Frobental, qui est bien l'âne le plus bouché que je connaisse); il y avait alors dans l'Inde ce que j'appelle, moi, un grand homme.

Comme le vertueux Washington, il se battait contre les Anglais, mais il ne se battait pas contre des gens qui étaient les oncles, et les pères, et les cousins, et les maîtres légitimes du pays qu'ils occupaient; il se battait contre une nation qui était venue s'implanter sur le sol de sa race, l'exterminant, l'assujettissant, lui prenant son bien, son soleil et ses femmes. C'était là, à mon sens, une guerre juste, et je voulus aller m'y associer.

Cet homme s'appelait Hayder-Ali-Khan.

— Mais, dis-je à monsieur de Favreuse en l'interrompant, permettez-moi de vous faire observer que votre héros n'était qu'un usurpateur, et que, d'après vos idées sur la légitimité, votre choix ne valait guère mieux que celui de messieurs de Lameth et de la Fayette.

— Monsieur, me répondit sèchement monsieur de Favreuse, il n'y a pas d'usurpation dans un pays qui n'a pas de pouvoir régulier. Un homme est toujours dans son droit légitime lorsqu'il se met à la tête de son peuple pour chasser l'étranger de son pays.

— Mais, à ce compte, dis-je à monsieur de Favreuse, Napoléon...

— Napoléon a très-bien fait ce qu'il a fait, et je suppose que vous ne me croyez pas partisan de toutes ces niaiseries où l'on en parle comme d'un général qui a volé le pouvoir. Comme je ne l'ai jamais servi, monsieur, je n'ai besoin d'aucune lâcheté pour faire oublier mes services; je puis donc lui rendre justice. Il a perdu la partie par sa faute, tant pis pour lui; les autres ont pris la place, ils ont bien fait; qu'ils la gardent et ils feront mieux.

Mais si je m'avisais de vouloir faire le prophète politique, je dirais qu'ils n'en sont pas capables. Ce n'est pas la mode, dans l'ordre universel des choses, de greffer de vieilles idées sur de nouvelles.

Mais nous avons à nous occuper d'autre chose que de mes opinions à ce sujet.

J'arrivai donc dans l'Inde, et j'avoue que l'existence toute nouvelle que je trouvai me remit en belle humeur de vivre. Il faut vous dire que je n'ai jamais compris les gens qui s'ennuient et qui, pour se donner de l'occupation, s'en vont visiter les pays étrangers, comme l'Italie, l'Allemagne et l'Angleterre; c'est quitter un bon lit pour un mauvais, une femme élégamment poudrée pour une face rehaussée de farine; c'est aller se promener dans un jardin mal peigné, au lieu de rester dans un parc parfaitement tenu; c'est tout bêtement aller vivre un peu plus mal, sans qu'on vive autrement.

Mais, du diable! ce n'était pas là ce que j'entendais; je voulais du nouveau et du tout nouveau, et j'en eus à bouche que veux-tu; c'étaient bien là d'autres hommes que les hommes de Versailles, d'autres femmes que nos plus hardies luronnes de l'Œil-de-bœuf; c'était bien là un autre ciel, une autre vie, une autre cuisine.

Comme je veux en arriver vite au fait, je ne vous raconterai pas la vie que je menai dans ce délicieux pays, mais je vous dirai seulement que lorsque Tippoo-Saïb succéda à son père, quelque temps après la bataille de Trinkomali, où Hayder fut vertement battu par les Anglais, je reçus, en récompense de ce que j'avais ramené en bon ordre la meilleure partie de la cavalerie de Mysore, une trentaine d'éléphants, deux cents esclaves, une pacotille de femmes, et un petit district fort bien cultivé d'où je prenais sur les populations de quoi nourrir tout ce monde et moi-même.

Ceci vous semble énorme, n'est-il pas vrai? Mais je vous le pardonne, quoique vous ayez pu entendre parler de l'effroyable fortune qu'a rapportée de ce pays le comte Barbasan.

— Fortune effroyable en effet, lui dis-je, car elle fut le fruit de la plus lâche trahison.

—Eh non, me dit monsieur de Favreuse, ce n'est même pas de l'or des Anglais que ce Barbasan, la honte de l'Europe, est devenu si riche, c'est de ce qu'il avait reçu de Tippoo-Saïb.

Le gueux ne l'a pas vendu aux richesses qu'on lui offrait, il l'a vendu aux richesses qu'il tenait de lui; c'est pour ne pas les perdre qu'il le trahit.

— Quelle horreur! lui dis-je.

— Bah! bah! fit monsieur de Favreuse, la plupart des grands hommes de l'Empire n'en ont pas fait d'autre pour Napoléon.

Mais revenons à nous, c'est plus propre.

Et il continua :

Ce fut durant ce petit bout de rôle personnel que j'appris à mépriser les petites orgies à quatre sous dont nous faisions tant de fanfares à Versailles.

Cependant je ne pus me défaire tout à fait de mes mœurs européennes, je me laissai gagner d'amour pour une Cachemirienne que son père m'avait vendue pour la plus grande coquine du monde; elle était volontaire, exigeante, insolente au suprême degré, elle se moquait de ma barbe rousse que j'avais beau laisser pousser sans pouvoir jamais lui donner la grâce de ces belles barbes indiennes qui pendent au menton des naturels en longs flocons de soie noire.

Comme si c'eût été la grande dame la mieux élevée, elle avait ses heures pour m'adorer et ses heures pour me trouver insupportable, et cela était d'autant plus piquant, que, comme elle était entièrement à mes ordres en qualité de mon esclave, elle me disait ces choses-là à l'heure où aucune Française n'eût pu me les dire, attendu qu'avec une Française cette heure ne serait pas venue si elle avait été dans de pareilles dispositions.

Elle s'appelait Nyd-Jaïra ; elle n'avait guère d'autre esprit que de mépriser tout ce qui l'entourait, moi en tête. Il en résulta que j'en devins fou, que je me pliai à tous ses caprices, et que j'en fis une espèce de maîtresse de maison pour l'autorité qu'elle exerçait de la plus drôle de façon du monde. Elle distribuait mes femmes à mes amis quand ils me faisaient l'honneur de venir me demander l'hospitalité, et ne les laissait jamais sortir sans leur donner un bon lopin de mes meubles et de mes bijoux.

Grâce à ces façons, je marchais rapidement à la misère en même temps qu'à la réputation du rajah le plus généreux de tout le pays, lorsque mon bonheur domestique fut troublé par un petit incident qui eut pour moi des suites très-graves.

Un soir que ma Nyd-Jaïra avait été plus impertinente, plus volontaire, et surtout plus dédaigneuse qu'à l'ordinaire, il me prit fantaisie d'essayer si, dans l'Inde aussi bien que dans l'Europe, l'inconstance n'était pas le meilleur moyen de se débarrasser d'un empire qui commence à devenir par trop pesant ; et, pour aider par le contraste des personnes à la puissance du remède, je choisis parmi mes esclaves une petite fille toute naïve, toute simple, toute timide, et qui ne s'était jamais imaginé qu'on pût penser à elle.

La belle Nyd-Jaïra eut grand tort de se mettre en colère contre une escapade ; si elle avait attendu seulement deux ou trois jours, je lui aurais dit que ce petit être obéissant et soumis ne valait pas la centième partie d'un brin de ses sourcils lorsqu'elle les hérissait contre moi d'un air menaçant. Mais la patience n'était point une des qualités de ma Nyd-Jaïra, qui, à vrai dire, n'en avait aucune, et deux jours après je trouvai ma petite Indienne poignardée dans mon lit où je l'avais laissée dormant comme une marmotte.

J'avoue que ceci me rendit très-fier, et, après avoir déploré le sort de la jeune infortunée, je me dis tout bas en moi-même :

— On m'aime donc, puisqu'on est jalouse au point de tuer sa rivale !

Hélas ! monsieur, je fus détrôné de cette prétention de la manière la plus fâcheuse du monde, et voici comment :

Je ne pouvais laisser passer cette plaisanterie de ma Nyd-Jaïra sans la punir d'une ombre de châtiment ; je la fis donc comparaître devant moi, et je lui reprochai son crime comme je le devais. La drôlesse ne daigna pas me répondre une seule parole, soit pour s'excuser, soit pour me demander grâce.

Or, comme je n'avais pas d'autre dessein que d'en arriver là, je fus obligé d'aborder moi-même la défense de la prévenue, comme vous dites vous autres, en style de barreau ; et je lui fis entendre qu'elle pourrait être pardonnée, s'il m'était prouvé que quelque grande passion, quelque grand désespoir l'eût poussée à commettre son crime. Je ne pouvais pas mieux lui souffler sa réponse, et je m'apprêtais de mon mieux à m'attendrir au moment où elle me dirait :

— Maître, c'est la passion que j'avais pour toi qui m'a

égarée; c'est le désespoir de me voir préférer une rivale qui a armé mon bras.

Mais la coquine s'obstina dans son silence.

Comme de mon côté je m'obstinais à vouloir que ce fût la jalousie qui lui eût fait tuer sa rivale, je fus assez ridicule pour lui dire en propres termes :

— O Nyd-Jaïra ! Nyd-Jaïra ! comment se fait-il que l'amour que tu as pour moi ait pu t'égarer au point de te faire commettre un meurtre?

Jamais, monsieur, au grand jamais, je n'ai vu une femme partir d'un si joyeux et si franc éclat de rire que celui de ma belle maîtresse à cette apostrophe sentimentale.

— Moi, me dit-elle en jetant à grand'peine chacun de ses mots à travers le rire immodéré qu'elle ne pouvait vaincre, moi, dit-elle, amoureuse de toi et jalouse de toi! tu es fou, rajah! tu es fou!

— Mais pourquoi donc as-tu tué cette malheureuse? m'écriai-je avec une fureur dont vous devez comprendre l'exaspération.

— Parce que je ne veux pas, repartit-elle en me tournant dédaigneusement le dos, que tu sois l'esclave d'une autre que de moi.

Hélas ! monsieur, j'avais établi mon tribunal derrière la table où je mangeais, j'avais déjà beaucoup bu de cet horrible vin de Porto que nous volions le plus possible aux Anglais, et j'avais la tête plus qu'échauffée.

A l'insolente réponse de Nyd-Jaïra, et surtout au geste dédaigneux dont elle l'accompagna, je tirai le poignard que j'avais à ma ceinture, et je le lançai violemment contre ma belle esclave. Il se plaça tout entier entre les deux belles épaules de cette femme que j'avais tant aimée, et elle tomba morte sans pousser un soupir, sans proférer une parole. Avec son cadavre qui s'abattit sur la terre, toutes les esclaves qui m'entouraient tombèrent à genoux, et j'entendis résonner autour de moi un murmure approbateur, parmi lequel j'entendis ces paroles prononcées par les plus hardies :

— Voilà un bon maître !

Puis, comme je restais abîmé dans l'horreur et dans la honte de mon crime, toutes mes femmes vinrent me saluer les unes après les autres en me disant :

— Tu as été juste et tu as été grand, tu as été bon et tu as été fort.

Et elles me parlaient de bonne foi, monsieur; car jusquelà je n'avais été à leurs yeux qu'un imbécile digne de leur mépris, et si c'eût été dans ce pays la mode de donner des sobriquets à tout propos, on m'eût probablement appelé *grand* comme Sa Majesté Louis XIV, parce qu'après avoir été lâche, j'avais été assassin.

C'est que c'est ainsi que la plupart des hommes entendent la force et la grandeur. Ils n'estiment que ceux qui les mènent, et, en fait de violence, il faut que l'excès soit bien grand pour déterminer l'esclave à rompre sa chaîne. L'homme en général est lâche, et bien souvent, dût ceci vous paraître un paradoxe, son courage vient de sa faiblesse. C'est la peur qu'il a de son capitaine qui fait marcher le soldat contre l'ennemi dont il a peur; c'est la peur qu'il a de ses camarades qui fait marcher le capitaine, et ainsi de suite, jusqu'à l'homme qui fait peur à toutes ces peurs et les tourne en courage.

Et à propos de courage, il faut vous dire que j'étais en ce moment à bonne école. Tippoo-Saïb, qui avait vaincu les Anglais, qui leur avait imposé une paix qui durait depuis huit ans, avait employé ce long repos à préparer une attaque formidable contre la puissance britannique, qu'il prétendait complétement exiler de l'Inde.

Il y avait dans la tête de cet homme beaucoup de ce qui fait les grands souverains et les grands généraux; tout prêt à se prendre au collet avec les Anglais qui étaient à ses portes, il avait essayé de leur susciter des ennemis à quelques mille lieues de l'Inde. Ses ambassadeurs avaient été à Versailles et lui en avaient rapporté les plus belles promesses.

Mais au moment où le sultan croyait tenir l'occasion d'accomplir ses plans, les bons mots de monsieur de Mirabeau et les platitudes de monsieur Necker commencèrent à déranger les affaires en France. Il en résulta que mon sultan ne reçut ni les secours d'hommes ni les subsides d'argent qu'on devait lui envoyer; cela le mit de très-mauvaise humeur contre ceux des Français qui étaient à son service, de si mauvaise humeur, qu'il punit fort durement un de ses ambassadeurs qui se permit de vanter maladroitement la loyauté et la grandeur de la France.

Un jour, en pleine audience, Tippoo-Saïb l'appela bavard, et lui coupa la tête de son propre damas.

Or il faut vous dire que le petit massacre domestique qui avait eu lieu chez moi coïncida avec la mauvaise humeur du sultan.

Le grand homme, qui corrigeait les grands de son État

d'une façon si succincte, trouva mauvais que j'eusse corrigé une esclave coupable de meurtre, d'une manière qui, sauf la forme, était parfaitement juste. Il me chercha chicane à ce sujet, me dit des paroles fort peu obligeantes sur mon compte et sur celui de mes compatriotes; je lui en demandai personnellement raison comme gentilhomme, il me rit au nez; je lui en demandai compte au nom de la France et du roi mon maître, il envoya promener la France et me conseilla d'aller m'y promener.

Mais comme je n'obéissais pas assez rapidement aux injonctions de cet esprit impétueux, il me fit mettre à la porte par une douzaine de cipayes et me fit dire confidentiellement que ma présence dans son pays ne lui plaisait plus du tout.

A cette confidence était joint un assez bon sac de roupies, que je donnai pour boire au barbier qui venait de me raser et de me restituer une figure européenne.

Les meilleurs esprits se gâtent au contact de certaines mœurs. Ce trait, qui eût paru de bon goût à la cour de Louis XV, fut traité de sottise et de niaiserie, non-seulement par ces stupides Indous, mais encore par ceux des officiers français qui demeurèrent après moi au service de Tippoo-Saïb. Barbasan me fit demander une entrevue. Il m'offrit ses bons services près des Anglais, ce qui me sembla louche. Mais une trahison de sa part eût été une si vilaine action, que je ne méprisais pas encore assez l'humanité pour en croire Barbasan capable. Si je l'avais pensé, j'aurais averti le sultan, qui m'eût peut-être fait empaler pour avoir calomnié son meilleur ami.

Quoi qu'il en soit, je fus banni comme un maladroit et

un sot : cela ne me fit point changer d'opinion, et je m'embarquai à bord d'un navire marchand, n'ayant pour toute fortune que quelques diamants que j'avais détachés, comme un souvenir d'amour, des bracelets de ma belle Nyd-Jaïra.

Parmi ces bijoux se trouvait une bague surmontée d'un diamant noir, chose fort prisée dans l'Inde.

Veuillez, je vous prie, noter cette bague.

Je reprends :

Nous avions souvent des nouvelles de ce qu'était la France, mais, d'après les lois de la perspective, qui rappetissent toutes les choses vues à distance, je m'étais imaginé que tout cela n'était que des intrigues plus ou moins actives, quelque chose d'assez semblable à l'affaire du parlement de Maupou.

Il y avait dix-huit mois que le navire sur lequel je revenais avait quitté la France, et le capitaine était un de ces hommes qui, en fait d'orages, ne connaissaient que ceux qui empêchaient son navire de marcher droit. Il savait à peu près que les affaires ne marchaient pas vent arrière, selon l'horrible jargon des gens de mer, mais il traitait cela de bourrasques qui seraient bientôt calmées.

J'étais donc dans une complète ignorance des événements inouïs qui avaient eu lieu dans mon pays, lorsque j'arrivai en plein Marseille, un jour où l'on pendait aux crochets de l'étal d'un boucher les membres d'un pauvre officier soupçonné d'avoir porté la cocarde blanche. Or j'étais cocardé à cette couleur et bien m'en prit d'avoir le visage cocardé à une autre, car il en arriva qu'un vieux bonhomme de négociant marseillais comprit, au bistre de mon teint, que je venais de plus loin que de Toulon ou d'Aix ; en conséquence, il m'avertit de l'imprudence que je commettais.

Je ne m'amusai point à discuter sur le mérite des couleurs, et je mis ma cocarde dans ma poche.

Quarante-huit heures après mon arrivée sous le doux ciel de la Provence, j'avais entendu hurler la plus horrible chanson qui ait été inventée pour l'égorgement de l'humanité, j'avais vu écharper trois ou quatre malheureux qui n'avaient pas eu assez de poumons pour la répéter en chœur, et j'avais appris l'historique des faits et gestes du grand peuple français.

Entre autres nouvelles qui m'arrivèrent de Paris, j'appris l'émigration de presque toute ma famille et le mariage de mes deux nièces. Je tâtai un des commensaux de l'auberge où j'étais descendu, au sujet de ce que je pourrais faire de mon avenir, et il me fit tout doucement entendre que si je continuais à changer des petits diamants contre des pièces de vingt-quatre sous, au grand mépris des assignats, je serais bientôt reconnu pour un ci-devant, dénoncé comme suspect, et guillotiné comme conspirateur.

Je n'avais nulle envie d'avoir la tête tranchée par une ignoble mécanique, lorsque je venais de traverser les mers pour n'être pas décapité par un sabre impérial.

Je me résolus donc à quitter le coupe-gorge qu'on appelait encore la France, et je gagnai la bonne Allemagne.

II

SUITE DU DÉBUT D'UN JEUNE CADET

Dans le peu de jours que j'avais passés à Marseille, j'avais avisé une certaine marchande à l'œil noir, aux dents blanches, à l'air provocant; j'avais légèrement joué de la prunelle avec elle, mais j'avais encore mieux joué de ce certain diamant que je portais en bague; et soit que les flammes de mon regard ou les scintillements de mon brillant eussent ému le cœur de ma marchande ambulante, toujours est-il que je la trouvai fort disposée à me donner une place dans la charrette avec laquelle elle se proposait, disait-elle, de gagner la foire de Zurich.

Nous prîmes rendez-vous pour partir le soir même, et je me mis en costume de voiturin, car la belle Provençale m'avait fait comprendre que la ruse dont je me servais ne serait excellente qu'à la condition que je passerais pour son valet.

Du reste, je ne sais dans quelle prévoyance ladite dame était munie d'un passe-port à son nom, avec cette adjonction : « Accompagnée de son officieux. » J'étais donc l'officieux de la dame.

Quelle langue, monsieur! J'ai vu un dictionnaire républicain où on avait supprimé les mots *populace* et *canaille*. Ces gens-là avaient peur de leur nom.

La façon plus que facile et empressée dont ladite dame avait accepté mes propositions m'avait cependant alarmé à son sujet, et lorsque je fus seul avec elle sur la route, je me demandai si elle n'allait point me livrer à quelque escouade de maréchaussée que nous rencontrerions par hasard.

Il faut vous dire, mon jeune ami, que l'objection que vous pourriez me faire que cette brave dame eût pu me livrer à Marseille, serait tout à fait stupide. A Marseille, j'étais arrivé venant du bout du monde, sans savoir de quoi il s'agissait; je n'avais rien dit à personne, et en définitive, si on m'eût arrêté, je pouvais prouver que j'étais innocent comme l'enfant qui vient de naître. Ce n'était, je le sais, qu'une chance sur mille d'échapper à la machine de monsieur Guillotin, mais enfin c'était une chance.

Tout au contraire, à l'heure où nous étions, je venais de commettre un véritable crime : je venais d'essayer de n'être pas guillotiné. Or c'était là une chose que la république ne voulait pas souffrir; elle n'entendait pas qu'on eût la prétention de vivre hors de ses douces lois.

J'étais donc fort alarmé. En cette grave circonstance, et ne sachant comment lever mes doutes, je me décidai à intéresser la dame Jossette Malise à ma personne. On n'intéresse guère les femmes qu'à la condition de les trouver adorables. Avec celle-ci, il n'y avait pas grands efforts à faire, et je me mis en train de lui dire des douceurs à attendrir une danseuse, l'espèce la plus rebelle au sentiment, sinon à la chute.

Figurez-vous mon étonnement lorsque Jossette, à qui je vantais l'émail de ses dents, l'éclat de ses yeux, me répondit d'une façon quasi fâchée :

— Ah! monsieur le comte, pouvez-vous penser à de pareilles choses dans la position où vous êtes!

Le *monsieur le comte* m'avait singulièrement fait peur ; je n'avais pas soufflé mot de mes qualités à la Jossette, et je me retrouvais reconnu et dénommé d'un titre qui appelait son bourreau d'une lieue.

Je fis semblant de ne pas avoir entendu, et je lui répondis d'un sang-froid assez louable :

— Je ne vous fais point un conte, je vous dis ce qui est vrai, ce qui saute aux yeux.

Elle se mit à rire, et reprit :

— Vous avez donc la vue bien bonne, car c'est tout au plus si on distingue la voûte du ciel.

— Si je n'y vois pas, j'y ai vu.

— Et moi je vous réponds que, dans votre position, vous ne devriez pas avoir vu.

— Est-ce donc, ma belle, lui répondis-je, que, sachant quel risque je courrais d'être pendu si on me découvrait, vous croyez que je n'ai plus la puissance de regarder une jolie femme ?

— Et d'abord, me répondit Jossette en ricanant, je vous préviens que vous courez grand risque d'être découvert, si vous parlez de pendu ; la mode en est passée ; et, ajouta-t-elle d'une voix presque sévère, vous devriez le savoir mieux que personne. Du reste, je sais très-bien qu'il n'y a pas de crainte de guillotine ou de gibet qui puisse vous empêcher de conter des gaillardises à une femme quand vous êtes seul avec elle. J'ai été parfaitement avertie ce sujet, et pourtant cela ne m'a pas épouvantée.

Je passais d'étonnement en surprise, de surprise en étonnement, et, de peur de dire quelque nouvelle bêtise, je gardai le silence.

Jossette continua donc tout à son aise de la façon suivante :

— Si je vous dis que dans votre situation vous ne devriez remarquer ni l'émail des dents ni l'éclat des yeux de certaines personnes, c'est que lorsqu'on va rejoindre la plus jolie femme du monde, celle que l'on va épouser, et qui, alors même qu'on ne l'aimerait pas pour sa beauté et pour son esprit, devrait du moins être adorée pour son admirable conduite, on ne devrait pas penser à une autre.

Mon étonnement s'augmentait, mais en même temps il commençait à s'éclairer; je voyais luire à l'horizon, à travers les ténèbres où je marchais, les premiers rayons d'un quiproquo auquel je devais mon salut. J'étais sauvé probablement à la place d'un autre. J'avoue que je ne pensai pas un moment que celui-là pût être pendu à la mienne, et que mon souci fut de prolonger le quiproquo de manière qu'il me fût complétement profitable.

Pour agir d'une façon à ne pas compromettre ma nouvelle personnalité, je me mis à jouer avec la Jossette la scène de Sbrigani et de monsieur de Pourceaugnac, à l'envers.

— On vous a donc dit beaucoup de mal de moi? dis-je à la Jossette.

— Du mal! fit-elle, est-ce du mal que de raconter les bonnes fortunes d'un homme?

Je me mis dans mon rôle; je pris la taille de la Jossette et je lui dis :

— Il n'en est pas une que je ne donnasse pour une faveur de vous.

— Oh que nenni ! me répliqua ma protectrice en me repoussant ; vous ne mettrez pas celle-là sur vos tablettes. Votre frère l'évêque m'a trop bien prévenue à votre sujet.

J'avais un frère évêque, ceci devait m'aider un peu dans la connaissance encore assez vague que j'avais de mon nouveau moi-même.

Dix ans avant cette rencontre, ce mot m'eût probablement dit la vérité ; un évêque qui a un frère mauvais sujet, cela pouvait se découvrir ; mais l'état de la prélature devait être cruellement changé depuis dix ans. Cependant je voulus me servir de ce petit renseignement, et je lui dis :

— Ah ! diable ! Et quand mon frère l'évêque vous a-t-il dit cela ?

— Hélas ! mon Dieu, fit la Jossette, la veille de sa mort, à la prison où il me fut permis de le voir sous prétexte de lui vendre des mouchoirs. Il en acheta une douzaine, et le lendemain je le vis monter sur la guillotine, ayant au cou l'un des mouchoirs que je lui avais vendus la veille.

Je n'avais plus de frère et je n'étais pas assez au courant des affaires de la république française pour connaître le catalogue exact des évêques dont elle avait fait des saint Jean-Baptiste. Je pris un parti hardi, et je voulus savoir absolument qui j'étais.

Après avoir poussé un profond soupir en mémoire de ce frère si méchamment mis à mort, je dis à ma belle Jossette :

— Mais comment diable m'avez-vous reconnu ?

— Eh bien, me dit-elle, le diamant, cette bague que vous a donnée mademoiselle de Liedenish.

— Ah! on vous avait avertie de cela? m'écriai-je en mettant au verso le plus immaculé de ma mémoire le nom que la Jossette venait de prononcer.

— Et puis, ne m'avez-vous pas demandé de vous conduire à la foire de Zurich?

— C'est juste.

— Et puis enfin, ajouta-t-elle tout bas, ne m'avez-vous pas embrassée?

— C'était un signe de reconnaissance?

— Sans doute.

— Eh bien, lui dis-je, j'en veux faire le témoignage d'une autre reconnaissance.

Et je recommençai le signe.

— Ah! monsieur de Belnunce, me dit-elle, que dirait mademoiselle de Liedenish?

Je savais mon nom, j'étais le comte de Belnunce, et ma future, dont la conduite était admirable avec moi, c'était mademoiselle de Liedenish.

— Quoi! m'écriai-je en interrompant monsieur de Favreuse, serait-ce ce comte de Belnunce, chambellan de l'empereur, et qui l'a, dit-on, trahi d'une façon si abominable?

— Oui, mon cher monsieur, reprit le comte de Favreuse, c'est le même; mais il n'avait pas encore l'auguste célébrité qu'il a acquise depuis cette époque.

Quant à moi, désirant savoir de l'honneur de quel galant j'étais chargé, je me mis à repasser dans mon cerveau le nobiliaire tout entier, et j'y trouvai véritablement des Belnunce, gentilshommes dauphinois qui étaient fort riches et dont la résidence était vers Manosque.

Ma marchande, à qui l'impétuosité de mon attaque au sujet de l'embrassade avait donné une très-haute idée de moi, fut probablement fort surprise de me voir plongé dans des réflexions éloignées de ma manière de procéder, car elle me dit avec ce ton de railleuse colère qui est un des soupiraux par où l'on peut voir dans l'infernal repaire de leur coquetterie native :

— C'est très-bien ! vous voilà devenu plus raisonnable.

Elle en était fâchée, je le compris; d'ailleurs, je prenais la place d'un homme qui, à ce que je pouvais croire, était un maître en aventures galantes, et il n'était pas loyal de le compromettre.

Je me rapprochai donc de ma conductrice et je lui dis, si près de l'oreille que je crois qu'elle sentit remuer mes lèvres plutôt qu'elle n'entendit le bruit de mes paroles :

— Je suis raisonnable parce que vous êtes méchante, parce que vous ne voulez pas croire à l'amour que vous devez inspirer à tous ceux qui vous rencontrent.

Elle se mit à rire joyeusement et me dit :

— A la bonne heure, je vous aime mieux comme ça. C'est votre existence de conter des fariboles, et je ne suis pas fâchée d'apprendre comment s'y prennent les grands seigneurs.

— Mais, lui dis-je, les grands seigneurs pas plus que les manants ne se soucient de faire rien pour rien, et quoique toutes les fariboles que je pourrais vous dire ne vaillent pas un seul de vos baisers, je ne me sens pas le courage de les donner pour rien, absolument pour rien.

— Ah! me fit Jossette avec un ton de dédain fort marqué. Eh bien! monsieur le comte, nous autres manants, nous sommes plus généreux. Moi, je vous sauve pour rien, et, qui plus est, je risque mon cou par-dessus le marché.

Je ne comprenais rien à cette femme; ce qu'elle venait de dire contrastait si fort avec la manière provocante dont elle m'avait reproché mon silence de tout à l'heure, que je restai tout à fait sans réponse.

Elle me la rendit d'autant plus difficile, qu'elle s'écria tout à coup :

— C'est drôle! on m'avait dit que vous étiez si amusant, que vous ne restiez jamais à court.

Décidément je n'étais pas digne du nom que je volais, et je m'en sentis si mortifié, qu'au risque de ma tête, je fus sur le point de dire la vérité.

Cependant l'enjeu me parut trop grave, et je repris à tout hasard :

— Ce n'est pas mon frère l'évêque qui vous a dit cela, j'en suis sûr.

— Non, c'est mon mari.

— Votre mari... ah, pardine! c'est, en ce cas un compliment qui n'a guère de valeur, et il me prête des qualités auxquelles il ne croit pas beaucoup, puisqu'il vous permet de voyager ainsi seule avec un si grand séducteur.

— Ça prouve tout au plus qu'il a une grande confiance en moi; et, après tout, la confiance n'est pas énorme :

deux heures de vertu, ça n'est pas long, et nous sommes déjà presque arrivés, sans compter qu'il m'a dit qu'il viendrait au-devant de nous, et que je savais fort bien que je pourrais peut-être le rencontrer à un quart de lieue de la ville.

A cette découverte, au diable les galanteries pour mon compte ou pour le compte d'un autre. Je fus renversé.

J'allais trouver le mari, lequel mari connaissait sans doute le véritable Belnunce, et j'étais reconnu, abandonné, trahi peut-être, perdu, pendu, guillotiné. Je me mis à me trémousser dans le cabriolet de la charrette comme si j'avais été pris d'une affreuse colique.

— Mais qu'avez-vous donc? me dit la Jossette; est-ce que vous vous êtes assis sur une épingle?

J'allais répondre, lorsque je fus devancé par une voix qui nous héla du bord de la route.

— Voilà mon mari, me dit la Jossette.

Le malotru s'approcha de la charrette et me dit:

— Descendez, monsieur le comte, nous allons prendre à travers champs, car il y a des rouliers au coin de la route du château, qui ne m'ont pas l'air très-catholiques.

Je ne sais pas ce qu'un autre eût fait à ma place, je ne sais pas si un courage plus déterminé que le mien, une présence d'esprit plus alerte, ou peut-être une plus grande vertu eussent dicté une conduite différente de celle que je suivis: quant à moi, ne sachant quel parti prendre, je n'y mis point de vanité et je laissai au hasard, qui avait bien voulu se charger de ma destinée jusqu'à ce moment, à avoir de l'habileté, de la sagesse et de la présence d'esprit à ma place.

Je descendis donc de ma charrette pour suivre mon nouveau conducteur.

Quoique la nuit fût très-sombre, je remarquai que j'avais affaire à un gaillard carré d'épaules, bien campé sur ses hanches, et qu'il ne serait pas facile de réduire manuellement. Il fallait donc l'endormir par des cajoleries.

Mais il sembla que la déesse *Fortuna*, à qui je m'étais confié, avait pris soin de m'aplanir toutes les difficultés; car j'étais à peine à côté du mari de la Jossette, qu'il me dit :

— Et maintenant ne soufflons pas mot, car deux voix qui causent dans la nuit s'entendent de plus loin que deux canons qui ronflent dans le jour.

Je ne demandais pas mieux que d'être discret, et après avoir dit adieu tout bas à la Jossette, je suivis monsieur son époux, auquel je me gardai bien d'adresser la moindre observation. Il me semblait que de cette façon je ne pouvais dire aucune sottise, mais il arriva que, n'en pouvant dire, j'en fis une grosse.

J'arpentais le terrain fort lestement, ce qui fit que mon homme m'arrêta tout à coup en me frappant l'épaule et en me disant tout bas une phrase que je reconnus pour être du plus pur provençal, mais dont je ne compris pas le sens. Dans la position où j'étais, je pensai qu'on ne pouvait me faire d'autre recommandation que de me dépêcher, et je me mis à arpenter le terrain de plus belle.

Mon homme me rattrapa au quatrième pas, et me recommença sa maudite phrase provençale. Force me fut de me tenir coi dans le silence qui m'avait été recommandé, et après avoir fait un signe de tête affirmatif, je repris ma marche.

Nouvelle phrase provençale de mon homme ; nouveau silence de ma part.

Or maître Malise était Provençal de première race, c'est-à-dire emporté et insolent.

— Ah çà ! me dit-il enfin en français de la Canebière, vous êtes donc sourd, ou bien n'entendez-vous plus la langue du pays ?

— Vous m'aviez recommandé de ne point parler, lui dis-je.

— Vous êtes donc devenu bien prudent, et l'émigration vous a furieusement changé.

J'avais donc été émigré, et je l'ignorais complétement. Cependant, fort de cette nouvelle découverte, je crus pouvoir répondre par une de ces exclamations générales qui ne disent rien :

— Ah ! si vous saviez ce que c'est que l'exil !...

— Morbleu ! répondit mon Provençal, qui poivrait sa conversation de tous les juremens possibles, comme ils poivrent leur cuisine de toutes les épices du monde, est-ce que je ne le sais pas aussi bien que vous ?

Je n'étais pas heureux dans mes à-propos ; je me repris à marcher avec assez d'activité, pour ne pas laisser place à une pareille conversation, et j'appris alors que je recommençais la bêtise mère d'où étaient nées celles que je venais de dire.

— Mon Dieu ! me dit Malise, n'allez donc pas si vite, vous allez envenimer votre blessure, et vous avez encore trois bonnes lieues à faire !

J'étais blessé, et j'avais trois lieues à faire en compagnie de ce malotru.

Au train dont il voulait me faire marcher, il était évident pour moi que nous ne serions pas arrivés avant que l'Aurore aux doigts de rose eût éclairé mon visage et ma supercherie. Ceci commença à m'alarmer très-sérieusement.

Dans l'obscurité de la nuit je voyais reluire à la ceinture de mon guide les canons de ses pistolets, précaution qui me prouvait que maître Malise était fort décidé à demander à une balle aide et secours en cas de besoin. Il pouvait donc arriver qu'en reconnaissant qu'il ne me connaissait pas, il fût pris du soupçon assez juste que j'étais un espion qui cherchait à découvrir la trace de quelque proscrit, et en cette occurrence, il devenait probable qu'il m'étendrait mort sur la place.

Assurément, cela m'eût été moins désagréable que d'être guillotiné, car je ne puis vous dire l'horreur que m'a toujours inspirée cette horrible machine qu'on a substituée à la corde et à la hache. De toutes les horreurs de la révolution, c'est la plus hideuse ; elle est arrivée jusqu'à dégrader le dernier supplice. L'invention de la guillotine est le plus infâme stigmate qui puisse flétrir cette époque ; elle prouve qu'il y a eu un temps de proscription où le bras du bourreau eût manqué de force pour exécuter les sanglants arrêts des juges.

Aucune révolution dans aucun pays n'était encore arrivée à bout de bourreaux ; la nôtre a cet avantage sur toutes les autres.

Mais il s'agissait fort peu de mes antipathies, et bien

que la mort qui pouvait me venir de la bouche de l'un des pistolets de Maliso me fût moins désagréable que l'autre, il est très-certain que, malgré la forme, elle ne me flattait pas davantage.

Lorsque l'homme a peur, monsieur, il est comme les animaux dont les plus inoffensifs deviennent féroces dans le danger. Mon Provençal ne m'avait rien fait, tout au contraire, c'était moi qui le trompais de mon mieux, et cependant il me passa dans la tête le regret de n'avoir pas de quoi le prévenir en cas de mauvais desseins de sa part; je vis reluire dans mon souvenir le fin damas de Tippoo-Saïb, et je fis un petit geste discret, comme pour me prouver qu'en cas de besoin j'aurais le poignet assez solide pour faire descendre de ses épaules la tête de mon guide aussi lestement que mon sultan avait déplacé la tête de son ambassadeur.

Mais, hélas! j'étais complétement sans armes, et je n'étais pas de taille à lutter avec mon adversaire, alors même qu'il eût dédaigné de se servir contre moi de ses avantages guerriers. Dans cette conjoncture il me sembla que le plus prudent était de ne pas attendre qu'il reconnût ma supercherie, et que mieux valait l'avouer franchement.

Je vous disais tout à l'heure que la déesse *Fortuna*, à laquelle je m'étais aveuglément livré, semblait me protéger à plaisir. Malgré les anathèmes du père Bouhours contre cette déesse qui lui parait la plus immorale du monde, en ce qu'elle était la divinisation du hasard, j'eus encore lieu de reconnaître sa toute-puissance et son admirable prévision.

Au moment précis où j'allais m'engager probablement dans un sentier d'imprudence et de dangers, un cri doucement prolongé se fit entendre, et je vis mon guide tressaillir.

Il parut me mesurer de la tête aux pieds d'un regard fort dédaigneux, et murmura tout bas d'un ton mécontent :

— Oh! la folle, la folle, elle n'a pas pu résister au désir de venir.

Je n'osai pas comprendre, quoique j'eusse parfaitement compris.

Je ne voulus pas croire tout d'un coup que je fusse sur le point de me trouver en présence de celle qui m'attendait, qui m'adorait, qui me sauvait...

— Eh bien, dis-je à Malise, marchons...

— Mais c'est elle, reprit-il... allons, il faut bien obéir...

Aussitôt il changea de direction et gagna du côté d'un petit bois que nous longions depuis quelque temps.

Je le suivis à ce moment comme l'enfant suit le maître d'école qui l'emmène pour lui donner des férules. A cette heure, cet homme m'aurait dit de me mettre à plat ventre ou sur le dos, que je lui aurais obéi.

J'étais complétement anéanti, démoralisé; je n'avais plus de cervelle, et cependant, monsieur, je me suis trouvé une fois dans ma vie face à face avec un tigre, lui avec ses griffes et ses dents, moi avec un petit bout de damas fort coupant, c'est vrai, mais qu'il eût avalé comme un os de poulet. Eh bien, monsieur, je m'en tirai à mon honneur : j'eus l'adresse de le frapper au vol de son bond quand il allait s'abattre sur moi, et de lui trancher net une des pattes de devant, si bien que je pus m'enfuir à toutes jambes, et en lui abandonnant mon turban qu'il se mit à mâchonner avec une rage qui me faisait craquer les os, rien que de l'entendre.

Il est vrai que ce jour-là je sortais d'un royal festin, et que la nuit dont je vous parle j'étais sans avoir soupé. Si la science avait un peu plus d'esprit, elle aurait cherché depuis lontemps à apprécier ce qu'il y a de courage dans un rosbif et d'esprit dans une bouteille de vin de Madère.

— Mais, dis-je à monsieur de Favreuse, en faisant l'aimable, on sait fort bien ce qu'il y a d'esprit dans une bouteille de madère.

Le comte me regarda d'un air bête et inintelligent. Il me sembla que je me voyais dans son visage. La sottise que je venais de dire devait être bien grosse, puisqu'elle pouvait donner un air si ridicule au visage de celui qui l'avait entendue.

Je fus si confus de l'effet que j'avais produit, que j'eus peur que le comte ne finît par comprendre, et je lui dis aussitôt.

— Continuez, je vous écoute avec le plus vif intérêt.

— Mais, me fit monsieur de Favreuse, vous avez dit quelque chose...

— Non, lui dis-je ; une niaiserie...

— Ah ! fit-il du ton d'un homme que cela n'étonne pas ; je continue donc :

III

UNE AVENTURE

Ainsi je marchais comme un chien derrière son maître, fort ennuyé du bois vers lequel nous nous dirigions, attendu que les idées de meurtre et de bois sont volontiers liées l'une à l'autre; mais en approchant tout à fait, je reconnus qu'une grande route nous séparait complétement dudit bois, et je vis, à travers l'ombre nocturne où je marchais, la forme d'une berline arrêtée sur le bord de cette route.

Malise m'avait devancé auprès de cette voiture; il en avait ouvert la portière, et m'avait annoncé en disant :

— Le voilà, madame, le voilà !

Toujours emporté par cette profonde absence de moi-même qui m'entraînait sur les pas de mon conducteur, j'arrivai jusqu'au bord de la voiture, et j'y étais à peine, que Malise me poussa dans l'intérieur en me disant :

— Allons, dépêchez-vous!

Je n'étais pas encore assis qu'il avait déjà fermé la portière et que les chevaux emportaient le carrosse avec rapidité.

Assurément ma position était moins dangereuse, puisque je me trouvais seul avec une femme; mais elle était beaucoup plus singulière, puisque j'étais enfin en face de la femme que j'aimais, que j'allais épouser, et qui, de son côté, risquait probablement sa vie et peut-être sa réputation pour me sauver.

Je restai quelques minutes avant d'avoir une idée à moi, ce qui permit à mon inconnue de me prendre les mains, de me les serrer et de me dire en allemand une foule de choses pleines de tendresse sans doute.

Dès que je pus comprendre que je ne comprenais rien du tout à ce qu'on me disait, je me pris à maudire la science stupide de ce monsieur de Belnunce qui savait autant de langues que Pic de la Mirandole, et qui pouvait causer provençal avec un charretier et parler d'amour en allemand.

Ne pouvant répondre verbalement aux transports d'allégresse de ma fiancée, j'usai à mon tour du langage dont elle se servait si bien. Je lui serrai les mains avec transport. Ah! monsieur, quelle soie polie et glissante, quelle peau fine et souple! Je n'ai jamais compris qu'une Allemande pût avoir de pareilles mains.

Je reprenais, à ce qu'il paraît, mon intelligence.

Le baragouinage devenait moins pressé, je réfléchis qu'elle devait me trouver bien froid; je la serrai dans mes bras, elle me pressa sur son cœur et se remit à me parler. Je ne compris qu'un mot de ce qu'elle me disait; ce mot, elle le répétait à tout bout de phrase. J'écoutai de ma plus fine attention.

Enfin, parmi toutes ces syllabes barbares, je saisis si souvent le mot de Jules, que je compris que je m'appelais Jules.

Une femme n'en est pas à dire ainsi à un homme son nom de baptême, sans qu'il y ait entre eux une confiance, une familiarité, une sorte d'union innocente cependant.

Je fus curieux d'apprendre à quel point d'innocence en

étaient monsieur de Belnunce et mademoiselle de Liedenish.

A ce moment, monsieur de Favreuse s'arrêta et fixa sur moi un de ces regards qui percent un homme à fond. Je compris que je devais l'écouter avec une expression de curiosité moqueuse qui lui avait déplu, il fronça les sourcils à la manière de la duchesse de Frobental, c'est-à-dire d'une façon tout à fait olympienne, et il reprit :

— Vous comprenez, monsieur, que lorsqu'on se décide à raconter de pareilles choses à un homme qu'on connaît à peine, c'est que, d'une part, on a des raisons bien puissantes de le faire, et que, d'un autre côté, on est à peu près décidé à casser la tête à l'homme qui abuserait d'une pareille confidence.

— Pensez-vous m'intimider, monsieur le comte? fis-je d'un air révolté.

— Au diable soit l'école où vous avez été élevé, mon cher ami! me dit le comte. Je suppose que vous fussiez obligé de raconter à quelqu'un les singulières aventures que vous avez apprises cette nuit sur le compte de votre père, je suppose que le salut de votre père dépendît de cette confidence, et qu'au lieu de trouver un auditeur sérieux vous fussiez en face d'un homme qui aurait l'air de s'apprêter à faire des gorges chaudes de votre confidence, vous lui diriez exactement ce que je vous dis.

Vous lui diriez :

« Si vous divulguez jamais que mon père a abusé de la bonne foi d'une pauvre jeune fille qui le sauvait, vous ne mourrez que de ma main; » ce que vous diriez pour votre père, je vous le dis pour moi.

La leçon était rude, et, quoiqu'elle ne me plût pas singulièrement, l'aveu qu'elle paraissait renfermer était si extraordinaire que je ne pus m'empêcher de m'écrier:

— Ce n'est pas possible !

— Ah! monsieur, s'écria le comte avec une sorte de douleur irritée, ce fut alors une horrible scène, ce fut une épouvante, un effroi, un délire, une folie qui eussent attendri un tigre.

Gertrude savait le français; je voulus m'expliquer, je voulus!... Vous dire ce que je lui dis, ça me serait impossible, car je ne le savais pas alors, je ne l'ai jamais su depuis; mais ce que je compris parfaitement, c'est que le baron de Liedenish, le père de Gertrude, et son frère, un autre Liedenish, étaient dans le château où nous nous rendions, et que l'un et l'autre étaient gens à me tuer sur place, ce qui, je dois vous le dire, ne me paraissait pas trop injuste.

Mais ce qui était une horrible chose à penser, c'est qu'à l'épouvante qu'elle éprouvait je compris encore très-bien qu'ils étaient gens à la tuer elle-même.

Tenez, monsieur, dit monsieur de Favreuse avec un léger hochement de tête, ne me parlez pas des gens qui appliquent la même morale à toutes les personnes. Ce que je venais de faire, arrivé quinze ans plus tôt, eût été la cause des ravissements de l'Œil-de-bœuf, on m'eût porté en triomphe à ma rentrée à la cour de Louis XV, après un aussi bon tour si lestement joué.

J'avoue que revenu de l'Inde avec mes bons souvenirs

de jeunesse, je ne m'imaginais pas que tout ce qui était bien alors pût être devenu mauvais.

A la vérité j'avais vu à Marseille que le peuple en usait autrement que par le passé, mais je croyais que le grand monde vivait comme il avait vécu... et...

Monsieur de Favreuse s'arrêta encore, et reprit avec une expression triste :

— Je cherche et j'ai toujours cherché une explication à ma conduite, non pas une explication pour m'excuser... loin de là... je n'en ai aucune envie, mais une explication pour m'expliquer à moi-même ce qui me poussa ; et puisque je suis en train de franchise, je dois vous dire que je n'en ai jamais trouvé qu'une très-infâme.

En effet, ce ne fut ni le piquant de la chose, ni l'entraînement de l'occasion, ni la beauté et l'abandon de cette pauvre créature qui aimait son fiancé à en être folle ; ce fut un calcul lâche, bas, froid, hideux. Oui, monsieur, et cela vous étonne d'entendre un homme de mon âge se dépecer si cruellement devant un homme du vôtre, mais il faut que je dise la vérité : ce fut une pensée abominable qui me détermina.

Je me dis que mon salut dépendait de Gertrude, et qu'il fallait qu'elle voulût me sauver. Ah ! vous trouvez cela odieux, n'est-ce pas, jeune homme ? et en effet, c'est une chose qui n'a pas de nom.

Mais enfin le châtiment est au bout de toutes les fautes, et la façon dont j'ai expié la mienne est assez bizarre, assez extraordinaire pour que vous jugiez qu'il y a toujours peu de profit à mal faire.

Heureusement pour moi et pour Gertrude, nous avions

une assez longue route à faire pour qu'elle reprît un peu de bon sens. Je lui appris que j'étais libre, que je portais un nom digne de l'associer au sien, et que mon nom, mon titre étaient à ses ordres.

A ce que je vous dis là, elle ne répondit pas une seule parole, et je me tins pour un homme mort. Je prévis qu'elle allait me livrer à son père et à son frère, et je me préparai très-sérieusement à en finir avec la vie.

Vous comprenez sans doute qu'un homme de ma sorte fasse toute espèce d'efforts pour échapper à des massacreurs ignobles comme les juges de votre révolution, mais que c'eût été la dernière des lâchetés de me soustraire par la fuite à la vengeance d'une noble famille que j'avais si bassement outragée.

Gertrude gardait toujours le silence, et moi je ne disais plus rien.

Le jour avançait, et je pus enfin voir la femme que j'avais indignement trompée. C'était une blonde, tout bonnement une blonde ; c'est-à-dire qu'elle avait l'œil bleu, la peau blanche et satinée, la lèvre rose, et, en sa qualité d'Allemande, elle portait le nez légèrement busqué ; son front proéminent repoussait ses yeux largement ouverts dans une cavité où ils luisaient comme les deux soupiraux d'une fournaise qui brûle dans la nuit. La richesse de sa chevelure lui donnait en même temps les signes d'une force vitale inconnue à nos brunes parisiennes.

Du reste, voilà tout ce qu'elle avait à peu près d'une Allemande. La taille était fine et flexible, les mains délicieuses.

J'eus le temps de l'examiner en silence, car son œil fixé

devant elle semblait appeler le but où nous allions avec une rapidité toujours croissante.

La position était trop grave pour que je pusse espérer que l'aspect de ma personne pût changer quelque chose à la résolution inconnue de mademoiselle de Liedenish.

Cependant, au bout de quelque temps, je fus piqué de ce qu'elle ne daignait même pas me regarder. Je pouvais accepter la haine qui me promettait à la mort, mais un dédain si complet m'humiliait trop. Que diable! on vaut toujours la peine d'être regardé..

Comme je vous ai avoué, monsieur, le mauvais sentiment qui m'avait fait agir, vous voyez que je ne crains pas de vous dire la sotte vanité qui me fit parler à mademoiselle de Liedenish.

Je commençai donc :

— Je vous ai dit, mademoiselle, que vous pouviez disposer de moi de toute façon, pour vous donner une réparation si vous la voulez, pour livrer ma vie à votre père, si cela vous convient.

A ce moment, elle se retourna vers moi, me regarda comme elle aurait fait du coussin de sa voiture, et me répondit tout simplement :

— Mais Jules, qu'est-il devenu ?

Elle ne pensait ni à moi, ni à elle, ni à son père, elle pensait à son fiancé dont j'avais pris la place. Ce fut une confirmation de l'arrêt de mort qu'elle avait sans doute prononcé contre elle et contre moi. Notre sort se trouvant ainsi résolu dans sa pensée, elle s'occupait fort à l'aise du sort de celui qu'elle avait voulu sauver, et que ma substitution avait peut-être perdu.

Ce n'était pas là, à mon sens, le moindre des griefs que Gertrude avait contre moi, car, dans le mutisme à peu près complet dans lequel je m'étais enfermé, j'avais toute liberté de me livrer à mes réflexions et à l'examen de la position que je m'étais faite.

Mais l'histoire des faits vous instruira mieux de ce qu'était Gertrude que tous les commentaires que je pourrais faire à ce sujet, et j'en viens enfin à notre arrivée.

Nous entrâmes par une espèce de porte charretière dans un immense enclos qui devait avoir dépendu de quelque magnifique habitation.

Des arbres curieux restés çà et là parmi des taillis qui frisaient la terre, quelques marbres mutilés debout sur leurs piédestaux ou couchés parmi les herbes, la vaste disposition des allées, montraient quelle avait dû être la richesse de ces jardins; c'était la main de la république qui avait abattu tout cela, comme fait un chiffonnier qui déchire et dépèce un magnifique manteau de pourpre, et le met en guenilles pour le vendre, parce qu'il ne peut pas le porter.

Cette dévastation à laquelle nous marchions me fit peur; je compris, et c'est là un sentiment bien vrai quoique bien inexplicable, qu'en présence de ces traces de destruction il n'en coûterait pas le moindre effort à mes ennemis pour ajouter le cadavre d'un homme à ces ruines. En vérité, on dirait qu'il y a dans l'esprit humain un besoin d'harmonie qui fait qu'on abat plus aisément les arbres qui abritaient la maison incendiée, et qu'on tue avec moins de remords l'être qui vit à côté de la chose détruite.

Cependant la voiture avançait rapidement dans la plus complète solitude.

Je cherchais vainement des yeux l'apparence d'une habitation, comme fait le condamné qui marche au supplice et qui cherche de l'œil le gibet. Enfin je crus apercevoir assez loin, et comme au ras du sol, le toit d'une maison, et mon cœur se serra.

J'avais très-grand'peur, comme je vous l'ai dit, et, par-dessus le marché, je ne savais pas de quoi j'avais peur. Quand on a la certitude d'en avoir fini avec la vie, encore veut-on savoir par quelle porte on la quittera.

Les gens qui disent que cela leur est égal sont ou des menteurs ou de grands misérables. C'est absolument comme ceux qui prétendent se soucier fort peu de ce que deviendra leur corps après leur mort. Je ne leur prêterais pas vingt-quatre sous. Il faut bien avoir mépris de tout, même de son honneur, pour ne pas se respecter dans le limon qui a porté votre nom. Quant aux grands seigneurs et aux richards qui se font faire des funérailles et des tombeaux de pauvres, ceci c'est de l'orgueil fort misérable, mais enfin c'est quelque chose.

Tenez, croyez-moi, jeune homme, l'estime de soi-même poussée jusqu'à l'orgueil est qualifiée vice par la religion ; cette estime égarée dans la vanité est assurément la plus grosse sottise de l'humanité ; mais vice et sottise sont mille fois préférables à la honteuse indifférence que certains hommes ont d'eux-mêmes.

Quoi qu'il en soit, reprit monsieur de Favreuse, devant qui je m'étais incliné en signe d'assentiment, l'aspect de la maison dont je vous parle me donna le frisson.

En approchant davantage, je reconnus à sa forme octogone que ce devait être un pavillon de plaisance qui avait été posé dans un coin des jardins pour leur embellissement et qu'on avait conservé par hasard. Il était au penchant d'une petite côte, au bas de laquelle coulait un ruisseau ; sur ce ruisseau, il y avait un ignoble lavoir tout neuf, et je compris qu'on avait conservé ce délicieux petit pavillon pour en faire une buanderie.

On lavait en bas, et lorsque je vis la voiture enfiler une allée qui menait au pavillon, je me sentis un peu moins oppressé. La présence de quelques femmes qui battaient leur linge en chantant à quelques pas du pavillon devait prévenir tout au moins une scène de violence immédiate.

Mais je fus tout aussitôt repris dans mon incertitude et mes angoisses. Nous passâmes au grand trot devant la porte du pavillon, et les laveuses s'étant retournées, je les vis adresser un salut amical au cocher qui nous conduisait. Ceci renversa l'espoir que j'avais pu fonder en moi-même sur l'intervention républicaine de cette brave canaille en faveur d'un homme menacé par des gens qu'elle appelait des ci-devant.

Au bout de quelques instants, nous traversâmes le petit ruisseau dont je vous ai parlé, sur un petit pont en pierre bordé de balustres fort élégants, et nous entrâmes tout aussitôt dans un bois que je n'avais pu apercevoir de loin, attendu qu'il occupait le fond de la petite vallée où nous étions arrivés.

A mesure que nous avancions, le bois devenait plus dru, la route plus embarrassée d'herbes, et, comme nous avions laissé depuis quelques instants le pavé sur notre droite, je jugeai qu'on me menait dans quelque caverne où je serais complétement à la merci de ceux qui m'attendaient.

Comme je vous l'ai dit, monsieur, j'ai fait plusieurs fois le tour du monde ; mais, je dois vous le dire, jamais voyage ne m'a semblé si long que celui que je vous raconte en ce moment.

Cependant toute chose a une fin ; nous touchâmes enfin au port, c'est-à-dire que nous nous arrêtâmes devant une espèce de masure qui avait dû être la maison du garde quand ces bois étaient gardés.

Lorsque la voiture s'arrêta, un homme de près de six pieds, tout blond, tout blanc, l'œil bleu, et très-touffu en cheveux, en sourcils et en moustaches, vint ouvrir la portière du côté où je me trouvais. C'était là un vrai Allemand, avec un cou et des reins à porter le monde, comme Atlas, et des poings à tuer un bœuf, comme Milon de Crotone.

A deux pas en arrière de lui était un homme de cinquante ans tout au plus, encore blond, déjà blanc, de ce mélange malheureux qui donne une couleur de filasse si désagréable à la respectable vieillesse germaine. Toutefois, hors cette teinte blafarde, il n'y avait rien de commun entre ces messieurs, que je jugeai devoir être le père et le frère de Gertrude.

Le vieux baron, car c'était lui en effet, était petit, maigre, l'œil gris, le nez crochu, la dent séparée et pointue, la lèvre mince, la bouche renfoncée, le menton fuyant ; il il y avait dans cet homme quelque chose de féroce, d'implacable et d'astucieux à la manière des oiseaux de proie.

Quant au fils, c'était l'image parfaite d'un de ces grenadiers colossaux dont le feu roi Frédéric-Guillaume faisait collection, comme madame Dubarry des magots chinois ; c'était un de ces Hercules qui dépensent tant à couvrir de grosse chair le développement de leur grosse charpente, qu'il ne leur reste rien pour en faire le moindre esprit.

En résumé, monsieur, j'étais entre les griffes d'un chat-tigre qui a un ours à sa disposition. Cependant j'avais sauté à terre et mon apparition avait causé un étonnement qui se manifesta par une grosse exclamation gutturale échappée au jeune homme, et par un déluge de questions adressées coup sur coup à Gertrude par son père.

Jamais je ne me serais imaginé qu'on pût parler l'allemand si vite. L'Italien le plus pétulant eût essayé en vain de suivre la parole et les gestes de monsieur le baron de Liedenish.

La fille répondait d'un ton résolu, mais calme.

Je ne savais pas un mot de leur horrible baragouin ; mais la pantomime est un langage trop universel pour que je ne comprisse pas que de la surprise le père passa à la stupéfaction, de la stupéfaction à une sorte de curiosité épouvantée, de cette curiosité à la colère, de la colère à la rage, de la rage à un coup de pistolet qu'il m'envoya en pleine poitrine et qui m'étendit sur le sol.

Me voilà donc mort.

Pendant combien de temps ? je ne pus le savoir précisément. S'était-il passé un ou plusieurs jours entre l'instant où j'étais tombé et celui où je repris connaissance, c'est ce que je ne pus calculer. Seulement, en rouvrant les yeux, je vis qu'il faisait nuit.

Je ne pus comprendre quel était l'endroit où je me trouvais, et il me sembla qu'un horrible bourdonnement me secouait le crâne.

La douleur de ma blessure fut la première chose qui eut pour moi une signification certaine; elle me ramena tout droit à la circonstance qui m'avait valu cette blessure, et de fil en aiguille je retrouvai assez de souvenirs pour me demander où j'étais et ce qu'on avait fait de moi. J'étais dans une voiture, et le bourdonnement qui me semblait produit par mon propre cerveau n'était rien que le bruit des roues courant sur une route non pavée, mais assez raboteuse.

Ceci une fois bien établi dans mon esprit, je cherchai à me reconnaître tout entier.

J'étais parfaitement couché dans une longue dormeuse, bien emmaillotté de tous côtés, et avec de bons oreillers sous la tête.

Tout cela attestait un soin qui me fit croire que l'on avait quelque intérêt à conserver mes jours.

Mais il ne faut pas vous persuader que cette conscience de ma vie et de l'état où je me trouvais me vint aussi rapidement que je vous le raconte.

Mon premier regard, au sortir de ma torpeur, s'adressa, comme cela devait être, à des souvenirs plus éloignés et qui nécessairement avaient laissé une trace plus profonde en moi que les rapides événements qui s'étaient accomplis depuis quelques jours. Le premier mot qui sortit de ma bouche quand je m'éveillai fut pour appeler Nyd-Jaïra, que j'avais si lestement poignardée. Si j'en avais eu la force, il est probable que je me fusse mis en colère de ce que je ne rencontrais pas à ma portée le gong avec lequel j'avais l'habitude d'avertir mes esclaves de mon réveil.

Tout ce que je trouvai en étendant le bras fut une main qui s'empara de la mienne et qui me tâtait encore le pouls au moment où je m'étais rendu un compte assez complet de la position où j'étais.

— Où suis-je, et où me conduit-on? dis-je avec une peine extrême.

Il ne me fut rien répondu, mais une main posée sur ma bouche m'ordonna le silence. Soit que ce fût une précaution relative à ma faiblesse, soit qu'on voulût prévenir le danger de me voir découvert, j'obéis à cette recommandation manuelle et cherchai à raccorder tout à fait mes souvenirs; mais ils s'embrouillèrent peu à peu de nouveau dans mon esprit. Cependant, au lieu de retomber dans le délire maladif qui m'avait fait perdre la conscience de tout ce qui s'était passé entre le moment où j'avais reçu ma blessure et celui où j'étais revenu à moi, je m'endormis du plus profond sommeil.

Ce sommeil cessa juste au moment où ma voiture franchissait le pont-levis d'un vieux château fort à hautes murailles, dans la cour duquel nous nous arrêtâmes.

Je pus voir alors celui qui sans doute était resté sans cesse à côté de moi dans la voiture; c'était un homme entre deux âges, vêtu de noir, aussi bien poudré qu'on peut l'être en courant la poste, et qui me fit tirer de mon carrosse avec des précautions qui n'appartiennent qu'à un ami ou à un médecin.

Or, comme je ne le connaissais point, je jugeai que c'était un médecin.

IV

LA GARDE-MALADE

A l'aspect des hautes murailles de la cour où je me trouvais, j'avais pensé d'abord que j'étais tombé dans les mains des républicains, et qu'on m'avait conduit dans une de ces vieilles prisons dont l'extérieur a quelque ressemblance avec les habitations de nos pères.

Mais presque aussitôt je fus averti de mon erreur, car celui que j'avais jugé être le docteur parlait une langue que je ne savais pas plus que l'allemand, mais qui ne me parut pas être de l'allemand. Quoique la physionomie de ceux qui lui obéissaient fût très-sinistre, et que leur costume régulier pût passer pour un uniforme de geôle, je vis bientôt que c'était une livrée et que je n'avais point affaire à des porte-clefs.

Tout cela ne me disait pas où j'étais ni entre les mains de qui je me trouvais.

Comme je n'avais aucune idée précise du temps qui s'était passé et de la route que nous avions faite, si ce n'est que j'avais été frappé un matin, que je m'étais réveillé et rendormi pendant la nuit et que je rouvrais les yeux durant le jour; tout cela pouvait constituer vingt-quatre heures de voyage et quelque cinquante lieues de route, si l'on avait employé tout ce temps à marcher; si, au contraire, je m'étais réveillé la première fois, à peu près au moment de notre départ, nous ne devions pas être bien loin de la Provence; si ma faiblesse avait duré huit jours, où diable pouvions nous être ?

En tout cas, je ne m'imaginais nullement que nous eussions pu quitter la France, et après avoir mûrement pesé toutes ces considérations, je me crus dans quelque château appartenant à monsieur de Liedenish, et entouré de toute la valetaille qu'il avait dû amener de son pays.

On me transporta dans une immense chambre et l'on me déposa sur un lit en bois à vieilles colonnes torses, monté sur une estrade, et surmonté aux quatre coins de panaches de plumes noires déchiquetées jusqu'à la côte. Les deux fenêtres qui éclairaient cette halle étaient percées dans des murs d'une telle épaisseur, qu'il y avait de chaque côté de l'embrasure des bancs de bois où six personnes pouvaient s'asseoir à l'aise. Le vitrage était en plomb.

Le peu de meubles perdus dans ce vaste logis étaient d'une richesse surannée, et le manteau d'une énorme cheminée placée à une certaine distance de mon lit pouvait aisément couvrir une douzaine de personnes et recéler douze douzaines de jambons. Il paraît que mon médecin n'avait pas dormi comme moi, car à peine m'eût-il fait déposer sur mon lit, qu'il mit à mes côtés une femme armée de fioles et de tisanes, et que, avant que j'eusse pu l'interroger, disparut avec cet air satisfait d'un homme qui sent qu'il va dormir à son aise.

Monsieur, la femme jeune peut avoir peu d'esprit et être bonne, la vieille femme ne peut être bonne qu'autant qu'elle est bête, ce qui ne l'empêche pas d'être quelquefois bête et méchante.

Je n'ai guère rencontré dans ma vie que deux vieilles femmes spirituelles et bonnes : l'une qui a tant aimé l'amour, tant qu'elle a pu en user, qu'elle a continué à l'aimer dans les autres ; cela la rendait d'une indulgence excellente. Si l'on voulait regarder de très-près, peut-être ne faudrait-il pas considérer cela comme de la bonté, mais comme un petit reste de libertinage qui se raccroche à ce qu'il peut et ramasse les miettes des jeunes convives ; l'autre était une femme dont la vie avait été un constant dévouement, et peut-être serez-vous appelé au bonheur de la connaître.

C'est pour cela que je ne veux pas vous en dire davantage quant à présent, et que je reviens à mon récit, relativement à la femme qui était postée au chevet de mon lit.

Si elle avait été jeune ou vieille, je me serais fait un plan de conduite à son sujet ; mais elle était juste dans ce médium dangereux, où, d'une part, la flatterie qui commence à manquer met facilement le feu aux étoupes ; où, d'une autre part, la femme qui croit mériter encore des hommages tourne facilement à l'aigre quand ces hommages lui manquent.

Dans cet ordre d'idées, la femme, quelles que soient sa race et sa condition, a un tact admirable.

Si la mienne avait eu affaire à un blondin de dix-huit ou vingt ans, elle aurait mis probablement sur le compte de la jeunesse le trop d'ardeur ou la froideur de son malade, et elle lui aurait amicalement montré par quel chemin on pouvait arriver à elle. Mais j'étais d'âge à savoir ce que je faisais, et je me dis qu'il fallait devenir l'ami de cette femme, attendu que pour moi l'amitié des femmes, comparée à celle des hommes, est dans la proportion d'un louis d'or à une pièce de vingt-quatre sous.

Je me mis alors à examiner longuement ma garde-malade : sa personne m'étonna encore plus que la bizarrerie de son costume.

Elle avait quelque chose du teint d'olive mûre de mes petites Indiennes de Mysore. Mais la prestesse de ses mouvements, la délicate finesse de ses membres, la sécheresse anguleuse de son front, lui donnaient un aspect d'énergie vivace qui contrastait complétement avec la languissante mollesse de mes esclaves. Les yeux de cette femme semblaient intérieurement illuminés. On eût dit de même qu'un rayon nacré scintillait à chacune de ses dents, tant yeux et dents reluisaient d'un singulier éclat sur cette peau brune et luisante aussi.

Ses cheveux étaient légèrement crépus et divisés en tresses énormes qui descendaient bien au-dessous de la taille.

Quant au costume de la femme, il consistait en une espèce de casaquin rouge agrafé jusqu'au cou et parsemé de boutons d'argent, une jupe de serge bleue partait du casaquin et ne descendait pas assez bas pour ne pas laisser voir une seconde jupe rouge toute bariolée de broderies de soie noire. Les brodequins très-pointus et lacés sur le cou-de-pied avec un fil d'or enfermaient les pieds les plus délicieux et se terminaient par une petite fourrure brune qui servait de collier à la naissance de la plus jolie jambe du monde, s'il fallait s'en rapporter au peu qu'on en voyait.

Cette femme n'était plus une enfant, il s'en fallait de

beaucoup, mais elle n'était pas encore hors d'âge, il s'en fallait assez pour qu'elle dût avoir encore des prétentions.

Vous vous étonnez sans doute, monsieur, que j'aie fait tous ces raisonnements dans une position pareille à celle où je me trouvais ; mais ces raisonnements, je ne les fis pas tout de suite comme je vous les répète maintenant ; ils furent le résultat de plusieurs jours de réflexion. En effet, pendant plusieurs jours, je ne vis absolument que cette femme, à l'exception de quelques minutes pendant lesquelles le docteur venait me voir le matin, se consultant avec ma garde-malade dans cette langue diabolique à laquelle non-seulement je ne comprenais pas un mot, mais que je ne pouvais aucunement reconnaître, comme j'eusse pu deviner, sans cependant savoir ces langues, qu'on parlait devant moi espagnol, anglais, italien ou allemand.

La seule chose qui me fût parfaitement claire dans le résultat de cette délibération incompréhensible, c'est que je devais me taire ; et comme j'éprouvais des douleurs affreuses du moment que j'essayais d'émettre le moindre son, je crus être assuré que ce silence m'était surtout imposé comme précaution médicale.

Cependant j'étais toujours dans l'ignorance la plus profonde sur ma situation.

Étais-je chez des amis ou chez des ennemis ? Rien ne pouvait me tirer de cette incertitude.

Chez des ennemis, on ne soigne pas avec tant de complaisance et de précaution la vie d'un homme dont on veut la mort. D'ailleurs, en fait d'ennemis, je ne pouvais avoir que le baron de Liedenish, et je ne comprenais pas ce qu'il eût pu faire de moi.

En fait d'amis, je ne m'en connaissais plus au monde, et d'ailleurs les amis ont soin d'expliquer leurs desseins.

J'étais donc à peu près dans la situation du dormeur éveillé de ce bon monsieur Galland, et je vivais stupidement rien que pour vivre, me guérissant petit à petit, me ranimant tout doucettement, sans savoir ce que je pourrais faire ou ce qu'on voudrait faire de la vie qui me revenait ainsi. Ce fut pendant une semaine, je crois, de ce mutisme complet, que je fis ces réflexions dont je vous ai rendu compte tout à l'heure.

Veuillez bien reconnaître une chose, monsieur, c'est que la première pensée de tout homme en danger est de penser à son salut, quel que soit cet homme et à quelque pays et à quelque rang qu'il appartienne.

La seconde pensée de cet homme, toujours dans ces conditions de généralité, est de chercher à intéresser à ce salut l'être qui se trouve à côté de lui, fût-ce un chien. Maintenant, la manière de l'intéresser dépend tout à fait de l'éducation qu'a reçue cet homme.

Or, monsieur, dans mes façons de voir, la meilleure manière d'intéresser une femme, c'est de lui faire la cour. J'ai connu beaucoup de femmes dans ma vie, j'en ai connu de joueuses, d'intéressées, d'avares, d'ambitieuses, de vindicatives, mais pas une qui ne fit céder la plus mauvaise des passions qu'elle avait dans le cœur à la vanité d'avoir plu à un homme qui en valait la peine.

Que voulez-vous que j'y fasse, monsieur? je vois comme cela.

Vous avez beau ricaner dans votre jeune sagesse et me traiter de fat, cela ne prouve qu'une chose, c'est que vous ne me comprenez pas. La fatuité n'est pas à dire qu'on a telle ou telle opinion, la fatuité consiste à prétendre l'avoir fait triompher, et dans le cas dont je vous parle, la fatuité n'est pas à avancer qu'on n'obtient guère quelque chose des femmes qu'en les flattant à l'endroit de l'amour, mais à dire qu'on est souvent arrivé par cette manière de procéder.

Du reste, quoi qu'il en soit de mes opinions passées et de vos jugements présents, ne pouvant point parler à ma garde-malade, je me mis en mesure de la regarder avec tant de fixité qu'elle ne pouvait lever les yeux sur moi sans trouver les miens attachés sur elle.

Dans le premier moment de ce jeu de prunelles, elle s'imagina que je demandais quelques-uns des soins qu'elle avait l'habitude de me rendre, et il lui arriva même d'appeler deux ignobles figures qui lui venaient en aide lorsqu'il s'agissait de choses dont de pareils singes pouvaient être seuls témoins. Dans ces cas-là, je refusais avec impatience, et ce n'était que lorsque nous étions seuls et qu'elle me présentait quelques potions dont je ne voulais pas, qu'au lieu du gobelet je lui prenais la main, que je la serrais tendrement et que je la portais à mes lèvres.

Qu'elle prît cela pour de l'amour ou de la reconnaissance, c'était une chose assez indifférente au fond; mais je crus m'apercevoir que ses soins devenaient plus doux et plus affectueux, et je lui adressai quelques paroles. Elle fit signe qu'elle ne comprenait pas du tout.

Alors elle-même sembla m'indiquer un moyen de nous mieux entendre : elle me présenta un crayon et un chiffon de papier.

J'écrivis ces quelques mots :

« Où suis-je, et chez qui suis-je ? »

Ma garde-malade prit le papier, l'examina longtemps et finit par le cacher dans son sein.

Je devinai qu'elle espérait en avoir la traduction par quelqu'un que je ne connaissais pas, et comme elle ne me quittait guère que vers le soir, pendant quelques heures, pour revenir ensuite passer la nuit sur un lit volant qu'on dressait derrière un paravent, à quelque distance du mien, je passai cette journée dans l'attente la plus vive, encourageant ma protectrice dans ses bonnes dispositions par toutes sortes de regards langoureux et de mines charmantes.

Ce fut pendant cette journée que je parvins à lui faire comprendre que je désirais savoir son nom, et qu'elle me fit comprendre, de son côté, qu'il lui était défendu de me répondre à ce sujet.

Indépendamment de cette solitude où je revenais tout doucement à la vie, j'étais en outre enfermé dans un silence solennel qui semblait envelopper ce château et le pays tout entier.

Point d'allées et de venues brillantes et animées, point d'éclats de voix lointains et rapprochés, point de bruit de chevaux, point de cris de chiens ; ni le beuglement d'un bœuf, ni le bêlement d'un agneau, pas même le chant d'un oiseau, rien ne venait jusqu'à mes oreilles. Le frôlement du pas léger de ma garde-malade, celui d'une porte discrètement ouverte ou fermée, la conversation de tous les matins entre le docteur et ma surveillante, voilà les seuls bruits qui arrivassent jusqu'à moi.

Eh bien, monsieur, la nature de l'homme est si pauvre, elle est si incapable de se suffire à elle-même, que j'attendais tous les matins avec impatience l'heure de cette conversation, comme si j'avais pu y comprendre quelque chose. Je l'écoutais avec la curiosité et l'anxiété d'un homme qui entend discuter sa vie, et il me semblait que je devinais ce qui s'y disait.

Or, le lendemain du jour dont je vous parle, cette conversation avait été plus active; des gestes jetés au loin et ramenés vers moi m'avaient fait croire à l'arrivée de personnes pour qui moi-même je n'étais pas sans intérêt.

Je ne m'étais pas trompé; vers la fin du jour, à l'heure où ma garde avait l'habitude de me quitter, j'entendis des mouvements inaccoutumés interrompre peu à peu le silence dans lequel je vivais depuis une quinzaine de jours.

Ce furent d'abord dans la maison des bruits partiels, comme des croisées et des portes ouvertes, ensuite le lourd grincement des chaînes du pont-levis, qui laissa passer un cavalier, puis un second, enfin j'entendis arriver deux ou trois voitures, conduites grand train par des postillons dont le fouet, joyeusement retentissant, annonce en tout pays qu'ils sont fiers des gens qu'ils mènent.

Ces voitures entrèrent dans les cours du château. En quelques heures ces murs, muets comme ceux d'une trappe, s'animèrent d'une vie toute nouvelle. J'en tressaillis d'aise sur mon lit.

Cependant ce pouvait être pour moi une très-fâcheuse arrivée; mais je pensai que, parmi tout ce monde, il devait nécessairement se trouver quelqu'un avec qui je pourrais m'entendre.

V

RÊVE — CACHOT — INCENDIE

Je ne suis pas un philanthrope, monsieur, je ne m'occupe point d'organisation sociale, encore moins de législation criminelle; mais je n'ai jamais compris qu'on pût compter le bagne pour une peine plus grave que l'emprisonnement.

Comment, monsieur, du soleil, de l'air, du mouvement, la liberté de regarder tant que l'œil peut s'étendre; et tous les jours l'aspect du beau mouvement d'un port, la rencontre des curieux à qui il est permis de parler, et par conséquent le pouvoir de sortir de soi-même, la plus horrible prison de l'homme, sans compter le droit de se tourner au soleil à sa guise, par devant et par derrière, et jusqu'au bonheur de rentrer dans le dortoir quand il pleut! tout cela est pour le galérien qui a quelquefois tué père et mère. Et pour un crime moins grand, la prison! l'espace borné à quelques pieds, un petit bout de ciel encadré au sommet des quatre murailles d'un préau, et toujours les mêmes ignobles visages, et jamais quelque chose qui touche au monde qui n'est plus le vôtre et qui vous en apporte l'odeur!

C'est odieux!

Pour ma part, monsieur, j'aime mieux une chaîne qu'un mur, et s'il me fallait choisir, je préférerais les fers les plus lourds à la chambre la plus commode, s'il m'était permis de traîner mes fers au soleil.

Donc, pour en revenir à mes pensées d'alors, je me réjouissai de voir enfin approcher l'heure où je pourrais savoir où j'étais, pourquoi l'on m'avait sauvé et dans quel but.

N'est-ce pas, jeune homme, que vous étiez bien loin de vous imaginer que ce vieux monsieur poudré, à ailes de pigeon, qui met des escarpins avec des pantalons collants à rubans de soie, qui se bourre le nez de tabac et qui gâte la blancheur de son jabot de roupies fort désagréables et qui puent à l'œil, n'est-ce pas que vous ne vous fussiez jamais imaginé que c'eût été là un héros de roman, et le héros d'un roman comme on n'en fait guère, attendu que tous les romans qu'on fait sont impossibles, non par leur invraisemblance, mais par leur platitude? Il n'y a pas d'homme qui ait un peu vécu qui n'ait eu dans sa vie cent fois plus d'histoires bizarres, folles, grotesques ou terribles, que celles qu'on attribue au Lovelace le plus déterminé.

Cependant les heures se passèrent sans que tout ce mouvement que j'entendais circuler autour de moi pénétrât jusqu'à ma chambre. La vie était de l'autre côté de ma porte, je lui avais crié vingt fois d'entrer, mais elle ne m'avait pas entendu.

Je commençais à m'impatienter, et je finis par m'alarmer sérieusement, lorsque je vis passer l'heure où ma garde avait l'habitude de me venir trouver. Mais quelles que pussent être mes craintes à cet égard, mon désir de voir quelqu'un ne faisait que s'accroître. Il y a des heures où le prisonnier préférerait l'entrée du bourreau à sa solitude.

L'agitation extrême où me jeta cette attente me donna une force que je ne me croyais pas.

Pour la première fois depuis mon arrivée, je pus quitter mon lit sans le secours de personne, et je me traînai d'abord jusqu'à ma porte, que je trouvai solidement verrouillée, et puis jusqu'à ma fenêtre, d'où je pus apercevoir l'intérieur d'une cour que je n'avais pas vue en entrant dans le château. Malgré l'obscurité, je pus en mesurer l'immensité. En effet, en face de ma fenêtre s'élevait une chapelle, ou plutôt une église, magnifiquement illuminée.

Par la grande porte ouverte, par la rosace de la façade, la lumière jaillissait à la fois, blanche par en bas dans sa masse ardente, découpée par en haut en mille dessins bariolés de toutes couleurs.

Le charme de cet aspect me saisit si vivement, que je me laissai aller à l'admirer sans penser à autre chose.

Peu à peu les objets se dessinèrent plus nettement à mes yeux, et je reconnus à la porte de cette église des hommes portant hallebarde, et dont le costume ne ressemblait en rien à ceux des suisses de nos paroisses. Cela me fit réfléchir.

Une église si pompeusement illuminée, dans le temps où nous vivons, était une grave imprudence, car bien qu'on fût au milieu de la nuit, l'éclat de cette lumière devait arriver aux yeux de tous les hameaux voisins.

Ne serais-je donc plus en France, me dis-je ; cela est probable, car si nous étions encore sur cette aimable terre de pure liberté, il y a cent à parier contre un que ce château n'existerait pas dans huit jours; que cette église serait détruite demain, et que tout ce qui a pris part à la cérémonie qui s'apprête serait révolutionnairement exécuté dans le temps nécessaire pour aiguiser l'affreuse machine à couper les têtes.

J'examinai mieux, et surtout les hallebardiers qui passaient alternativement devant la bouche fulgurante de l'église.

Comme je vous l'ai dit, le costume des suisses était tout à fait en dehors de ceux dont j'avais gardé le souvenir, quoique à vrai dire on eût pu le carmagnoliser comme on avait fait de tous les autres.

Mais j'eus bientôt de plus graves sujets d'étonnement; j'entendis à peu près au-dessous de la fenêtre où j'étais placé crier les gonds d'une porte en fer dont les battements violemment heurtés contre les murs résonnèrent comme un cri lugubre qui remua toutes les sonorités de ce château et vint murmurer enfin aux angles de ma chambre de pierre.

Je devins tout attention, et je vis d'abord s'avancer sur deux files des porteurs de torches.

Je ne pouvais distinguer la forme exacte de leur costume; mais de temps à autre des reflets plus vifs me montraient que leurs habits étaient couverts de larges bariolages. C'étaient les galons armoriés d'une livrée princière. Quand quelques-uns eurent ainsi défilé, j'en aperçus de nouveaux ayant encore une livrée, mais elle n'était plus la même.

Je cherchais à la reconnaître, lorsque je fus distrait de cette occupation par l'aspect de nouveaux personnages.

Entre ces deux files de laquais si pompeusement vêtus s'avançaient des couples se tenant gravement par la main. C'était à chaque couple un homme et une femme.

Ici je reconnus dans la silhouette de la nuit la haute coiffure empanachée des femmes de Versailles, leurs robes à paniers; les broderies des uniformes des hommes qui leur donnaient la main scintillaient vivement. Il en passa ainsi une douzaine; puis enfin, papillotant comme un feu d'artifice, un homme petit, mais chamarré, argenté, doré, endiamanté.

Comme il marchait entre quatre flambeaux, je pus voir de celui-ci plus que l'éclat de ses dorures, je vis sa veste fourrée pendant sur son épaule, sa botte d'un cuir de couleur. A côté de lui, une femme vêtue de soie blanche, une couronne sur la tête, couronne qui brillait comme la rosace de l'église, lançant autour d'elle ses rayons de toutes couleurs; puis après deux hommes, dont l'un, presque aussi luisant que le premier, était une espèce de géant; l'autre, fort modestement vêtu, du moins en apparence et à la distance où j'étais, l'autre me parut d'une taille ordinaire.

L'aspect de ce soleil mordoré donnant la main à cette blanche colombe m'avait frappé d'un soupçon que la survenance du géant changea en certitude.

J'étais en la possession de monsieur le baron de Liedenish, et probablement dans un des châteaux de ce farouche Allemand. En conséquence, la femme blanche et couronnée, n'était-ce pas Gertrude? et la cérémonie pompeuse qui avait lieu, n'était-ce pas son mariage?

De par tous les diables du sombre empire, je me mis à

rire à cette idée ; puis, quand j'en eus ri autant que peut rire un homme seul, ce qui est fort maigre, je me mis à me demander à quoi on me destinait, si par hasard j'avais deviné juste. Il ne fallait pas grand'chose pour abattre le peu de forces que m'avait données ma curiosité et ensuite mon étonnement ; je me sentis près de défaillir ; je voulus regagner mon lit, mais je tombai à trois pieds de la fenêtre, et je perdis connaissance.

Destiné aux voyages inconnus, je me trouvai sur mon lit et dans la plus profonde obscurité lorsque je revins à moi. L'oppression fâcheuse qui me rendait si pénible l'usage de la parole m'avait repris, et c'est à peine si je possédais la force de geindre.

J'avais cependant une fièvre qui me faisait voir toutes sortes de fantômes dans ma chambre : Gertrude comme une ombre désolée, le jeune Liedenish qui me menaçait avec un marteau de cyclope, et son honorable père accroupi sur un lutrin, me faisant les plus laides grimaces ; et puis, au milieu de tout cela, la belle Nyd-Jaïra dont je ne voyais que le dos avec mon poignard planté entre les deux épaules.

Tout cela passait, allait, venait, dansait au son d'une musique que j'entendais parfaitement. Comme il arrive d'ordinaire, ce bal masqué se fondit dans un sommeil qui me parut être l'approche de la mort.

Lorsque je m'éveillai une seconde fois, il faisait encore nuit ; mais une petite lame de jour glissant dans la fente d'un volet me montra qu'on avait tout bonnement fermé avec une planche une étroite ouverture placée à huit ou dix pieds du sol de ma chambre.

Or je n'étais plus dans mon lit de la veille ni dans ma chambre de la veille. Voilà ce que m'avait coûté ma curiosité.

Je tâchai de voir mon nouveau logis, mais cette étoile laissée au mur de ma prison jetait si peu de jour sur tout ce qui m'entourait, que je ne pus absolument rien découvrir.

J'étendis les bras autour de moi, et je me heurtai la main à une énorme cruche. Je mourais de soif, je pris la cruche et je me mis à boire de l'eau quasi glacée, ce qui m'était défendu sous peine de mort. Cela me fit un bien céleste.

J'attendis, mais ce fut en vain; mon étoile s'éteignit peu à peu, et je rentrai dans mon obscurité, bien convaincu que j'avais passé tout un jour sans qu'on eût pensé à moi depuis qu'on m'avait transporté dans ce cachot.

Pour me consoler, je me remis à boire de l'eau, et je me rendormis comme si j'avais été couché dans le lit impérial de Tippoo-Saïb.

Je me réveillai avec le jour, et je vis mon étoile s'allumer lentement, briller de tout son éclat, et puis s'en aller progressivement dans les ténèbres.

Alors j'eus une horrible peur. Je me sentis tout près de défaillir. Je compris qu'on m'avait mis dans cette cave pour m'y laisser mourir de faim. C'était affreux.

Et voyez comme l'homme est bizarre :

Lorsque je me sentais pris d'une défaillance, au lieu de me laisser aller tranquillement à cette insensibilité qui m'eût probablement mené à la mort sans m'en laisser voir l'horreur, je courais à ma cruche, et j'engloutissais des puits d'eau.

Quelle ânerie que la médecine, monsieur! je languissais depuis plus d'un mois, sans force, suffoqué, haletant, et n'ayant pas même un de ces désirs de manger qui annoncent la convalescence. Au bout de trois jours de mes aspersions internes, je respirais librement, j'avais faim, et si j'étais faible, c'était surtout de ma faiblesse antérieure.

— Mais, dis-je à monsieur de Favreuse, durant ces trois jours vous ne vîtes personne?

— Pas la queue d'un rat que j'eusse pu mettre sous la dent, ce qui m'eût été d'un grand secours.

Je n'en pouvais plus douter : ou l'on m'avait cru mort, et on me laissait pourrir là au lieu de m'enterrer, ce qui eût été plus honorable, ou bien encore l'on m'avait condamné à mourir de faim, et je voyais que cela ne tarderait pas à arriver.

La nuit était venue et j'avais bu ma dernière goutte d'eau, je m'étais jeté sur mon lit, car j'allais et je venais assez passablement depuis que la médecine m'avait laissé de côté, et comme on n'a pas toujours envie de rire, je pleurais. Oui, monsieur, je pleurais. Était-ce repentir ou désespoir? je ne puis vous dire, mais je pleurais.

C'était un signe de faiblesse bien grande, monsieur, et quand je m'aperçus que j'en étais là, je me dis qu'il fallait en prendre bravement son parti. En conséquence, je me mis en mesure de remplir mes devoirs religieux, et je me confessai à Dieu, ne pouvant pas me confesser à un prêtre.

Ah! mon jeune ami, que la vie est différente, prise du point de vue d'une fenêtre de Trianon ou d'une terrasse indienne, ou prise du point de vue d'une prison, le dos sur un sac de paille!

Je demandai pardon au bon Dieu de toutes mes peccadilles passées, et comme l'espérance est, je crois, la même chose que la vie, j'ajoutai à mon repentir la promesse de réparer le mal que j'avais fait, si j'échappais à la mort qui me tenait déjà à moitié. Dans cette promesse, ma dernière folie prit la première place, et pour mieux assurer mes serments au ciel, je me donnai à moi-même ma parole d'honneur de gentilhomme de me mettre à la discrétion de Gertrude pour la sauver, la venger, la protéger, si par hasard elle avait besoin de moi.

D'où cela vint-il? du hasard, du ciel, de l'implacable destinée? Je n'en sais rien, monsieur, car cette boutade religieuse à laquelle je me laissai aller dans ce moment solennel a été contrariée par tant de démentis, que je n'ose pas croire que ce fût une récompense de mes bonnes résolutions.

Tout ce que je puis vous dire, c'est que j'avais à peine fini mon oraison mentale et mes jurations de moribond, que j'entendis remuer la porte de ma chambre.

Une lueur rouge commença par entrer, puis, à travers cette fauve lumière, un des horribles truands qui aidaient ma garde-malade à ne pas s'occuper de tout ce qui venait de moi; puis après lui le second, et puis une voix, la voix de ma brave gardienne, qui siffla deux ou trois mots inconnus. Ils prirent la lumière de ses deux mains, mais elle ne les suivit pas.

Je me tenais coi.

L'un des deux singes posa la lumière sur une planche clouée au mur, et tous deux s'approchèrent de mon lit, l'un vers les pieds et l'autre vers la tête.

La voix extérieure de la gardienne les rappela d'un ton

impératif. Ils sortirent tous deux et revinrent avec une longue chose étroite et blanche. Tonnerre d'enfer! monsieur, c'était une bière! Ah! ah! voici qui me parut tout à fait déplaisant, et je sentis s'ébranler furieusement mes bonnes résolutions.

Cependant je me tins tranquille, non pas de volonté, mais d'anéantissement.

Mes deux singes posèrent proprement la bière à côté de mon lit, tout doucement, comme s'ils avaient peur de m'éveiller.

Puis ils se relevèrent et l'un m'empoigna par les pieds, je ne bougeai pas; mais lorsque l'autre se pencha vers moi pour me prendre par les épaules, je me retournai comme si j'avais eu en main la vigueur du maréchal de Saxe, et je lui flanquai un soufflet qui l'envoya le derrière dans la bière, où il se mit à hurler comme un chien sur la patte duquel on a marché.

Je n'avais pas eu le temps de prononcer une parole que mes deux drôles avaient disparu de ma chambre. Par un effet tout contraire, ma gardienne était entrée.

Je me précipitai au bas de mon lit, je me jetai à ses genoux, je la tenais si fort qu'elle ne pouvait se débarrasser de moi; je lui criais grâce, je lui parlais comme si elle eût pu m'entendre.

Mais quelle meilleure langue aurais-je pu lui parler que celle de mon désordre, et de mes larmes, et de mes cris. Elle m'appuya la main sur la bouche, et lorsque, revenue de sa frayeur et de sa surprise, elle put me répondre, elle me fit signe de me lever, et, me donnant le bras, elle me sortir de la chambre; puis elle me laissa un moment dehors, y rentra, revint et referma la porte à triple tour.

Nous étions dans la plus profonde obscurité.

Je ne puis dire par combien de corridors et de petits escaliers elle me fit passer; mais enfin nous arrivâmes dans un petit appartement bas, commode, presque soigné.

Nous y étions à peine qu'il se fit un grand remue-ménage dans le château. Elle me poussa dans un cabinet attenant à la chambre où j'étais, et fit bien, car presque aussitôt j'entendis entrer dans cette chambre.

Je n'appris que longtemps après la cause de ce bruit.

Téhéta, c'était le nom de ma gardienne, n'était rentrée dans mon cachot que pour fourrer sous mon grabat de paille la chandelle que les deux vieux singes y avaient laissée.

Donc, quoique l'ouverture pratiquée dans cet horrible repaire ne laissât pas beaucoup d'espace à la curiosité, il paraît que l'un des drôles qui s'étaient sauvés était revenu du côté du soupirail pour voir le revenant. A ce moment il avait senti l'odeur de roussi, puis il avait vu la flamme, et il s'était mis à hurler que le diable emportait le prisonnier.

Les quelques gens restés dans la maison s'étaient ameutés, et on criait au feu de tous côtés.

Téhéta chercha pendant longtemps la clef qu'elle venait d'enfermer dans une armoire et la livra au laquais.

Voici ce qui arriva, et ce qu'elle me raconta depuis, car elle les suivit.

Lorsqu'ils entrèrent dans le cachot, la paille, le grabat et la bière flambaient faiblement au milieu d'une fumée épaisse et empestée. Les plus intrépides reculèrent, et comme la salle était parfaitement voûtée, ils ne se pressèrent pas de se faire asphyxier pour sauver six bottes de paille pourrie et une douzaine de planches vermoulues. Tout cela brûla donc fort à son aise, grâce au soufflet qu'on venait d'ouvrir à l'incendie, car on avait du dehors crevé à coups de hache le volet placé derrière une grille de fer.

Au bout de ce temps et quand on put entrer, on trouva quelques tisons fumants et un monceau de cendres.

De mes deux servants il y en avait un moins bête que l'autre ; celui-là ne comprit rien du tout, il ne souffla mot de ce qu'il ne pensait pas.

Quant à l'autre, qui croyait avoir des idées, il s'avisa de recommencer le conte du diable qui était venu emporter mon cadavre. Vingt-quatre heures après, le maladroit était... je ne sais où.

Téhéta avait bâti ainsi l'explication qu'elle aurait à donner à qui de droit : Les deux gardiens, épouvantés sans raison, avaient laissé tomber leur flambeau, lequel avait mis le feu. Le feu avait tout dévoré, et elle avait laissé à l'incendie le soin de faire disparaître les preuves du crime qu'elle était chargée de faire enterrer.

Des deux hommes qui l'avaient assistée, l'un se taisait, et on l'avait gardé au château, l'autre avait parlé et on l'avait envoyé pourrir dans une terre éloignée.

C'étaient là des mœurs originales... vous verrez...

Mais les paroles de l'imbécile n'en avaient pas moins fructifié. Personne assurément ne soupçonnait mon existence ; mais toute la valetaille croyait sincèrement que le diable était de la partie.

Cependant on ne pouvait admettre le diable sans admettre le cadavre ; si on admettait le cadavre, il fallait admettre le prisonnier qui était mort là dedans. De là une horrible légende qui se glissa doucement dans le pays, en commençant sa petite poésie dans le château.

Mais, reprit monsieur de Favreuse en s'arrêtant, j'empiète trop sur mon récit, et je vous dis des choses qui ne sont pas encore à leur moment.

Mon ange sauveur revint près de moi au bout de quelques heures et m'apporta de quoi me restaurer.

J'avais été trop près de la mort pour ne pas avoir une excessive envie de vivre ; durant trois ou quatre jours, ma longue abstinence me laissa encore fort incertain du succès de mon nouveau traitement ; enfin l'estomac reprit le dessus, et au bout de huit jours je me portais assez convenablement pour me lever, marcher et me promener.

VI

SITUATION TERRIBLE

Le petit appartement où j'étais caché était celui de Téhéta, et il était arrangé avec une coquetterie d'une bizarrerie charmante. Il consistait en une chambre à coucher fort vaste et tendue de cuir de Hongrie d'une rare richesse.

La pièce où je logeais, prise entre deux autres pièces, n'avait point de fenêtre ; mais c'était bien le boudoir le plus somptueux que j'eusse vu, et il était sans cesse éclairé par une lampe pendue à une voûte peinte en ciel. Le reste de cet appartement était disposé de façon que celle à qui il était destiné n'eût aucun besoin d'en sortir s'il lui convenait de ne pas le quitter.

Des sonnettes tout à fait bien arrangées appelaient les serviteurs dont elle avait besoin, et chaque jour on lui apportait dans un panier fermé le repas que nous partagions dans mon réduit, d'où elle me permettait à peine de sortir et où elle m'enfermait quand elle sortait.

Cependant j'aurais donné un doigt de ma main pour me mettre à l'une des croisées de la chambre qui ouvraient sur la campagne. Je mangeais, je buvais, mais l'air et le soleil sont des aliments dont on ne peut se passer et dont j'avais faim et soif.

La nuit, cependant, elle me permettait quelquefois de respirer à une fenêtre, et je pouvais voir que j'étais dans un château situé au sommet d'une vaste plaine et dont les environs devaient être fort déserts, car jamais je ne voyais la moindre lumière allumée dans une cabane poindre à l'horizon.

Nous étions juste au-dessus des fossés du château, ce qui me mettait à quatre-vingts pieds du sol praticable, et par conséquent dans l'impossibilité de chercher à m'évader.

Mais je me disais que la femme qui m'avait sauvé la vie n'avait sans doute aucun désir de me sacrifier, et à moins qu'elle ne me réservât pour elle-même, ce qu'elle avait de mieux à faire était de m'aider à emporter au loin une existence qui ne pouvait que la compromettre, si j'en jugeais par les précautions qu'elle prenait pour la cacher.

Cependant nous cherchions à nous entendre, chacun de notre côté. Pour ce qui était des choses de notre vie de tous les jours, cela fut bientôt fait. Elle me disait le nom des objets et je les répétais. Cela faisait quelquefois de drôles scènes, et une entre autres qui commença par la faire rire et qui finit par des larmes d'abord... puis... mais vous verrez.

Le jour de mon enterrement, Téhéta m'avait tiré de mon lit en l'état d'un homme qui sort de son lit ; je m'étais recouché, en entrant dans mon nouveau logis, dans l'état d'un homme qui se couche ; et depuis ce temps je m'entortillais de couvertures pour me lever.

Je trouvai le costume incommode, et fis comprendre à Téhéta que je serais flatté de mettre des culottes, des bas de soie ; et là-dessus je me figurais habillé à la française, et je me posais, le jarret en avant, faisant sonner le talon rouge que je n'avais pas, caressant un jabot imaginaire, jouant avec des manchettes absentes.

Tout ceci fait avec une barbe hideusement sale, des pieds nus, une vieille couverture sanglée autour des reins avec un cordon de soie, était si grotesque, que ma Téhéta se mit à rire du même rire dont j'avais puni ma Nyd-Jaïra.

Autres temps, autres mœurs : au lieu de jouer du couteau, je jouai de la supplication, et Téhéta me fit signe qu'elle allait me donner ce que je voulais.

Alors elle ouvrit une armoire fermée jusqu'à ce moment, et en tira un costume consistant en une espèce de pantalon turc en cachemire. A cela elle ajouta des bas de soie, des pantoufles musquées et une robe de chambre de brocart.

Ceci n'avait certainement pas été mis là pour moi... J'en fis la grimace à Téhéta, qui fronça le sourcil et me jeta un mauvais regard ; je lui ris au nez à mon tour.

Une folle idée lui passa par la tête ; elle jeta son humeur de côté et me fit signe de revêtir ce magnifique déshabillé.

Pendant qu'elle s'était retirée pour me laisser vaquer à ce soin, je me demandai de qui diable je prenais la place... du moins dans la robe de chambre.

Quelle était cette femme ? où étais-je ?

Je restais toujours dans la même incertitude. Il faut vous dire que, pour savoir si les soupçons que j'avais eus lors de la cérémonie nocturne que j'avais espionnée avaient quelque valeur, j'avais prononcé dix fois devant Téhéta le nom de Liedenish ; mais elle restait aussi impassible que lorsque je l'appelais mon cœur.

Ma toilette finie, elle rentra, et ma nouvelle parure sembla tellement la charmer qu'elle se mit en devoir de l'achever. Elle arrangea mes cheveux, coupa ma barbe avec des ciseaux, et lorsque tout fut fini, elle me présenta un petit miroir.

Il y avait deux mois que je ne m'étais vu. Je m'étais quitté brun comme un Asiatique, je me revis blanc comme un linceul ; je m'étais perdu de vue fort bien en chair et vif en couleurs, je me revis maigre comme un clou rouillé ; mon nez tenait la moitié de ma figure. Je m'apprêtais à me sourire, et je ne vis en face de moi qu'un squelette penaud de l'être, et qui cherchait à savoir s'il rêvait.

J'avais l'air fort bête sans doute, et ma bienfaitrice se reprit à rire de plus belle.

Cela me mit de la plus mauvaise humeur du monde ; je lançai l'insolent miroir contre le mur et je le brisai en morceaux.

Le jour où je frappai Nyd-Jaïra je ne fis pas, à ce qu'il

paraît, un coup plus mauvais. Je ne puis vous dire la fureur de ma belle Téhéta à cette vue de son miroir brisé; elle se répandit contre moi en cris qui devaient être les injures les plus grossières; puis, pleurante et désespérée, elle se mit à ramasser les morceaux brisés de cet infortuné meuble.

Si je vous ai raconté ceci, monsieur, c'est que ce petit mouvement d'impatience, c'est que ce miroir brisé furent la cause d'événements très-graves.

Mais avant d'y arriver, il faut vous dire que peu à peu j'avais obtenu des plumes, du papier, de l'encre, et enfin un dictionnaire latin et hongrois.

J'étais donc en Hongrie, du moins je le supposais, et probablement chez le baron de Liedenish, quoique ce nom eût été toujours sans pouvoir sur ma compagne. Voilà où j'en étais de mes connaissances sur ma nouvelle position, lorsque arriva l'incident suivant.

Ici monsieur de Favreuse s'arrêta, et après s'être remis en voix par un petit coup de vin de Madère délicatement dégusté, comme s'il m'avait donné des nouvelles de ce qui s'était passé la veille à l'Opéra ou dans un salon, il continua : 1

— Une nuit que je dormais d'un sommeil qui faisait honneur à ma vertu, car enfin je me portais déjà fort bien, et que j'étais à quelques pas d'une femme qui eût été plus

1 Ceux qui lisent ce manuscrit ne doivent pas oublier que Michel Meylan déjeunait avec monsieur de Favreuse.

qu'avenante, même dans toute autre circonstance que celle d'un tête-à-tête emprisonné, je suis éveillé par de petits coups vivement frappés à la porte extérieure de la chambre de Téhéta, qui, ainsi que je vous l'ai dit, précédait la mienne.

Je me lève tout à coup pour me porter chevaleresquement au secours de ma belle protectrice; mais au moment d'entrer chez elle, elle me repousse violemment, ferme sur moi la porte qui séparait nos deux habitations, et je me retrouve emprisonné.

Je n'avais pas eu le temps de me demander si je devais protester contre cette violence à grands coups de pied le long des panneaux de ma porte, lorsque j'entends une voix d'homme dont je n'avais nulle idée et qui parlait d'un ton bref, serré et impérieux. La façon de répondre de Téhéta me parut de la plus extrême douceur, et toute remplie d'exclamations joyeuses.

C'est absolument comme ça qu'on reçoit un mari qu'on trompe, à moins qu'on ne lui fasse une horrible querelle, ce que les femmes préfèrent en général, parce que cela leur donne toutes les conséquences d'un raccommodement.

Autant que j'en pus juger par les inflexions de voix de l'homme qui parlait, il faisait subir un interrogatoire à Téhéta, et quoique je ne comprisse point le hongrois, je devinai bientôt qu'il s'agissait de moi, à un seul mot.

Ce mot, que j'avais appris dans mon dictionnaire, voulait dire prisonnier.

Or comme l'interrogeant le dit vingt fois, et que Téhéta le répéta presque autant de fois que lui, je pensai que, puisqu'on parlait prisonnier, il s'agissait de moi.

Par quels charmes, par quelles cajoleries Téhéta calmat-elle cette interrogation brusque et emportée? je ne pus le deviner; mais à ce dialogue vif et emporté succéda bientôt une espèce de récit calme que faisait Téhéta, et qui se termina par un mot d'approbation. Cela se sent rien qu'à l'inflexion.

Je tins mon homme pour convaincu et trompé, et comme je n'avais aucune envie d'ouïr par quels moyens ma Téhéta comptait assurer la victoire qu'elle venait de remporter, je me retirai au fond de mon réduit et je me rejetai sur mon divan.

Jugez de ma terreur, lorsque je vois tout à coup ma porte s'ouvrir et Téhéta, toujours parlant du ton le plus aisé et le plus joyeux, entrer dans ma chambre, prendre les pantoufles, la robe de chambre et le pantalon turc dont je m'affublais depuis quelques jours, et qui se trouvaient sur un vieux fauteuil.

Une faible lueur, venue de sa chambre où on avait allumé une bougie, éclairait l'entrée de ma porte, et je vis se dessiner dans ce cadre illuminé la silhouette d'un homme en rheingrave fourrée; il s'apprêtait à entrer; mais, avec la légèreté d'une chatte, ma Téhéta se jeta doucement au-devant de lui, mes ou ses nippes à la main, et le repoussa dans la chambre. Elle voulut tirer la porte après elle, mais une observation de ce monsieur la lui fit laisser ouverte.

Il faut vous dire que parmi les lignes de la silhouette qui m'était ainsi apparue, j'avais remarqué la courbe d'un sabre turc, qui me remit en mémoire ce qui peut arriver d'une pareille arme dans une main solide, et l'image de l'ambassadeur de Tippoo-Saïb, si lestement décapité, traversa l'obscurité de ma chambre. Je respirais si péniblement, que si Téhéta n'avait pas toujours parlé, et très-vite et très-haut, le nouveau venu eût pu croire qu'il était dans le voisinage d'un veau marin.

J'avais beau me raisonner, je ne pouvais souffler plus doucement; la survenance de cet intrus m'avait rendu mon mal de poitrine.

J'en étais là lorsque tout à coup j'entends un nouveau bruit et un nouveau silence qui lui succède. Je juge que Téhéta a quitté la chambre. J'étais donc abandonné à moi-même, qui n'avais pour toute cuirasse qu'une chemise très en lambeaux, contre un homme ayant un beau damas à sa disposition.

Ce que tout mon courage n'avait pu faire, un surcroît de peur l'accomplit immédiatement. Je cessai de souffler. Je respirais la bouche béante, sans bruit, sinon sans peine.

Cependant, un homme allait, venait, et bientôt après je compris à quoi il s'occupait. Une forte odeur de pipe se répandit dans tout l'appartement.

Or il faut vous dire que l'odeur de la pipe m'est absolument insupportable et me fait horriblement tousser.

Mon homme marchait assez activement; tout à coup je tousse, il s'arrête. Je me tiens les mains sur la bouche, il recommence sa promenade. J'étouffais... je retousse.

Il pousse un énorme juron; mais je ne sais par quel prodige inouï, au lieu de venir où j'étais, il ouvre brusquement une autre porte, et presque aussitôt j'entends une nouvelle voix d'homme, que cette fois je reconnais à merveille. C'était celle de mon médecin.

O surprise ! ô bonheur ! après deux ou trois mots échangés en patois, voici ce que j'entends :

— Parlons français ; vous connaissez Téhéta, elle a une oreille de lièvre, et si elle rôde par ici, elle pourrait nous entendre.

— Où est-elle ?

— Elle est allée chercher à souper.

— Mais parlez donc plus bas, lui dit l'autre ; non-seulement il ne faut pas que Téhéta comprenne ce que nous disons, mais il est important qu'on ne sache pas qu'il y a un autre homme que moi dans le château, et surtout personne ne doit se douter que vous pouvez être ici. C'est comme tout à l'heure, pour m'avertir de votre présence, vous avez toussé à ébranler les murs.

— Moi ! je n'ai pas soufflé.

— Me prenez-vous pour un rêve-creux ?

— Monseigneur, quand l'imagination est vivement préoccupée, on entend ce qui n'est pas et l'on voit ce qui n'est plus.

— Imbécile, murmura le fumeur. Est-ce que par hasard vous avez vu le prisonnier, dans la visite que vous avez faite au cachot ?

— Non, monseigneur, je n'en suis pas encore là ; mais c'est une horrible corvée que je ne voudrais pas recommencer.

— Eh bien, qu'avez-vous trouvé ?

— Remuer des charbons et des cendres pour y chercher les restes d'un cadavre rôti, ce n'est pas une besogne bien agréable.

—Je vous paye pour le faire. Mais enfin, répondez-moi, qu'avez-vous trouvé ?

La réponse se fit attendre ; elle pouvait amener ma perte, si elle était sincère. Par une raison qui me donna alors beaucoup à penser, mais qui n'était autre que le dégoût que le docteur éprouvait à recommencer une pareille recherche, il repartit enfin :

— Oui, dit-il, j'ai trouvé des débris humains.

— Vous les ferez disparaître. Il m'importe fort peu qu'on dise dans le pays que le diable a emporté un prisonnier que je tenais enfermé dans ce château ; mais je ne veux point que si par hasard cela venait aux oreilles de l'empereur, ou plutôt de M. de M...., qui m'en veut assez pour tout croire de ce qui peut m'être défavorable, je ne veux pas, dis-je, que dans le cas où l'on me ferait une visite amicale (et ce mot fut prononcé avec amertume), on trouvât des ossements humains dans les cendres de ce souterrain.

— Ce sera une chose faite.

Les deux interlocuteurs gardèrent le silence, et je pus réfléchir un peu.

J'étais chez un grand seigneur, le titre que lui donnait le docteur suffisait à me l'apprendre. Mais quel était ce grand seigneur ?

Voilà ce que je brûlais de savoir, car la peur était passée et la curiosité avait pris sa place, et, malgré la fumée, je ne toussais plus.

— Que vous a fait répondre ma fille ? dit tout à coup le fumeur.

—En arrivant, et pendant que vous entriez par la poterne, j'ai ordonné à l'heiduque de remettre votre lettre à l'une de ses femmes pour que la comtesse la reçût à l'instant même. Il m'a été rapporté que je serais admis en sa présence demain.

— Demain? fit le monseigneur; mais il faut que j'aie quitté ce château avant que le jour se lève.

— Je ne puis cependant forcer sa porte!

— Mais ma lettre était formelle : je lui ordonnais de vous recevoir à l'instant même. Que lui avez-vous fait dire?

— Je suis venu prendre vos ordres.

— Et depuis une demi-heure que vous êtes là, vous ne me parlez de rien?

— Monseigneur ne m'en a pas laissé le temps.

Le maître jura dans sa langue maternelle. (C'est une remarque que j'ai eu cent fois l'occasion de faire, c'est que, si bien qu'on parle une langue étrangère, on revient à celle de son pays pour blasphémer Dieu.)

— Retournez dans l'appartement de ma fille, entendez-vous; insistez, menacez; montrez, s'il le faut, la seconde lettre dont vous êtes muni, mais arrivez près d'elle... il le faut... je le veux...

Mais, vous me comprenez, je ne veux pas partir d'ici avec ce doute.

Le médecin sortit en disant :

— Je vais essayer.

A peine sortait-il par une porte que Téhéta rentra par une autre. J'étais toujours tapi sur mon divan. Au bruit d'assiettes et de verres que j'entendis, je reconnus que j'allais assister à un souper.

La conversation reprit, mais en patois, et je ne me donnai pas la peine de l'écouter.

Une bonne demi-heure se passa ainsi, au bout de laquelle je pus reconnaître, aux exclamations du maître, qu'il s'impatientait de ne pas voir revenir le docteur.

Celui-ci arriva enfin.

— Eh bien, lui dit le seigneur, en reprenant la conversation en français, l'avez-vous vue ?

Je ne pouvais voir la figure du médecin, mais à l'hésitation de ses réponses et à l'altération de sa voix, je devinai qu'il devait être sous l'empire de quelque terrible émotion.

— Oui, dit-il, je l'ai vue.

— Et avez-vous aperçu quelques symptômes de...

— Je n'ai pas eu besoin d'employer ma science médicale pour cela, reprit le docteur... A la première question que je lui ai faite sur sa santé, elle m'a pour ainsi dire deviné; elle m'a avoué que les soupçons que vous lui aviez montrés dans votre lettre étaient fondés.

Le seigneur flanqua sur la table un coup de poing qui fit sauter les assiettes et les bouteilles, et le hongrois alla comme un torrent; mon homme jurait comme un charretier embourbé.

Cependant il se tut soudainement, comme s'il eût craint de se laisser aller à des épanchements plus dangereux dans la langue que Téhéta comprenait à merveille.

Puis il reprit après un assez long silence :

— Vous restez alors, docteur ?

— Mais...

— Il le faut, je le veux... Je lui ai montré votre présence comme une nécessité pour l'aider à cacher l'état où elle se trouve... Et vous m'avez bien compris... au moment fatal... ou plutôt... vous devez avoir des breuvages pour cela... Enfin, il faut que cela soit... il faut que la trace de ce malheur et de cette faute soit anéantie, comme j'en ai déjà anéanti l'autre.

Allons, docteur, ne me regardez pas ainsi avec des yeux égarés... vous saviez pourquoi vous veniez... et voilà Téhéta qui est femme à le deviner rien qu'à votre pâleur.

Le docteur ne répondit point, mais il jouait à son tour le rôle du veau marin ; il soufflait à allumer une forge.

Quant à moi, j'étais plongé dans un océan de suppositions. Tous les mots épars de cet entretien se prêtaient les uns aux autres un sens qui m'apparaissait parfaitement clair. Indubitablement j'étais chez celui que je ne connaissais que sous le titre de baron de Liedenish, mais qui devait en avoir un plus considérable.

Mon crime envers Gertrude pouvait la perdre à son tour comme il m'avait perdu ; et le père voulait prévenir ce déshonneur par un autre crime.

Vous froncez le sourcil, monsieur, reprit le comte, et vous vous étonnez peut-être d'avoir à apprendre en si peu de jours tant d'histoires dont le fond repose sur une même situation : c'est que c'est là une chose qui foisonne dans le monde, et qui partout emporte avec soi les mêmes terreurs, les mêmes préjugés, et par conséquent les mêmes résolutions coupables.

Mais, reprit monsieur de Favreuse en continuant son récit, cela ne me donnait pas la clef de l'intérêt qui m'avait fait amener en Hongrie. Et si d'ailleurs le roman que j'arrangeais dans ma tête, en raison de ce que j'entendais et de ce que j'avais vu, était la vérité, si j'avais été le témoin du mariage de Gertrude dans cette triste nuit où j'avais été probablement condamné à mourir de faim, il y avait un mari, et quand il y a un mari, il n'y a plus de faute.

Vous comprenez. Il est vrai de dire que le mari était un peu tardif; mais enfin nous avons toujours les sept mois légaux.

J'en étais à arranger tout cela dans mon cerveau, en me disant cependant toujours : « Pourquoi m'avoir laissé vivre pour me tuer après? » lorsque le seigneur reprit :

— Allons, soupons, et soyez un peu gai, docteur. Il faut en prendre votre parti.

Je les entendis se mettre à table.

Le commencement fut triste, mais bientôt la conversation s'anima. Ils avaient recommencé à parler le hongrois, je n'y comprenais plus rien ; mais j'avais lieu d'être assuré que l'on s'occupait de choses tout au moins indifférentes, relativement à ce qui venait de se dire en français entre le docteur et le baron. Je devais croire aussi que Téhéta n'était point mêlée à cet horrible complot, et cela me donna dès ce moment l'espérance de la déterminer à le faire échouer.

Je ne suivais plus ce que disaient nos trois soupeurs, et je ne fus tiré de la profonde réflexion où m'avaient plongé toutes ces découvertes que par des éclats de rire joyeux.

J'écoutai les voix : le docteur était ivre comme un pot; le seigneur semblait l'exciter.

Tout à coup j'entends qu'on se lève, j'entends quelques

paroles dites en riant; puis je vois entrer le corps du docteur violemment poussé, et qui roule en se heurtant aux murs de mon réduit. Je me coule de mon divan par terre et je laisse passer le docteur, qui tombe sur mon lit et qui s'y étale; mais en passant à côté de moi, il s'était accroché à une de mes jambes. Je le vois qui étend les mains en cherchant à reconnaître l'obstacle qui l'a fait trébucher.

Au moment où je m'accroupissais dans un coin, la silhouette du baron se dessine encore une fois à la porte, et je l'entends qui dit au docteur :

— Allons, couchez là... vous êtes incapable de regagner votre appartement.

Le docteur s'agite de nouveau et balbutie :

— Il y a un chien ici... je viens de le voir.

— Que parlez-vous de chien? fait le baron... Eh bien! oui! quand vous êtes dans cet état, vous ne valez pas mieux qu'un chien... Couchez là! couchez!...

Le baron se retire en riant de cette grosse plaisanterie, et voilà mon docteur qui s'endort en murmurant :

— Tout beau, César!... tout beau, César!...

J'étais assis sur mes talons dans un coin, et je me demandais comment tout cela allait finir.

Cela finit comme j'eusse dû le supposer...

Quelques paroles s'échangèrent encore entre le baron et Téhéta. Je n'étais pas curieux, je ne me mis pas en peine de ce qu'ils pouvaient se dire, et je ne respirai à mon aise que lorsque, dans le silence qui m'environna bientôt, j'entendis la respiration aviné du docteur qui fermentait dans son sommeil, et le ronflement solide du seigneur qui reposait tranquillement dans l'autre chambre.

Je me levai alors.

Je vivais depuis deux heures comme sur une pointe d'aiguille, et je prévoyais que le plus grand danger n'était point passé. Viendrait l'heure du réveil, celle du départ, et je ne voyais pas comment j'échapperais encore aux regards du docteur, qui probablement ne sortirait pas incontinent de mon réduit.

Mais ceci dût-il vous étonner, monsieur, je dois vous dire que ce ne fut pas du tout l'idée de mon danger qui me préoccupait dans ce moment. Je n'avais qu'une pensée, qu'une idée, c'était de m'assurer de la vérité de mes soupçons.

Je me levai, et, en marchant sur mes orteils et les mains en avant, j'entrai dans la chambre où était le seigneur avec Téhéta.

Un reste de bougie arrivée à bout de mèche brûlait dans un flambeau et jetait une grande flamme qui retombait aussitôt. Je ne sais si ce fut ce jeu bizarre de lumière qui me trompa, mais au moment où j'entrai, il me sembla voir Téhéta couchée sur le bord du lit, le coude appuyé sur l'oreiller, la tête sur sa main. Elle regardait dormir son maître et me tournait le dos.

Dans cette position, le bras et la main qui étaient libres pendaient hors du lit, et je crus voir reluire dans cette main la lame d'un couteau.

Je ne fus pas maître d'un léger mouvement de crainte. Elle m'entendit, se retourna, et je sentis passer devant mes yeux l'éclair de son regard. Déjà le poignard avait disparu dans les plis du drap, et je regardai à mon tour le dormeur. Était-ce le baron de Liedenish ?

Je m'approchai du lit pour mieux voir mon bourreau, et je reconnus que c'était bien lui. Cet homme dormait mal, une légère écume moussait aux coins de ses lèvres minces... il rêvait crime.

Je regardai Téhéta, elle me dévorait des yeux : on eût dit qu'elle demandait conseil à mon visage pour savoir ce qu'elle devait faire. Je lui fis signe qu'il fallait me sauver. Au lieu de me répondre, elle continua de me regarder en silence.

Je tremblais de la comprendre, je détournai la vue, puis, lorsque je la reportai sur elle, je vis l'exaltation cruelle dont son visage était animé s'éteindre par degrés ; une larme roula dans ses yeux constamment fixés sur moi, descendit sur ses joues, et elle se détourna de moi.

Je lui demandai par un geste ce qu'elle avait.

Elle secoua doucement la tête et se leva silencieusement. Alors elle me prit par la main et me conduisit dans une autre pièce de cet appartement.

En s'en allant, elle referma sur moi trois ou quatre portes.

Téhéta n'avait pas fait un signe, n'avait pas poussé un soupir pendant ce temps.

VII

FUITE DU CHATEAU

Je me trouvais en sûreté, continua le comte de Favreuse, et je ne me mis point en tête de m'occuper de la subite tristesse de ma protectrice ; j'avais bien autre chose à penser. Je n'eus pas à m'occuper non plus de ce qui pouvait se passer hors de mon réduit, aucun bruit n'y pénétra. J'étais, du reste, dans une pièce ayant des croisées qui ouvraient sur la cour de l'église.

Je ne découvris à travers le vitrage qu'une chose, c'est que le château était habité dans une partie tout à fait opposée à celle que j'occupais; car je vis deux hautes fenêtres éclairées, ce qui me montrait qu'on veillait ailleurs que de mon côté.

Je vis le jour venir, et j'examinai plus attentivement, oubliant que je pouvais être découvert.

Tous mes soupçons étaient autant de vérités. A peine l'aube avait-elle jeté quelques lueurs incertaines, que je vis s'éteindre les lumières qui veillaient en face de moi; les croisées s'ouvrirent, et une femme y parut...

Je la distinguais mal; mais la blonde finesse de ses cheveux, l'éclat de ses yeux brillants sous la pénombre que le front saillant jetait sur le haut du visage, la grâce ténue de ses mains blanches et polies, appuyées sur le bord de la croisée, tout cela me montra que c'était là Gertrude.

Je me laissais aller à cette contemplation, le cœur serré et cependant plein de je ne sais quelle joie puissante, lorsque je fus arraché à ma rêverie par une sorte de petit rire cruel. Je me retournai et je vis Téhéta.

Elle me montra Gertrude du doigt, murmura quelques mots que l'expression de son visage me fit comprendre aussi bien que s'ils avaient été prononcés en excellent français :

— Elle est bien belle, n'est-il pas vrai ? m'avait-elle dit.

Hélas ! monsieur, ce ne fut qu'à ce moment que j'eus quelque soupçon de la jalousie de Téhéta. Je voulus lui faire comprendre que je la trouvais bien plus belle que cette blonde fille. Elle se détourna avec un sourire froid et dédaigneux, et me fit signe de la suivre.

Comme j'en avais pris l'habitude quand je la voyais, je voulus baiser sa main; elle me repoussa violemment, et son regard brilla d'une colère qui m'épouvanta.

Je rentrai dans sa chambre. Toute trace de la présence du docteur et du baron avait disparu.

Téhéta ne me regarda pas, mais son doigt me montra des habits d'homme de la campagne, fort propres; à côté de ces habits, tout ce qui était nécessaire pour compléter ma toilette, et, ce qui me prouva le soin qu'elle avait eu de tout prévoir, il s'y trouvait un riche nécessaire renfermant des rasoirs et tout ce qu'il fallait pour me mettre en un état présentable.

Par un mouvement de curiosité sans but, je rabattis le couvercle de ce nécessaire, et je vis qu'il portait les armes du propriétaire. Je reculai d'épouvante. J'avais reconnu les armes du prince de Morden; je prononçai ce mot en regardant Téhéta; elle me fit signe que j'avais deviné juste.

Or il faut vous dire, monsieur, que le prince de Morden avait une réputation européenne de férocité.

On citait de lui des traits incroyables, entre autres choses, d'avoir fait chasser à cor et à cri une troupe de bohémiens ambulants qui s'étaient établis dans une de ses forêts et de les avoir tous tués comme menu gibier, à l'exception, disait-on, de deux ou trois enfants pour lesquels il avait manqué de munitions.

Ç'avait été autrefois une très-grosse affaire qui avait

fort retenti en France et dont les encyclopédistes s'étaient cruellement servis pour calomnier la noblesse.

Toute cette histoire me revint peu à peu en mémoire, et en considérant alors Téhéta dont la figure n'avait aucun des caractères de la beauté des femmes de ce pays, je me tins pour assuré que j'avais devant moi un des restes de cette chasse macabre.

J'essayai de faire comprendre à ma protectrice que je savais qui elle était, mais elle détourna froidement la tête et me montra de nouveau les habits; puis elle s'éloigna.

Je m'imaginai que ce mouvement d'humeur serait passé à son retour, et d'ailleurs je me promis de mettre tous mes soins à la calmer.

Pour cela je voulus faire la toilette la plus coquette que je pusse imaginer; mais je fus très-empêché dès le premier moment. Le nécessaire du prince manquait de miroir; et en me rappelant la forme de celui que j'avais brisé, je reconnus que c'était celui du nécessaire.

Tout ce détail vous semble bien mièvre et bien insignifiant, monsieur, mais vous allez voir ce qui peut résulter du malheur d'une glace brisée.

— Je sais, dis-je en riant à monsieur de Favreuse, que ce n'est pas d'un très-bon signe.

— Monsieur, monsieur, reprit le vieux comte, les préjugés populaires sont souvent stupides, mais je ne suis pas de ceux qui les repoussent dédaigneusement du pied. D'où viennent-ils? pourquoi sont-ils? Il faut bien que quelque chose les commence, que quelque chose les perpétue; qu'un concours de circonstances les justifie, les établisse; sans cela, pourquoi attribuerait-on une funeste influence ou un fâcheux pronostic à une chose plutôt qu'à une autre? Tout cela est hors de la raison, mais tout cela n'est peut-être pas hors de la vérité; car la vérité et la raison sont deux choses profondément dissemblables.

Quoi qu'il en soit, monsieur, de tous ces signes, voici ce qui résulta pour moi de cette glace brisée.

Ne sachant comment la remplacer, je m'imaginai de détacher du vitrage de la croisée en en soulevant légèrement les plombs, un des petits carreaux de verre dont ce vitrage était composé. Une fois ce verre en ma possession, je collai par derrière un papier gris et je me fis une sorte de miroir.

Mais il m'arriva, pendant que je faisais cette petite opération, une maladresse qui me chagrina d'abord, mais dont je ne compris point la portée.

Vous vous rappelez cette bague et ce diamant noir que je portais au doigt, et qui, ayant été la cause de l'erreur de la Jossette, avait été aussi, par conséquent, la cause de tout ce qui m'arrivait; pendant que j'achevais de détacher le carreau, cette bague glissa de mon doigt fort amaigri, comme vous devez le penser, et tomba dans le fossé.

Je ne tenais pas à cette bague comme valeur, mais elle était ou pouvait être d'une importance sérieuse pour moi par les souvenirs qu'elle pouvait éveiller. Cette perte, à l'instant précis où je venais de revoir Gertrude, me contraria; mais je pensai qu'une bague tombée au pied d'un mur ne devait guère attirer les regards.

D'ailleurs les rares domestiques qui sortaient quelquefois du château ne devaient pas souvent regarder dans ce fossé, et je me dis qu'en avertissant Téhéta de cette perte elle trouverait moyen de descendre dans le fossé et de me retrouver mon anneau.

Cela bien arrêté dans mon esprit, je procédai à ma toilette et je me fis le plus beau possible. Indépendamment de ma figure, que je ne voyais qu'à peine dans mon miroir improvisé, j'étais fort inquiet de la tournure que j'avais dans mon nouveau costume, et j'attendis avec impatience l'arrivée de Téhéta pour me mirer dans l'admiration qu'elle éprouverait à mon aspect.

Elle rentra deux heures seulement après ma toilette achevée; elle apportait notre repas de tous les jours. Sans pousser la moindre exclamation, sans lever les yeux sur moi, elle posa les plats sur la table et me fit signe de manger.

Je l'invitai à dîner avec moi, comme elle en avait l'habitude; elle refusa et alla s'asseoir dans un coin. J'allai vers elle, je la suppliai, je me mis à ses genoux, tout fut inutile. Il y avait eu entre ce cœur et le mien une porte ouverte que je n'avais pas su passer et qu'elle avait fermée pour toujours.

Je pris cela pour un caprice féminin, et quoique je vécusse depuis longtemps en face de choses assez sérieuses pour m'alarmer d'une moue ou d'un sourire équivoque, je me mis à manger royalement.

Téhéta me regardait faire d'un air glacé.

J'achevai mon repas, je m'étais légèrement monté, je crus l'occasion favorable de rompre cette froideur soudaine, et je m'approchai assez lestement de Téhéta.

Cette fois ce ne fut pas seulement par un geste dédaigneux qu'elle me repoussa. Tout à coup un poignard étroit et long brilla dans sa main, mais il brilla moins que ses yeux.

Je cherchai à m'excuser en montrant par mes signes que je ne comprenais rien à cette rigueur, car bien souvent, dans les longues journées passées près d'elle, elle m'avait laissé m'endormir la tête sur ses genoux, restant immobile des heures entières de peur de m'éveiller. Téhéta ne daigna point me répondre, ramassa les débris du dîner, les plaça dans le panier où elle les apportait et quitta de nouveau l'appartement.

Je suis très-convaincu, fit monsieur de Favreuse en me regardant matoisement, que vous me traitez de vieux fat. Eh bien, monsieur, je ne le fus pas assez, car je ne pus jamais comprendre ce qui mettait si fort la belle Téhéta en colère contre moi. D'ailleurs je n'avais aucune idée d'un pareil ordre de sentiments. Vous en verrez quelques échantillons, et vous verrez si cela ne passe pas toute croyance.

J'attendis vainement Téhéta le reste de la journée. La nuit arriva sans que je la visse reparaître.

D'après ce qu'elle avait fait le matin, je jugeai qu'elle n'avait aucune envie de me condamner au supplice par lequel le prince de Morden avait voulu me faire périr; mais il me paraissait plus que probable qu'elle avait à mon égard des projets qui devaient changer ma situation, et c'est de ces projets que j'étais fort alarmé.

Cependant les heures se passaient, la nuit était tout à fait close, et je demeurais seul. Il était à peu près minuit lorsque j'entendis Téhéta rouvrir la porte de ma chambre, où, selon sa recommandation, je m'étais bien gardé d'allumer la moindre bougie.

Téhéta portait une lanterne, à la clarté de laquelle je la vis jeter sur le dos d'un fauteuil tout ce qui était nécessaire pour compléter mon costume : un bonnet fourré, un manteau, et quelque linge enfermé dans un petit bissac.

Elle me montra tous ces objets du doigt, tira de sa poche une bourse assez lourde, la jeta sur la table, et me fit signe de la prendre.

Je ne pouvais plus douter que son intention ne fût de me faire quitter le château, et s'il faut vous le dire, au moment de recouvrer ma liberté, au moment d'échapper à un homme qui avait voulu ma mort, et qui n'avait pas craint de la demander au plus horrible supplice, j'éprouvais le plus violent regret.

J'avais revu Gertrude, je savais à quel danger elle était exposée, et j'étais obligé de quitter le lieu qu'elle habitait.

En outre de cela, je ressentais encore une peine véritable et sincère à me séparer de la femme qui m'avait sauvé, alors qu'elle semblait irritée contre moi.

Je voulus l'interroger de nouveau par quelques signes ; mais elle ne me répondit qu'en me montrant les vêtements et les objets qu'elle venait de m'apporter, la bourse que j'avais hésité à prendre, et en ouvrant la porte par où je devais la suivre.

Je n'avais aucun moyen, ni de reconnaître ses bons offices passés, ni de la récompenser du service présent. Cela me fit penser à la bague que j'avais perdue.

Je lui fis comprendre facilement ce qui m'était arrivé, en lui montrant le petit carreau que j'avais détaché vitrage de la fenêtre; je lui fis voir ensuite que cette bague manquait à mon doigt, comment elle était tombée dans le fossé; et cette fois, je fus assez éloquent pour qu'elle devinât combien j'aurais été heureux de lui laisser ce souvenir de ma reconnaissance.

Téhéta avait prêté une vive attention au récit que je lui faisais, et lorsque je lui pris la main pour la mettre sur mon cœur, il me sembla la voir hésiter un moment; une larme vint jusqu'à ses yeux, mais presque aussitôt elle se détourna, haussa froidement les épaules, et se mit à marcher rapidement devant moi.

Je la suivis, cherchant à graver dans ma mémoire le souvenir des lieux par où je passais; car, bien que je ne susse par quels moyens je pourrais y parvenir, j'avais l'intention de rentrer dans ce château. Je voulais revoir Gertrude. Je voulais l'avertir du complot tramé contre elle; je voulais enfin réparer autant que possible les malheurs dont j'étais la cause.

Vous devez vous rappeler, monsieur, que j'avais fait à Dieu le serment de m'amender et de me dévouer au bien, et que, pour plus de sûreté, je m'en étais donné ma parole de gentilhomme.

Mais quelque soin que j'apportasse dans mes observations, la marche de Téhéta était si rapide, et la lumière qui s'échappait de sa lanterne était si faible, que je ne pus rien remarquer, sinon qu'après avoir descendu un escalier en spirale nous suivions une longue voûte, le long de laquelle s'ouvraient de nombreuses portes, toutes fermées de plusieurs serrures. Une seule se trouva ouverte à l'extrémité de ce long corridor en pierre. Téhéta s'y arrêta, et après l'avoir considérée un moment, elle la passa et me fit signe de la suivre.

A l'odeur infecte de roussi qu'avait gardé la salle où nous entrâmes, au soupirail ouvert à huit ou dix pieds du sol, aux débris à moitié consumés qui parsemaient la terre, je reconnus le cachot où j'avais subi de si terribles angoisses.

Je ne fus pas le maître de mon épouvante, et je me retirai vivement. Téhéta se tourna vers moi.

Je pus voir à son sourire triste et dédaigneux, à son regard plein de reproches combien elle avait été blessée de la crainte que j'avais éprouvée. Presque aussitôt elle se remit à marcher devant moi, et en la voyant porter à son visage la main qu'elle avait libre, je compris qu'elle essuyait des larmes.

Ces larmes étaient pour moi, je n'en pouvais douter; mais quel espoir avait-elle conçu? quels sentiments l'animaient à mon égard? qu'avait-elle attendu de ma reconnaissance, et en quoi me montrais-je à la fois ingrat et regrettable?

Dans ce château, perdu au milieu d'un désert, cette femme qui semblait commander en maîtresse, était-elle aussi esclave et aussi captive que moi? Avait-elle espéré que pour la vie qu'elle m'avait gardée, pour la liberté qu'elle me rendait, je l'aiderais à mon tour à s'échapper?

D'un autre côté, je cherchais à m'expliquer comment elle ne pouvait pas pour elle-même ce qu'elle pouvait pour moi, et je me demandais alors si, au lieu de la liberté, elle n'avait pas espéré que je partagerais éternellement l'étrange captivité où elle vivait.

Cependant elle pleurait toujours, et ses larmes, mal contenues, venaient avec des sanglots qu'elle ne pouvait étouffer.

Je me trouvais bas et lâche de n'avoir rien à dire à cette femme, à l'heure où elle me sauvait et à l'heure où elle paraissait malheureuse.

Je l'arrêtai brusquement, et mes signes lui eurent bientôt fait comprendre que je lui demandais si elle voulait me suivre.

Ce fut d'abord sur son visage une surprise inouïe, puis une expression de joie qui se manifesta par des cris inarticulés.

Mais il y avait au fond de l'ame de Téhéta un doute qui fit presque aussitôt disparaître cette exaltation. D'un geste rapide elle montra son cœur et le mien, et balançant doucement la tête, sembla me répondre qu'ils ne pouvaient s'entendre; elle rapprocha nos deux mains, et me montra de même qu'elles ne pouvaient s'unir.

Enfin elle s'éloigna de moi, comme si tout devait nous séparer, et reprit rapidement sa marche en s'agitant vivement et en murmurant des paroles sourdes, comme si elle s'efforçait de chasser les pensées folles que ma proposition avait fait naître en elle.

Enfin nous arrivâmes au haut d'un escalier étroit et qui s'enfonçait encore davantage dans les profondeurs de la terre.

Le cachot que j'avais habité, et dont le soupirail était à la hauteur du sol extérieur, se trouvait donc déjà dans les souterrains du château.

J'avoue que l'idée de descendre dans des souterrains encore plus profonds m'alarma légèrement. Je ne comprenais rien à la douleur de Téhéta, mais elle pouvait se traduire de deux façons différentes. Ce pouvait être le regret d'une femme qui accomplit un sacrifice, de même que ce pouvait être le remords d'une esclave qui va commettre un crime.

En effet, sa résolution de me rendre à la liberté, résolution prise le lendemain même de l'arrivée, et sans doute du départ de monsieur de Morden, ne pouvait-elle pas cacher l'exécution d'un ordre de ce maître sanguinaire?

A cela je me répondais que pour se défaire d'un homme il n'était pas nécessaire de le vêtir à neuf et de lui remettre une bourse, probablement destinée à payer les frais de voyage ; mais j'avais réplique à tout, et je me disais que si Téhéta, qui était plus que la confidente des crimes de monsieur de Morden, devait accomplir seule ce crime, rien ne pouvait être mieux imaginé que de me donner l'espoir d'une fuite pour m'entraîner sans résistance dans ces affreux souterrains où je tomberais dans quelque oubliette cachée ou dans quelque traquenard dont je ne pourrais pas me tirer.

Sous l'empire de cette crainte, je m'arrêtai au haut de cedit escalier.

Téhéta, ne m'entendant pas la suivre, se retourna vivement ; elle lut si bien mes craintes sur mon visage, qu'à son tour elle ne dissimula point le sentiment qu'elles lui inspirèrent. Jamais geste de mépris ne fut si énergique que celui qu'elle m'adressa, et elle s'assit sur une des marches de l'escalier, en me faisant signe de l'imiter, et en me montrant du bout du doigt le tremblement convulsif de mes jambes.

Quoique je n'aie plus aucune envie de me faire meilleur que je n'étais, je ne veux pas cependant passer pour pire que je n'ai été. Il est possible que la peur fut pour quelque chose dans ce tremblement convulsif, mais il est certain que la fatigue y entrait pour beaucoup.

J'étais resté deux mois entre la vie et la mort, et depuis que j'étais en convalescence, je n'avais eu guère que quelques pieds carrés pour m'exercer à reprendre mes forces. A vrai dire je n'en pouvais plus, mais le mépris de Téhéta me fut un cordial plus puissant que tous ceux que la pharmacie la mieux montée eût pu m'administrer.

Je sautai les marches sur lesquelles Téhéta était assise, et emporté par le mouvement violent que je m'étais imprimé, je descendis ou plutôt je roulai jusqu'au bas d'un escalier qui me parut sans fin.

Téhéta avait poussé un cri et m'avait suivi rapidement, mais dans l'emportement de mes preuves de courage, j'avais maladroitement accroché la lanterne, et Téhéta me rejoignit dans la plus profonde obscurité.

Elle connaissait probablement les lieux, de façon que l'obscurité ne fut pas un obstacle pour elle; mais il fallut qu'elle me prît la main pour me guider. La sienne tremblait bien plus que mes jambes n'avaient jamais tremblé; sa respiration était haletante. Elle pleurait et sanglotait.

Nous marchions dans une nuit dont je n'avais aucune idée. Rien, absolument rien, ne passait dans le noir profond et infini de ces ténèbres. Je ne voyais pas la muraille que je touchais de ma main; je ne voyais pas la main qui était dans la mienne, et que j'avais portée à mes lèvres. Je n'avais aucune conscience des lieux où je passais.

Cependant nous marchions toujours et avec la même rapidité.

Bien plus, à mesure que nous avancions, il semblait que Téhéta marchait plus vivement, comme pour en finir plus vite avec l'action qu'elle faisait.

Enfin elle s'arrêta tout à coup, sa main quitta ma main, et je me sentis seul, car j'entendis ses pas s'éloigner dans l'ombre.

Il y eut un moment de silence et de nuit à épouvanter le plus intrépide.

Je restai immobile, l'œil ouvert, l'oreille tendue. J'entendis un bruit de clefs, puis je compris que Téhéta cherchait dans l'ombre l'entrée d'une serrure. Elle la trouva, la clef tourna en grinçant, puis le silence reprit.

Tout à coup, et comme si elle eût marché en l'air, je sentis Téhéta près de moi; elle me saisit la main et m'entraîna vers la porte qu'elle venait d'ouvrir.

A ce moment, la pauvre femme tremblait à me faire peur, sa respiration haletante annonçait la plus violente émotion.

C'était sans doute l'instant solennel; allait-elle me lancer dans l'éternité ou me donner la clef des champs? C'était là ce qu'on peut appeler une très-grosse question, pour moi du moins.

Tout d'un coup je me sens pris à bras-le-corps, je pousse un cri, je veux me défendre, mais je ne sens autre chose que ses lèvres qui se posent sur mon front, puis quelques larmes qui viennent le mouiller légèrement. Enfin une porte s'ouvre, une main vigoureuse me pousse en dehors, la porte se referme derrière moi, et je me trouve face à face avec le ciel et la liberté.

VIII

NOUVEAUX PERSONNAGES

Je venais de passer par de cruelles épreuves, j'avais supporté de rudes assauts, et pour un convalescent je venais de faire une course nocturne des plus fatigantes; eh bien, monsieur, à l'aspect du ciel, à l'aspect de la liberté, en voyant le ciel sur ma tête et pas de murs à six pieds de moi, je me mis à courir comme un lièvre en goguettes.

Bien m'en prit de ne pas être plus vigoureux et d'être tombé sur le derrière en glissant sur un terrain qui ressemblait à un immense amas de petits débris de coquillages, car quelques pas plus loin je me précipitais d'une hauteur de quelques centaines de pieds dans une espèce de ruisseau dont je voyais reluire les eaux qui se cahotaient en murmurant sur un lit de pierres.

Je me croyais sous terre, j'étais à une hauteur prodigieuse au-dessus du niveau d'une plaine immense dont rien ne découpait les bords.

Veuillez me comprendre, monsieur; imaginez un pays plat d'une énorme étendue au milieu duquel s'élève insensiblement, et à partir de plus de deux ou trois lieues, un gonflement presque inappréciable à l'œil; mais supposez en même temps que, d'un côté, cette pente douce ait été successivement rongée par le frottement d'un cours d'eau assez puissant, et il est certain que ce cours d'eau finira par donner à ce mamelon, du côté où il le ronge, une hauteur qui, sans être très-grande, a cependant un aspect très-abrupte relativement au mouvement insensible par lequel cette hauteur s'élève de l'autre côté.

Or, à l'endroit où j'étais sorti, cette espèce de colline friable était coupée presque à pic, et je ne doute pas qu'un jour n'arrive où le château dont je vous parle finira par s'ébouler dans le cours d'eau qui le mine.

Je me trouvais donc d'un côté du château que je ne connaissais pas ; je me mis en quête d'un sentier praticable ; j'en découvris un qui semblait tourner autour de la forteresse, car c'était là une véritable forteresse.

Que vous dirai-je ? Enfin, tantôt grimpant, tantôt marchant, je regagnai l'autre façade de ce manoir princier, lequel était entouré de fossés profonds.

Cette petite circonstance me valut de remarquer une chose qui resta pour moi sans signification à l'instant où je la découvris, mais qui devait devenir aussi pour moi un fait presque aussi important que celui du miroir brisé. En longeant le fossé, j'aperçus de l'autre côté, et au pied du mur, l'ombre d'une femme penchée sur le sol et paraissant y chercher quelque chose.

Aux premières lueurs du jour qui paraissait, je reconnus ma Téhéta, et je jugeai qu'elle était juste au-dessous des fenêtres de l'appartement que j'avais si longtemps et si innocemment partagé avec elle.

Que pouvait-elle chercher là, et à cette heure, si ce n'était la bague au diamant noir que j'avais voulu lui donner ? Téhéta y tenait donc, et je ne doutai plus à ce moment que je ne fusse parti en laissant dans ce château un cœur qui m'appartenait.

Je fis un petit *st!* qui la fit se relever avec épouvante, elle m'aperçut et me reconnut sans doute, comme je l'avais reconnue, car je la vis me montrer sa main qu'elle appuya ensuite sur son cœur, puis elle disparut en glissant comme une fée qui a des ailes aux pieds, le long du mur du château; un moment après elle sembla disparaître dans l'épaisseur du mur, et je fus assuré qu'elle était rentrée dans la forteresse, en entendant le bruit métallique d'une porte de fer se heurtant à un cadre de pierre.

Me voilà donc seul et libre, dans un pays parfaitement inconnu, et, selon moi, loin de toute habitation.

Sans être un savant géographe, ou bien sans avoir l'instinct d'un sauvage, ce qui est bien supérieur à la science, je me disais que la meilleure chance que j'avais de rencontrer une habitation, c'était de suivre le cours du ruisseau que j'avais aperçu au pied du château et du haut de la colline où le manoir était gravement assis, surveillant autour de lui le désert dont il était environné, et portant, comme un vieux magnat, sa couronne de donjons.

Dieu récompense toujours les bonnes actions et les bons raisonnements. Je n'étais pas retourné à la place où j'avais failli, quelques heures auparavant, faire un saut périlleux, que j'aperçus dans une touffe d'arbres fort bien venus un assemblage de toits bizarrement couverts de planches noires.

Je me décidai à gagner ce hameau, et j'arrivai juste au moment où quelques figures de paysans se montraient aux portes, tandis que de l'intérieur des habitations s'échappaient une odeur détestable et des grognements immondes.

Je reconnus que la même porte ouvrait sur la chambre à coucher du maître et sur celle des cochons de la maison.

J'avais appris quelques mots de hongrois, et, comme vous devez le penser, je m'étais muni de ceux que j'avais jugés les plus utiles pour une fuite que j'avais toujours rêvée. Je demandai à ces messieurs du pain (inconnu); du vin (inconnu); je leur demandai à manger, ils firent la grimace et s'appelèrent les uns les autres.

Alors, je vis sortir de ces bouges enfumés un tas d'horribles femelles, crasseuses, huileuses, déguenillées, et une marmaille grouillante pendue aux cottes empestées de cette belle moitié du genre humain.

Il y eut un grand conciliabule après lequel il fut décidé qu'on ne me donnerait rien, mais qu'on allait me conduire devant le premier magistrat du pays.

Il n'y a pas de réunion de quatre maisons et de société de vingt hommes qui n'ait un magistrat, institué à cette fin de punir les voleurs, etc.; ce qui prouve combien l'humanité est vertueuse en elle-même.

Mais j'avais mal compté, en m'imaginant que j'étais dans un hameau de quelques douzaines de maisons, celui où je m'étais réfugié semblait s'allonger devant moi comme un ver de terre en promenade.

Enfin, après un bon quart d'heure de marche, je me trouvai en face d'une maison d'apparence tout à fait distinguée, car on n'y entendait pas le moindre grognement de cochon.

Il fut frappé à la porte de cette maison par un vieillard dont la barbe jaune eût probablement été d'un blanc de neige si on l'avait mise à la lessive.

La précaution craintive avec laquelle le vieillard toucha le seuil de ce sanctuaire m'apprit l'importance du magistrat devant lequel j'allais paraître, et je jugeai encore mieux de cette importance en voyant ouvrir la porte par une femme d'assez bon air, et qui certainement se lavait le visage quelquefois.

Elle demanda à ceux qui me conduisaient ce qu'ils voulaient à son maître, et ils lui répondirent en me montrant.

Quoique j'eusse le costume du pays, il paraît qu'un autre air que celui de tous ces pourceaux humains, que quelque chose qui sent l'homme de cour, avertit cette femme que je n'étais pas de la race qui m'entourait, et elle courut éveiller le maître du logis.

Au lieu de me recevoir chez lui, le juge vint me recevoir à la porte.

C'était un homme de soixante ans, sec, jaune, d'un vrai jaune naturel, et vêtu à la façon des Arméniens, avec une grande barbe et un bonnet pointu en agneau mort-né, autrement dit en astracan. Il m'examina prudemment et se mit à me parler hongrois...

Cinquante voix répondirent pour moi que je n'y comprenais rien. Je me rappelai la réputation de la Hongrie relativement à son culte de la latinité, et je ramassai tous mes souvenirs de rudiment pour lui faire comprendre que j'étais un étranger égaré.

Je n'avais pas articulé une syllabe latine, que mon homme m'avait tendu la main et m'avait entraîné dans la maison. Je ne vous dirai pas l'exécrable patois que nous parlâmes pendant une demi-heure; mais qu'il vous suffise de savoir qu'à travers deux côtelettes de porc et un plat de bouillie, je lui appris que j'étais Français et émigré.

De son côté, il m'apprit la manière dont j'avais dû m'égarer en me rendant de Ketskemet à Pesth, où se trouvait un assez bon nombre de mes compatriotes émigrés comme moi. Il me montra, sur une espèce de carte géographique faite à la main, et qui était son œuvre, l'endroit où j'avais dû quitter la grande route qui va de Mako à la capitale de la Hongrie; cet endroit est celui où elle s'embranche avec la route presque royale qui traverse la lande de Ketskemet, et qui mène au château de Morden.

Je n'en aurais pas tant imaginé; mais mon hôte était si ravi de parler latin avec un homme qui paraissait comprendre un peu moins de la moitié de ce qu'il disait, qu'il me fit un historique exact de tous les lieux que j'avais traversés, et de la vie que j'avais dû mener pendant mon voyage.

Je le payai de ses frais d'imagination en acceptant comme parfaitement exact tout ce qu'il venait de me raconter sur mon propre compte, et deux heures après nous étions si bons amis qu'il m'offrit de fumer dans une magnifique pipe qui pendait à une vieille lame de couteau fichée dans le mur en guise de clou.

Tout cela se termina cependant par une question fort simple, c'était celle qui consistait à me demander mon nom.

A si peu de distance du château de Morden, je ne jugeai as à propos de parler du comte de Favreuse, et je mis toutes les histoires que venait de faire sur mon compte le brave Morgos-Koëse sur le compte d'un certain baron de Vilate, jadis officier au service de Tippoo-Saïb.

Ce bon Vilate, après avoir eu une jambe grugée par un crocodile, avait été bien et dûment achevé par un tigre aux environs de ma maison. Et, à moins que le crocodile empaillé, pendu au plafond de mon hôte, ne ressuscitât et ne fût précisément celui qui avait mangé un peu de monsieur de Vilate, j'étais sûr que personne dans ce pays ne pouvait dire que je ne fusse point cet infortuné.

Après mon nom, il me fut demandé quelle était la raison qui m'avait fait quitter Mako pour aller à Pesth. Je ne pus trouver rien de mieux que ce que Morgos-Koëse lut sur mon visage amaigri, c'est que je comptais aller de Pesth à Gran, ou Ostryhom, pour y prendre les eaux et rétablir ma santé.

Il faut vous dire, monsieur, que malgré toute mon attention pour comprendre le latin de mon hôte, je pataugeais horriblement dans les noms de ville qu'il me lâchait à brûle-pourpoint.

Ainsi nous fûmes sur le point de nous brouiller parce que je paraissais mieux aimer aller à *Gran*, dont le nom m'était facile à prononcer, que de me rendre à *Ostryhom*, que je ne pouvais m'arracher de la gorge. Or mon hôte me criait avec acharnement : — *Non Gran, sed Ostryhom!*

Il me fallut une heure pour comprendre que Gran était la même chose qu'*Ostryhom*, mais que Gran était germain, ce qui faisait frémir d'horreur mon brave magistrat, et qu'il fallait dire *Ostryhom,* comme tout bon Hongrois doit le faire.

Il en est de même pour presque toutes les villes de ce bon pays, qui ont deux et souvent même trois noms ; de façon que, comme je vous l'ai dit, je pataugeais horriblement ; et si mon hôte ne s'était tout doucement animé de façon à parler tout seul, grâce à une consommation libérale d'un certain vin de Merrès qu'il disait rival du tokay, il eût fini par découvrir que je ne savais pas le premier mot de l'histoire qu'il m'inventait.

Cependant il resta bien établi que j'étais malade et que j'avais besoin de me soigner. Je n'y voyais aucune objection, lorsque Morgos-Koëse, qui depuis quelque temps cachait, sous un sourire triomphant, une proposition fulminante qu'il avait à me faire, s'accouda sur la table et me dit :

— Restez ici, l'air est excellent, ma maison sera la vôtre.

Cela m'allait assez bien ; un seul être au monde pouvait soupçonner mon existence, c'était Téhéta, et, ne fût-ce que dans son intérêt, elle devait ne pas me reconnaître, à supposer qu'elle me rencontrât.

Cette proposition servait mon projet d'apprendre quelque chose de relatif à Gertrude, et je l'acceptai en tendant la main à Morgos, en lui montrant la bourse dont Téhéta m'avait muni. Il la repoussa d'une main avinée (vous savez comme le vin rend facile sur le compte de l'argent), et poursuivant le cours de sa proposition hospitalière, il finit par me dire qu'après tout, si j'avais besoin d'un médecin habile, le pays en possédait un de première volée, le médecin du prince de Morden, lequel docteur était actuellement au château.

C'était sans doute le misérable qui m'avait ramené de France, celui qui avait retrouvé mes ossements dans les débris de mon incendie, et qui avait accepté la mission que le prince lui avait donnée près de Gertrude. La rencontre pouvait m'être fatale, et la première idée que j'en eus me donna un frisson que mon hôte eût certes remarqué, si par hasard il eût été encore en état de remarquer quelque chose.

Mais, à défaut du maître qui n'observait plus, il se trouvait à nos côtés une servante qui observait.

Quand je dis servante, je me trompe, c'était la femme de Morgos; mais comme elle nous servait, je l'avais ainsi qualifiée à part moi. Du reste, la façon dont il l'avait épousée justifiait assez ma façon de voir à ce sujet.

Ce fut dans un des voyages qu'il fit du côté des monts Karpathes, qui séparent de la Gallicie la partie de la Hongrie où je me trouvais, que Morgos passa par un certain village de Krasnibrod, le jour où se tenait la foire des filles à marier. L'une d'elles lui plut, il donna quatre rixdales au père, ce qui équivaut à vingt-trois livres, puis il comparut devant un pope qui les bénit, et il se trouva enganté de la fille en question en qualité de femme.

C'était, à vrai dire, la plus gracieuse Rousniaque que j'aie jamais vue, et Morgos n'avait pas fait un très-mauvais marché. Vous verrez cela plus tard.

Revenons à mon déjeuner.

Nagy-Tcha était femme, jolie femme, *dunque* elle devait y voir plus clair que monsieur son mari. Elle remarqua mon effroi à la proposition qu'on me fit de voir le docteur du prince de Morden, et me le montra par l'air malicieux dont elle me regarda.

Mais elle était trop femme pour faire part à son époux du soupçon qu'elle venait de concevoir à mon égard, et afin de garder ce petit secret pour elle seule, elle versa à maître Morgos un gobelet de vin qui le mit tout à fait en déroute.

La défaite de mon hôte ne me rassurait que pour le moment, et je ne comptais en profiter que pour trouver un moyen d'échapper aux soins promis de ce bon docteur.

Mais Nagy-Tcha avait bien d'autres vues ; aussi, quand elle vit son mari en mesure de ronfler, elle me dit tout bas :

— Reste et dors.

Elle avait à son service un petit bout de latin qu'elle avait récolté par-ci par-là, toujours en dehors de son époux, et dont elle ne lui avait jamais fait part, car il m'avait dit qu'elle n'en comprenait pas un mot. Cette discrétion était probablement un système dès longtemps établi chez mon hôtesse, et ce fut en vertu de ce système qu'elle cacha la remarque qu'elle venait de faire à mon sujet.

Je voulus lui faire comprendre que je craignais de la gêner.

Elle me comprit à sa façon et me répondit :

— N'aie pas peur, le médecin est bon, il ne te trahira pas.

Puis elle ajouta un geste qui voulait dire :

— S'il te trahissait, il aurait affaire à moi.

Je fis mon calcul, et je me dis : Il y a ici un homme de soixante ans, fort sale, mari d'une femme de trente ans, qui soigne sa personne, dans un pays où personne ne se lave les mains : cette femme fait cela pour son mari, ou bien elle le fait pour un autre.

Or comme, à l'exception de cette maison, tout le reste n'est qu'un assemblage de toits à porcs, et que les hommes qui les habitent ne valent guère mieux que leurs camarades de lit, le docteur doit être cet autre.

Cependant j'hésitais à tirer une conclusion formelle de ces prémisses, lorsque je me rappelai que Morgos m'avait parlé du docteur comme de son meilleur ami.

C'était là un point énorme de sécurité.

D'ailleurs je n'en pouvais plus. Après une si longue abstinence de marche, d'aliments et de conversation, le déjeuner de Morgos-Koëse m'avait horriblement porté à la tête. Je me laissai donc pousser doucement sur cinq ou six magnifiques bottes de paille de riz, et je m'endormis profondément.

— Vous avez dû remarquer, reprit monsieur de Favreuse en interrompant son récit, que le sommeil tient une grande place dans l'histoire de ma vie. C'est qu'en vérité il tient une place considérable dans la vie humaine, place dont les inventeurs d'histoires romanesques ne tiennent jamais compte, sans que les héros qu'ils imaginent en soient de beaucoup plus puissants. Tandis que je pense, moi, que s'il pouvait exister un homme qui eût la faculté de ne pas dormir, ce serait certainement le plus habile, le plus fort et le plus puissant de la terre.

Je ne sais combien de temps je restai dans cet état, mais je fus éveillé par quelque chose de particulièrement chaud et puant qui me tomba sur le bout du nez. C'était une goutte de suif toute brûlante échappée d'une chandelle que Nagy-Tcha avait par trop rapprochée de mon visage pour le montrer à un monsieur qui le considérait avec une curiosité mêlée de terreur. Le monsieur était tout juste mon docteur Magnus.

Je vis qu'il avait encore plus peur de moi que moi de lui, et je m'écriai en bon français :

— Ah çà, docteur, vous n'avez aucune envie de me trahir ?

Il me répondit nettement en hongrois :

— Je ne comprends pas.

C'était un mot que j'avais entendu trop souvent répéter pour ne pas le savoir, et comme je savais aussi très-bien que le docteur parlait un excellent français, pour l'avoir entendu dans la fameuse nuit où il m'avait pris mon lit, j'insistai. Il continua, et je m'emportais déjà, lorsque nous entendîmes la voix de Morgos, demandant, toujours en latin, pourquoi on se querellait.

Sa femme alla au-devant de lui afin de l'empêcher d'entrer, et le docteur profita de ce moment pour me dire rapidement :

— Taisez-vous donc, malheureux !

Comprenez bien ceci, monsieur, me voici avec deux complices ayant chacun un secret vis-à-vis l'un de l'autre.

Le premier, c'était Nagy-Tcha, qui savait que j'avais eu peur de Magnus et que je le connaissais ; le second, c'était ce même Magnus, qui ne voulait pas que madame Morgos se doutât qu'il parlât français.

Sur ces entrefaites, nous entendîmes une querelle hongroise s'établir entre les époux Morgos, c'est-à-dire qu'il y eut deux ou trois coups de jonc partis de la main du mari; le docteur profita encore de ce tapage pour me dire :

— Je ne puis revenir d'ici à trois jours; jusque-là ne sortez pas de jour et ne dites rien à Morgos; je reviendrai le soir, vers la même heure qu'aujourd'hui.

Le docteur sortit aussitôt.

Un moment après parut Morgos, l'air riant et la badine à la main; il avait toute l'hilarité d'un homme qui vient de battre sa femme, qui, à ce qu'il me dit, était allée pleurer hors de la maison. Mon hôte et moi, nous nous mîmes à notre latin de cuisine, et madame Morgos reparut bientôt, l'air riant aussi. Elle avait toute l'hilarité d'une femme qui n'a pas été impunément battue par son mari.

Je mis cette observation à part, et nous soupâmes. Permettez-moi de profiter des trois jours d'intervalle qui séparèrent cette rencontre de la seconde visite du docteur pour vous apprendre un peu quel était l'homme chez qui je me trouvais, et qui avait sa bonne part d'originalité assez remarquable.

IX

MORGOS-KOESE

Morgos-Koëse était, à ce qu'il prétendait, un pur Hongrois.

Mais il faut que vous sachiez qu'excepté la France, qui n'appartient pour ainsi dire à aucune race humaine, tant elle est mêlée de sang du Nord et de sang du Midi (circonstance qui tient à ce que notre pays est trop beau pour n'avoir pas été un rendez-vous constant où les uns venaient chercher le frais et les autres le chaud) ; à l'exception, dis-je, de la France, il n'y a guère de pays plus mêlé en fait de population que la Hongrie.

Mais il y a cette différence entre la France et la Hongrie, que peu à peu toutes les races se sont fondues chez nous en une espèce assez agréable, et dont le plus grand défaut est de manquer de caractère, tandis qu'en Hongrie, au contraire, les races finnoises, indoues ou germaines qui ont fait irruption dans ces contrées y sont restées fort séparées. Indubitablement Morgos-Koëse appartenait à cette race indoue d'où sont sortis les Bohêmes qui ont pénétré en France au quinzième siècle, en gardant le nom du pays qu'ils avaient traversé, quoi qu'en disent les historiens, qui ont prétendu les faire venir d'Égypte.

Vous savez, que d'un autre côté, je soupçonnais fort Téhéta d'appartenir à cette partie de la grande famille humaine. La seule différence qu'il y eût, selon moi, entre elle et Morgos-Koëse, c'est que la tribu de Téhéta avait dû rester fidèle aux mœurs ambulantes de ses ancêtres, tandis que Morgos était un descendant de ceux qui s'étaient établis dans le pays, y avaient pris racine et s'y étaient acclimatés.

Du moins, c'est ce qui me parut vraisemblable dans le commencement de mon séjour chez lui.

Je vous ai dit ce qu'il était de sa personne ; voici ce qu'il m'apprit de son existence :

Vers l'âge de trente ans, ou plutôt trente ans avant notre rencontre, Morgos avait paru à Presbourg, qui possède un archigymnase, où l'on professe la science; il y avait étudié la chimie, la physique et quelque peu les mathématiques.

Pour certains actes sur lesquels il glissa fort légèrement, ce qui veut dire qu'ils n'étaient point fort recommandables, il fut obligé de quitter cette université, ce qui veut dire qu'il en fut chassé.

Poussé par la misère, selon son récit, probablement condamné par quelque arrêt, selon la vérité, il travailla pendant de longues années dans les mines de porphyre des monts Karpathes.

Quelques services qu'il y rendit, grâce aux études qu'il avait faites, le firent remarquer par le prince de Morden, le propriétaire des mines. Celui-ci l'en fit sortir et le plaça, en qualité de son juge intendant, dans la seigneurie du village de Morden et le logea dans la maison où je le trouvai.

C'est en revenant de ces mines, dans un voyage qu'il avait été faire pour les intérêts du prince, que Morgos contracta le singulier mariage dont je vous ai parlé.

De ce qui avait précédé l'époque où il avait paru à l'université de Presbourg, il n'en parlait point. Quant au présent, maître Morgos se posait en savant du premier ordre, abîmé dans les études les plus profondes, s'occupant de recherches minérales, d'astronomie; tantôt le nez en terre, tantôt le nez au ciel, et racontant les conversations qu'il avait eues avec les premiers savants de l'Europe, dont il écorchait les noms avec une rare insolence.

J'étais fort peu savant, et par conséquent incapable de donner un démenti aux prétentions de ce monsieur ; mais je crus pouvoir juger de ce qu'il savait par ce qu'il disait savoir.

Lorsqu'il eut en moi assez de confiance pour me faire part de sa supériorité, il ne me cacha point qu'il méprisait souverainement tous les savants dont il m'avait parlé, les uns n'étudiant la marche des astres que pour la comprendre ; les autres ne fouillant les entrailles de la terre que pour découvrir ce qu'elle avait été. Quant à lui, s'il regardait au ciel, c'était pour y lire la parole éternelle et y voir les décrets de l'avenir tracés en lettres de feu ; s'il ramassait des minéraux, c'était pour y découvrir les principes de l'élixir qui doit assurer à l'homme une vie incommensurable, comme celle de Mathusalem.

Mon astronome n'était qu'un astrologue, mon chimiste qu'un alchimiste, somme toute un charlatan et probablement un imbécile. Ce qui, du reste, le distinguait de la classe des ignorants de cette espèce, c'était l'incroyable bonne foi avec laquelle il se servait de quelques principes de science véritable qu'il avait conservés de ses études, pour les appliquer à des pratiques qui ne pouvaient venir que de la superstition la plus encroûtée.

A peine monsieur de Favreuse avait-il prononcé ce mot qu'il suspendit son récit.

Il se mit à réfléchir, puis il s'écria tout à coup :

— Science, lumières, superstition, ignorance, que de mots qui n'ont aucune valeur ! La science d'aujourd'hui sera peut-être l'ignorance de demain. La foi de notre siècle sera une superstition dans quelque cent ans.

N'est-il pas vrai, jeune homme, que tous les hommes raisonnables vous ont dit que certaines prétentions à déranger l'ordre de la nature étaient autant de folies? et cependant, monsieur, j'ai vu, de mes propres yeux vu, des choses bien étranges. J'ai moi-même senti et subi des effets inouïs. Non, non, voyez-vous, tout ce qui nous semble incompréhensible dans les croyances du passé n'est pas erreur et superstition.

Lorsque je vois la science inventée par monsieur Cuvier retrouver dans les entrailles de la terre les débris d'animaux les plus extravagants, je me demande si les sphinx, les chimères et ses horribles oiseaux du lac Stymphale, que nous regardions comme des jeux de l'imagination des anciens, n'étaient pas un reste de ces races perdues dont nous reconstruisons aujourd'hui les hideux squelettes.

Quoi qu'il en soit, monsieur, à l'époque dont je vous parle, je ris beaucoup de mes découvertes au sujet de la superstition de Morgos; et voyant sa femme occupée avec le docteur, et par conséquent n'ayant rien à faire de ce côté, je me promis de me moquer de mon hôte, pour passer le temps. Vous verrez comment cela me réussit.

Je passe maintenant aux événements.

Comme il me l'avait promis, le docteur revint au bout de trois jours. Il affecta devant Morgos et Nagy-Tcha la plus parfaite ignorance de la langue française.

Je brûlais cependant du désir de causer avec Magnus, mais l'œil ardent de Nagy-Tcha surveillait nos moindres mouvements; Morgos se grisait, parlait latin, et ne nous gênait en aucune façon.

Le docteur, lui, paraissait inquiet et semblait chercher un moyen de nous ménager un moment d'entretien particulier.

Tout à coup, et quoique cela parût lui coûter de faire une pareille proposition, il se décida à dire à Morgos...

— Pour donner plus de clarté et de rapidité à mon récit, me dit monsieur de Favreuse en ce moment, je me dispenserai de noter à l'avenir en quelle langue furent prononcées les paroles que je vous rapporte, soit que je comprisse cette langue, soit que ces paroles m'aient été expliquées plus tard. Je ne ferai cette distinction qu'autant qu'il sera résulté quelque chose de grave de ce que j'ai compris ou de ce que je n'ai pas compris immédiatement ce qui fut dit devant moi.

Après cette interruption, monsieur de Favreuse reprit ainsi son récit :

Le docteur dit alors à Morgos :
— Pour terminer le joyeux festin auquel tu nous as invités, ne veux-tu point nous faire goûter de ce mets divin que tu prépares dans le secret de ton laboratoire?

— Ce mets, repartit Morgos, n'est point à l'usage des incrédules, et il ne serait point juste de faire pénétrer dans le ciel celui qui en nie l'existence.

— Ne sais-tu pas, reprit le docteur, que les yeux s'ouvrent difficilement à la lumière lorsqu'on a été longtemps dans les ténèbres, et qu'il faut plus d'une épreuve pour se laisser persuader de choses aussi extraordinaires que celles que tu m'as fait sentir une fois ?

D'ailleurs, voici un étranger dont je voudrais savoir l'opinion à ce sujet ; et si tu ne daignes pas m'admettre au partage de ce mets divin, fais-lui goûter, je t'en supplie, cette manne précieuse, et je la payerai à un prix qui t'est bien cher ; tu verras Téhéta.

Cette promesse devait être sans doute bien précieuse pour Morgos, car il se leva soudainement, en disant :

— Mets la main sur la tête de mon hôte, et comme mon hôte est sacré, jure-moi par lui que tu accompliras ce que tu viens de me promettre, et je permettrai à tes lèvres de toucher aux aliments sacrés des enfants de Dieu.

Morgos sortit de la chambre, et je vis Nagy-Tcha supplier Magnus avec ardeur ; elle lui demandait sans doute d'être admise à la faveur qu'il avait obtenue pour moi et pour lui. Il le lui promit, et pendant que Nagy-Tcha frappait joyeusement dans ses mains, comme un enfant qui se prépare à un grand plaisir, Magnus me dit d'une voix basse et rapide :

— Ne touchez pas à cet horrible poison, et si vous êtes forcé de le mettre dans votre bouche, crachez-le sur-le-champ.

Morgos reparut presque aussitôt, rapportant avec lui une cassette d'un travail bizarre et tout incrustée de figures cabalistiques. Il la posa solennellement sur la table et l'ouvrit, après s'être incliné et l'avoir baisée trois fois sur la serrure. Il en tira trois petites boulettes. Il en donna une au docteur, une à moi, et garda la troisième pour lui.

Après ce don précieux, Morgos ajouta à sa libéralité en

nous montrant la manière d'avaler ces divines pilules. Il la présenta au creux de son estomac, puis à son front; puis, faisant tourner sa main devant sa bouche avec rapidité comme s'il traçait la figure d'un cercle qui se resserre en spirale, il avala ladite boulette.

Le docteur me fit signe d'imiter notre hôte, ce que je m'empressai de faire; mais déjà j'avais passé la pilule à Nagy-Tcha, qui, de son côté, l'avait avalée sans tant de simagrées. Le docteur escamota la sienne, et selon l'ordonnance de Morgos, nous demeurâmes plongés dans le silence et la méditation.

Au bout de quelques minutes, je vis le visage de Morgos et celui de Nagy-Tcha s'animer d'une expression lumineuse; un sourire d'une incroyable exaltation semblait dire qu'ils assistaient à un spectacle qui dépassait tout ce que le monde réel peut offrir de plus ravissant.

Je n'avais pas habité l'Inde pendant quinze ans pour ne pas savoir de quoi il s'agissait, et je dis tout bas au docteur :

— Ce sont des pilules d'opium.

— Il n'y a pas trace d'opium dans cette boulette, me dit le docteur en serrant précieusement la sienne dans un morceau de papier, et les effets de l'opium peuvent être considérés comme presque nuls, si l'on veut les comparer aux effets de cette composition dont ce vieux Bohême a le secret...

A l'heure qu'il est, il vit non-seulement dans un autre monde dont on ne peut vous donner d'idée, quand même vous eussiez fumé tous les pavots de l'Indoustan; mais encore il est complétement absent de celui-ci, absent moralement et physiquement, si bien que s'il me plaisait de lui couper les oreilles à l'instant même, il n'en sentirait rien.

— Ce n'est pas possible ! lui dis-je.

— C'est ainsi, me répliqua le docteur. Je me suis enivré deux fois avec cette pâte dont Morgos a le secret, et pour m'en prouver le pouvoir, il m'a une fois marqué sur le bras avec un fer rouge, et une autre fois coupé un petit morceau de chair sans que j'aie rien ressenti.

— Ma foi, dis-je, si vous pouviez m'assurer qu'il ne m'arrivera rien de pareil, je goûterais volontiers ce mets divin, comme il l'appelle.

— Ah ! vous voilà comme Nagy-Tcha, me dit le docteur ; elle eût beaucoup fait pour s'assurer si nous pouvions nous entendre ; mais l'idée de manger du *pain de Dieu*, comme elle dit, lui a tout fait oublier. La seule chose qui m'étonne, c'est qu'elle n'ait pas déjà assassiné son époux et maître pour lui voler sa cassette et se procurer ce régal.

— Mais, dis-je au docteur, s'il s'aperçoit à son réveil de notre supercherie, s'il voit que nous n'avons pas avalé notre part et que j'ai passé la mienne à Nagy-Tcha?

— Soyez tranquille à ce sujet ; tout excès de vie se paye. L'ivresse du vin laisse la lourdeur et le dégoût ; celle de l'opium laisse l'éblouissement et le vide ; celle-ci laisse l'hébétement et la lassitude complète. Ils en ont pour quatre heures à vivre dans des rêves de délices inouïes, et ils en ont pour quatre jours à se traîner dans une sorte d'insensibilité abrutie.

Nous sommes maintenant les maîtres de tout faire et de tout dire. Profitons des moments ; car ce n'est que par sa grâce spéciale que j'ai pu passer une nuit hors du château.

Voyons, que comptez-vous faire et que voulez-vous faire ?

Je racontai franchement au docteur tout ce qui m'était arrivé depuis le jour de l'arrivée du prince de Morden.

Je lui dis comment j'avais été témoin de la cérémonie du mariage de Gertrude, enfin comment j'avais été sauvé par Téhéta.

Le docteur m'avait écouté sans m'interrompre et sans vouloir répondre aux questions que je lui faisais toutes les fois que je m'enquérais d'une chose que je ne comprenais pas.

— Allez, allez, me disait-il, ce sera tout à l'heure mon tour.

Lorsque j'eus achevé mon récit, il resta longtemps à réfléchir, et après avoir ramassé, pour ainsi dire, tous ses souvenirs dans sa tête, il commença ainsi :

— Je me demande si je dois faire une réponse à chacune de vos questions ; mais je pense que cela nous mènerait trop loin. A votre récit, je vais riposter par un autre. Vous y trouverez la solution de tout ce que vous m'avez demandé. Faites donc comme je viens de faire, écoutez et ne m'interrompez pas.

— Le docteur Magnus, fit monsieur de Favreuse en se balançant sur son siége, était un homme fort exact, fort minutieux ; il savait les choses dont il parlait jusque dans leurs plus petits détails ; il ne négligeait aucune des circonstances qui les avaient accompagnées, il ne laissait passer aucune des raisons qui avaient pu déterminer telle ou telle action ; avec cela il était d'une rigoureuse précision en fait de dates, de durée, de distance ; de façon que son récit avait l'air d'un rapport profondément étudié, longuement élaboré.

Vous me permettrez, mon cher monsieur, de ne pas suivre la méthode du docteur, et de ne pas vous répéter exactement ce qu'il me dit, ce dont d'ailleurs je serais parfaitement incapable. Je vous dirai les choses qu'il est nécessaire que vous sachiez, plutôt comme je les compris que comme on me les raconta.

Imaginez-vous que vous avez suivi le cours d'un fleuve jusqu'au moment où il se mêle à un autre, et qu'avant de les suivre dans le lit où ils coulent ensemble, vous sautez d'un bond à la source du nouveau cours d'eau que vous venez de rencontrer, et que vous le suivez à son tour jusqu'au point de jonction où les eaux des deux fleuves se mêlent l'une à l'autre. Vous avez suivi le fleuve Favreuse, nous allons remonter à la source du fleuve Morden.

Je m'inclinai devant monsieur de Favreuse.

Et à mon tour je prie ceux qui lisent ce manuscrit de prendre pour eux la comparaison du vieux comte, et de le suivre dans le nouveau récit qu'il entama.

D'ailleurs il me suffit de le laisser parler ; car il continua en son propre nom, quoique, à vrai dire, dans la situation où il s'était arrêté, il eût dû répéter le récit du docteur.

X

MONSIEUR DE MORDEN ET SA FAMILLE

Monsieur de Morden avait eu, comme je vous l'ai dit, mon cher monsieur, une jeunesse très-extravagante.

Il y aurait des volumes à faire avec toutes les folies et toutes les atrocités qu'on lui prêtait.

Mais comme tout cela est fort inutile au but que je me suis proposé en vous faisant cette confidence, je m'en tiendrai à ce qui me regarde personnellement et à ce qui concerne les individus avec lesquels je fus en contact.

Monsieur de Morden, l'un des plus puissants magnats de la Hongrie, avait épousé l'héritière du prince de Mauldaw, le plus riche seigneur de la Gallicie ; c'est de cette femme qu'il avait eu l'énorme fils dont je vous ai parlé, et plus tard la charmante créature qui s'appelait Gertrude.

Comme il ne pouvait y manquer, d'après les extravagances de sa jeunesse, monsieur de Morden se fatigua bientôt de sa femme ; mais au lieu de la laisser libre le jour où il ne s'en souciait plus, au lieu de lui permettre de se consoler de ce qu'il n'avait plus rien d'aimable à lui dire, ce méchant Tartare à veste brodée enferma sa femme dans ce château de Morden où il me donna plus tard l'hospitalité d'une façon si peu courtoise. Il est probable que la princesse se fût résignée à cette existence à peu près solitaire, si le prince n'avait trouvé moyen d'y glisser une torture de tous les jours.

Une frasque un peu trop forte, et qui n'avait été à rien

moins qu'à donner des coups de canne à un archiduc impérial que mondit prince avait trouvé chez une chanteuse de ses amies ; cette frasque, dis-je, le fit exiler de la cour de Vienne, et l'empereur Joseph ne trouva rien de mieux, pour le punir sévèrement, que de l'envoyer auprès de sa femme.

Mais la justice des souverains est ainsi faite, qu'elle frappe presque toujours à côté de celui qu'elle veut atteindre, pour écraser un innocent.

Indépendamment de sa femme, monsieur de Morden trouva dans ce château perdu au milieu de la lande de Ketskemet, une petite fille qu'il avait envoyée là comme on envoie une brebis à l'étable, ou une lice au chenil.

Cette petite fille n'était autre que Téhéta, et, comme je l'avais parfaitement deviné, Téhéta n'était autre que l'un des deux ou trois enfants qui avaient échappé à la chasse humaine que monsieur de Morden avait faite dans une de ses terres. Elle pouvait alors avoir dix-huit ans, et, d'après ce que je vous ai dit de sa beauté à l'époque où je la connus, et lorsqu'elle avait déjà trente-cinq ans, ce devait être la plus charmante créature du monde.

Lorsque la princesse vit revenir son mari, elle espéra que la solitude le ramènerait tout entier à elle. Il paraît qu'elle le lui ramena un peu, car ce fut un an après son arrivée que naquit la charmante Gertrude.

Ce fut une occupation bien douce pour la princesse, mais ce n'était pas assez pour distraire les longs ennuis de cette espèce de vautour qu'on appelait monsieur de Morden.

Il se tourna vers Téhéta, et au bout de quelques mois, il y avait dans ce château une femme qui portait le nom du maître, et à laquelle les deux cents valets attachés au service de la maison daignaient à peine donner de quoi manger, tandis qu'une esclave de race proscrite et païenne trônait sous un dais de velours brodé de pierreries et plumassé de panaches d'autruche.

Ceci dura de longues années.

La princesse eut beau faire valoir ses droits d'épouse, ses droits encore plus sacrés de mère, monsieur de Morden ne tint aucun compte ni de ses prières, ni de ses larmes, ni du dépérissement progressif de sa santé ; et lorsque, au bout de dix ans d'un pareil supplice, la princesse, épuisée de résignation et de courage, mourut avec le désespoir de laisser sa fille aux mains d'un pareil homme, Son Excellence hongroise daigna dire aux nobles, qu'il convia aux magnifiques funérailles de sa femme, que l'air du pays était trop froid pour sa poitrine.

Le docteur savait parfaitement toutes ces choses-là ; car ce docteur n'était que le fils d'un paysan du comtat de Marmarosch que le prince avait fait élever à l'université de Bude, afin d'avoir un médecin à lui comme on a un cheval de selle pour son usage particulier.

Magnus avait été le témoin de la mort de la princesse ; elle lui avait raconté ses malheurs ; elle lui avait confié la mission de protéger sa fille autant qu'il le pourrait.

C'est cette mission reçue avec respect et dévouement qui avait fait rester Magnus au service de monsieur de Morden. Cependant, après la mort de la princesse, les affaires changèrent assez complétement de face dans la vie de monsieur de Morden, et arrachèrent Gertrude à l'ignoble puissance que le père avait permis à sa maîtresse d'exercer sur elle.

La Révolution française venait d'éclater; le sceptre impérial, après avoir passé de Joseph II à Léopold, venait de tomber dans les mains de François, qui, comme vous le savez, après s'être fait nommer François II comme empereur d'Allemagne, fut réduit par Bonaparte à se faire sacrer sous le nom de François Ier comme simple empereur d'Autriche.

Vous avez sans doute entendu parler de la fameuse conférence et du fameux traité de Pilnitz.

François, qui n'était alors qu'archiduc, s'y était allié avec le roi de Prusse, Frédéric-Guillaume II, en présence de *Monsieur*, comte d'Artois, et avait juré l'extermination des principes révolutionnaires.

François avait été élevé par le prince de Kaunitz, qui, vous le savez aussi sans doute, avait pour grand principe qu'un prince ne doit jamais faire aucune espèce de concession à ses sujets. Ce fut en vertu de ces principes politiques que, devenu empereur, il voulut tenir la promesse faite à Pilnitz, tandis que, d'un autre côté, il cherchait tous les moyens possibles d'occuper l'impatiente indépendance de la noblesse hongroise, qui, fatiguée du joug allemand, tressaillit d'aise aux récits des hauts faits de la populace parisienne.

Quoique le prince de Morden fût le dernier des gredins, il lui suffisait d'être en disgrâce près de la cour de Vienne pour être considéré comme un martyr par les mécontents de son pays.

Le peuple est partout le même, monsieur; je ne sache pas qu'il pardonne nulle part la bonne fortune à la vertu la plus pure et à l'honneur le plus désintéressé; tandis qu'il n'est pas de crime qu'il n'absolve lorsqu'il croit y voir une persécution politique.

En résumé, de la haine de l'empereur contre la Révolution française et de la crainte qu'il avait de ses grands vassaux de Hongrie, il résulta que le prince de Morden fut gracié et rappelé à la cour, et que le commandement d'une division de la garde impériale autrichienne lui fut confié.

Gertrude pouvait alors avoir une douzaine d'années ; sa mère était morte depuis un an, et, malheureusement pour elle, elle avait appris dans le malheur de sa mère ce que valait monsieur son père. Elle le méprisait et elle en avait peur ; mais cette peur tenait de l'âme la plus noble et la plus délicate.

Ce n'était point pour elle qu'elle avait peur, c'était pour l'honneur de son père ; et si Gertrude ne lui résistait pas, ce n'était point pour échapper aux violences auxquelles il eût pu se porter contre elle, mais bien plutôt pour sauver à son père la honte de s'être livré à ces violences. Il n'y eut que le jour où l'on voulut la rendre complice d'un crime qu'elle se servit, pour résister, de cet admirable courage qu'elle n'avait jusque-là employé que pour souffrir.

Mais n'anticipons point sur les événements.

Le prince de Morden emmena sa fille à Vienne ; on lui en avait intimé l'ordre ; il y retrouva son fils, pensionnaire de l'école noble, et il fut charmé, à ce qu'il paraît, de la brutale obéissance dont son rejeton était doué. C'était bien là le grossier et brutal instrument qu'il fallait à un aussi mauvais esprit que monsieur de Morden.

Le prince se lança dans les guerres d'Italie, et laissa sa fille aux soins d'une de ses tantes, la princesse de Hatzfeld-

Flembourg, et il attacha à son service la personne du docteur Magnus.

Cependant, en quittant Téhéta, le prince avait voulu lui donner une consolation ; car malgré tout l'amour qu'il avait eu et qu'il gardait encore pour elle, il n'avait jamais entendu perdre ses droits de propriétaire, et souvent la cravache du maître avait déchiré la peau de l'esclave sous la robe de brocart dont il la parait.

Lorsqu'il partit, Téhéta voulut le suivre : c'était une faveur qu'il ne pouvait ni ne voulait lui accorder ; et comme Téhéta était pour lui un jouet qui n'avait besoin d'être tenu avec soin qu'autant qu'il pouvait s'en servir, il la dépouilla complétement de son autorité quasi princière, la força de s'enfermer dans l'appartement que j'avais habité avec elle, et, tout en ordonnant aux serviteurs du château d'obéir aux moindres caprices de Téhéta dans la limite de ses épaisses murailles, il leur fut recommandé de tirer sur elle comme sur un loup si elle tentait de s'échapper, et, si elle y réussissait, de l'enchaîner au besoin comme un chien vagabond dans le cas où on la rattraperait.

Ce fut à cette époque que le prince se ménagea les moyens de rentrer incognito dans son château, comme il le fit dans la fameuse nuit dont je vous ai entretenu.

Cela se pratiquait au moyen d'une porte percée du côté qui domine le village, et dont le prince seul avait la clef. Cette clef, Téhéta l'avait volée dans cette même fameuse nuit dont je viens de vous parler ; c'est cette clef qui lui permit de me faire sortir du château par cette même porte secrète, c'est cette clef qui nous fut plus tard d'un si grand secours.

Il me semble, reprit tout à coup monsieur de Favreuse, que je vous ai dit tout à l'heure que le prince de Morden, en quittant Téhéta, avait voulu lui laisser une consolation, et je ne vous ai parlé que de l'ingratitude du vieux satyre. Cependant il y eut consolation.

Vous voyez la position où j'étais, vous connaissez tous les personnages de cette histoire, et je vous donnerais en mille à deviner cette consolation...

Cette consolation, mon cher monsieur, ne fut autre chose que la présence de Morgos-Koëse, mon hôte, qui continuait à passer par tous les degrés de la béatitude, pendant que le docteur m'apprenait toutes les infamies que je vous répète.

Qu'était-ce donc que mon hôte, pour qu'il pût satisfaire aux désirs ardents d'une fille bohême, à qui le prince avait tout prodigué durant plus de dix ans d'amour et d'extravagances? Morgos-Koëse était tout simplement le père de Téhéta, un véritable zingari qui n'avait que les vices de cette canaille errante, et qui, bâtonné par le chef de sa tribu, avait dénoncé la retraite des siens au prince de Morden, pour quelques rixdales. Cette petite vengeance avait amené le massacre dont je vous ai parlé, mais auquel ledit Morgos avait eu cependant le soin de faire échapper sa fille, âgée de trois ans, en la confiant d'avance au bourreau de tous les siens.

Il y a, monsieur, dans les actions de certains hommes des contradictions que le vulgaire prend pour des bizarreries, et qui, à les regarder de très-près, sont presque toujours le résultat de calculs très-habiles. Or il parut très-plaisant au prince de Morden de faire un savant du méchant Bohême qui s'était vendu à lui.

Comme je vous l'ai dit, il l'envoya à Presbourg.

Le jeune homme y travailla selon son noble naturel. Et il allait être pendu après quatre ou cinq ans d'études faites dans l'esprit que je vous ai dit tout à l'heure, pour avoir forcé la caisse de l'archipope de la ville, lorsque monsieur de Morden intervint (vous devez remarquer que tout procède par *archi* dans ce pays-là, c'est l'archipope, l'archigymnase, et Morgos pouvait à juste titre s'appeler l'archivoleur du comtat).

Le prince, qui le protégeait, se chargea de son châtiment. Et comme Morgos avait véritablement acquis quelque savoir en mathématiques durant le temps de sa présence à l'université, monsieur de Morden l'envoya dans ses mines des monts Karpathes, et tâcha de retirer dudit Morgos les frais d'éducation qu'il lui avait fait donner.

Plus tard, lorsqu'il fut obligé de retourner à Vienne, le prince, pour apaiser un peu les exigences de Téhéta, imagina de lui rendre la tendresse de monsieur son père, et fit venir Morgos près d'elle.

Vous avouerez qu'on ne tire pas un meilleur parti d'une peau de Bohême que ne fit monsieur de Morden.

Morgos lui avait d'abord procuré pour quelques écus le plaisir de chasser des êtres humains à cor et à cri, à chiens et à trappes; il lui avait ensuite servi à se faire une réputation de bienfaisance lorsqu'il l'avait envoyé à Presbourg. Plus tard, lorsqu'on plaignait le prince d'avoir placé si mal ses bienfaits, il fit de son protégé un ouvrier mineur, qui lui rendit, comme je vous l'ai dit, d'excellents services, et enfin, au moment de se séparer d'une maîtresse adorée, il daigna extraire du fond de ses mines le Morgos-Koëse, e le jeta dans les bras de la belle éplorée, en lui faisant valoir cette restitution comme un immense bienfait.

J'ai vu, monsieur, beaucoup d'usuriers gagner sur les écus qu'ils prêtent, mais je n'en ai encore jamais vu tirer tant de produits d'un homme.

Toutefois la réunion de Morgos et de sa fille avait ses entraves. Morgos pouvait entrer dans le château une fois par semaine ; mais Téhéta ne devait jamais en sortir.

Eh bien, le croiriez-vous ? cette Téhéta à qui la nature avait donné dans l'esclavage les instincts les plus élevés, ce Morgos qui avait reçu du ciel les plus ignobles passions, ces deux êtres si différents s'aimaient de l'amour filial et de l'amour paternel le plus exalté.

L'absence, la séparation, la différence d'habitudes et de sentiments, rien n'y avait fait; le sang bohême, ce sang qui a eu tant de peine à se mêler durant le cours des siècles au sang des autres races, le sang bohême coulait dans toute sa pureté dans les veines du père et de la fille, et il y avait entre eux ce lien fatal et incompréhensible qui attache si puissamment les uns aux autres tous les individus de cette race. Le prince, sans avoir compris cela, les réunit et leur demanda leur reconnaissance; ils le lui jurèrent, et il y compta.

Voilà comment monsieur de Morden abandonna son château, que nous allons quitter aussi un moment pour voir ce qu'il advint à Vienne de la belle Gertrude. Ce petit voyage nous ramènera beaucoup plus vite que vous ne le pensez au château lui-même et à la position où je m'y étais trouvé.

Il se passa quelques années pendant lesquelles monsieur

de Morden se fit battre par les armées républicaines, à l'époque même où triomphaient tous ses collègues autrichiens.

Pendant que monsieur le prince ne croissait nullement en réputation, sa fille Gertrude grandissait en beauté et devenait le charme et l'étoile des salons de Vienne. Dans ces salons, elle rencontra un jeune émigré de la plus belle figure et de la plus touchante douleur.

Ce jeune émigré, c'était monsieur de Belnunce en personne : beau comme un ange, triste comme un roman, gueux comme un baladin, hâbleur comme un Provençal, il avait attiré sur lui l'intérêt de tout ce qui a un cœur sensible.

A l'avantage très-réel d'avoir vu guillotiner son père, sa mère et son oncle l'évêque, et son beau-frère l'intendant de la province, et un tas de cousins, et une personne qu'il ne nommait pas ; à cet avantage, dis-je, il joignait celui de pleurer à volonté lorsqu'il parlait de ses malheurs, et, admirable raffinement de ce talent, après avoir laissé échapper ses larmes, il savait les dévorer dans un douloureux silence.

Je l'ai beaucoup connu, ce monsieur, reprit le comte de Favreuse, et, sur mon honneur, c'était bien le plus méchant drôle, le vantard le plus effronté, le comédien le plus impudent que j'aie jamais rencontré ; indépendamment de cela, c'était un poltron, quoiqu'il se fût battu quelquefois.

Vous êtes jeune, monsieur, et vous apprendrez comment il se fait qu'il y a des gens assez peureux pour se battre une fois, afin d'avoir le droit de ne plus se battre du tout. Ce sont ces gens-là qui ont inventé ce mot impertinent : *J'ai fait mes preuves;* comme si le courage n'était pas une vertu qui doit être toujours présente, comme toutes les vertus possibles, et qui peut avoir été et n'être plus ?

Est-ce que vous trouveriez qu'un homme est charitable parce qu'un jour il aura donné un louis à un mendiant, et que, cela fait, il répondra à tous les autres : *J'ai fait mes preuves?*

Je reviens beaucoup sur ce sujet, n'est-ce pas? dit monsieur de Favreuse avec un sourire sardonique; c'est que j'ai eu beaucoup à souffrir de ce monsieur, et que je n'ai jamais pu rien en tirer, pas même une goutte de sang.

Ce souvenir devait être bien fâcheux pour monsieur de Favreuse; car, contre l'habitude qu'il avait de boire son vin gorgée à gorgée et à de longs intervalles, il avala d'un seul trait le verre plein qui était devant lui, et le replaça vivement sur la table, en levant les yeux au ciel et en s'écriant :

— Enfin, c'est ainsi !

Puis il reprit de la façon suivante :

Comme je vous l'ai dit, ce monsieur avait juste tout le semblant des qualités que les rêveuses allemandes font semblant d'aimer.

Quand je dis qu'elles font semblant, je parle des femmes faites, à qui l'expérience a appris la viduité de tous ces bellâtres sentimentaux. La jeunesse est de bonne foi : elle croit à ces sornettes, et si plus tard elle reconnaît sa duperie, ce n'est qu'en secret qu'elle abandonne sa première religion et qu'elle se dédommage avec de véritables hommes des langueurs de ces piteux Céladons.

Je vais sans doute vous étonner beaucoup, monsieur; mais ce que je puis vous affirmer, c'est que l'Allemagne est le pays où il y a le plus de grandes dames qui ont à la fois des amours platoniques et des laquais pour amants.

Mais sans faire entrer pour rien dans la conduite de la belle Gertrude cette comédie sentimentale si fort à la mode dans la blonde Allemagne, il est facile de comprendre que la façon dont elle avait vécu dût lui donner de secrètes sympathies pour tout ce qui paraissait avoir souffert beaucoup.

Gertrude avait vu mourir sa mère de chagrin, sous le poids de l'inconduite de son père; Gertrude avait vu fouler aux pieds le respect qu'un mari doit à sa femme, et bien plus encore, le respect qu'un père doit à sa fille.

Jugez avec quelle considération d'abord elle dut regarder un homme pour qui le culte de pareils devoirs était si sacré, qu'il pleurait sans cesse de n'avoir plus à les remplir !

Jugez avec quel intérêt elle dut l'écouter ensuite, lorsqu'il lui parla de sa mère à lui, et qu'il la peignit avec les vertus qu'avait eues la mère de Gertrude, et puis jugez lorsqu'il lui raconta toutes les nuits qu'il avait passées autour de la prison de sa mère, tantôt déguisé en soldat, tantôt en matelot ; lorsqu'il lui dit comment il avait séduit certain geôlier, escaladé de certaines hautes murailles, comment une corde s'était brisée, comment il était retombé d'une hauteur de vingt pieds sur le pavé, et comment il était resté évanoui !

Sacredié ! dit monsieur de Favreuse en s'interrompant tout à coup, quel ignoble faquin que ce monsieur de Belnunce !

C'est qu'il n'y avait pas un mot de vrai dans tout cela ; c'est qu'après avoir désolé Marseille et Aix, la moitié de la Provence, par toutes sortes d'escapades plus indignes les unes que les autres ; séduisant des filles par-ci, en achetant d'autres par-là, et les déshonorant toutes par ses vanteries, il s'était mis à plat ventre dans je ne sais plus quel terrier, le jour où sa famille avait été arrêtée ; puis il avait gagné l'Allemagne en criant : *Vive la république !* jusqu'au moment où il avait pu enjamber le Rhin, du côté de Strasbourg ; et, arrivé là, il s'était mis à crier : *Vive le roi !* lequel était déjà assassiné.

Et depuis ce temps, de ville en ville, de principauté en principauté, larmoyant toujours, chantonnant de petits airs, car le drôle avait une voix parfaite, il était arrivé jusqu'à Vienne, où il était des plus à la mode au moment où mademoiselle de Morden commençait à paraître dans le monde.

C'est là qu'elle le rencontra, c'est là qu'il lui débita tous les contes bleus dont je n'ai fait que vous esquisser l'argument ; c'est là enfin qu'ils se prirent l'un pour l'autre, ou plutôt qu'elle se prit pour lui de la passion la plus folle, la plus romanesque. Il fallait que cet homme fût bien infâme, monsieur, pour avoir rencontré Gertrude, pour avoir pu l'apprécier, pour en avoir été aimé, et pour ne pas être ramené à toutes les vertus par un bonheur si inouï !

Après ce que je vous ai raconté de ma rencontre avec mademoiselle de Morden, le langage que je tiens vous étonne sans doute ; mais ma position n'avait rien de pareil à celle de monsieur de Belnunce.

Je ne connaissais nullement la femme avec qui j'étais enfermé dans une voiture, je jouais un jeu où il y allait de ma tête, et, ma foi, il eût pu en arriver à la sainte Vierge autant qu'à Gertrude, si je l'avais trouvée en pareille position. Mais, de par tous les diables, il y a une différence énorme entre celle qu'on peut supposer légèrement aventureuse, sinon aventurière, et celle dont on connaît le nom, le rang, la famille, et dont on a pu apprécier la vertu. Il y a une énorme différence entre la surprise d'une heure et la séduction longuement calculée; et puis...

Mais à quoi bon toutes ces excuses, reprit monsieur de Favreuse ; vous jugerez mieux les deux hommes qui ont si cruellement pesé sur la destinée de cette parfaite créature, lorsque je vous aurai raconté notre histoire à tous les deux.

Monsieur Jules de Belnunce s'empara donc de l'esprit de Gertrude, ou plutôt de sa pitié ; car vous ne savez pas, monsieur, combien il entre de pitié dans l'amour d'une femme, et surtout des Allemandes. C'est bien souvent l'idée d'une souffrance à consoler qui les rend si faibles, et le premier droit de monsieur de Belnunce à être aimé fut son prétendu malheur.

Alors, avec cet enthousiasme mystique dont la mode commençait à corrompre beaucoup de jeunes têtes, mademoiselle Gertrude se donna en elle-même la mission de protéger, de secourir, de consoler celui qui avait tant souffort ; elle aima donc avec cette exaltation des adeptes pour leur religion, des martyrs pour leur foi.

Quand on n'aime un homme que pour lui-même, l'amour reste, en général, raisonnable, clairvoyant, et il se maintient dans des limites convenables, parce qu'il peut mesurer la grandeur de son idole. Mais quand l'amour s'adresse à un rêve, à une idéalité ; quand, au lieu de rester une affection et un dévouement terrestres, il s'égare jusqu'à chercher sa source dans le ciel, jusqu'à se croire une inspiration de Dieu et presque un apostolat, alors il pousse les esprits les plus élevés, les cœurs les plus nobles à des actions coupables selon le monde, mais qui pour eux ne sont que des devoirs accomplis.

Je vous étonne fort, monsieur, en vous racontant de pareilles choses d'une femme de cour ; mais le mysticisme amoureux, l'idéalisme passionné qui produisit, quelque temps plus tard, madame de Krudner ; toute cette vague mythologie d'idées abstraites, cette métaphysique galante à laquelle, plus tard, l'empereur Alexandre rendit hommage ; tout cela fermentait déjà dans les jeunes têtes allemandes, tout cela vint en aide aux mélancolies bien jouées de monsieur de Belnunce.

Vous devez comprendre que la partie n'était point égale entre une jeune fille pleine de bonne foi et d'exaltation, qui mettait toute son âme au service de son amour, et un méchant roué qui calculait exactement toutes ses paroles, tous ces gestes pour en tirer bon profit.

— Quelque temps après la rencontre de mademoiselle de Morden et de monsieur de Belnunce, Gertrude était horriblement compromise.

Aussi, lorsque, malgré la folie de ses idées, la retenue naturelle à un esprit chaste et à une éducation distinguée, empêchaient Gertrude de témoigner publiquement à monsieur de Belnunce la passion qu'elle avait pour lui, notre homme annonçait des projets de suicide, se roulait dans des convulsions tragiques et poussait mademoiselle de Morden à quelques démarches encore plus fâcheuses que celles qu'elle avait prétendu ne pas faire d'abord.

Ne prenez pas, je vous prie, mes paroles pour autre chose que ce qu'elles sont.

Ne cherchez point dans les mots dont je me sers une signification qu'ils n'ont pas; lorsque je vous dis que mademoiselle de Morden était tout à fait compromise au bout de quelques mois, tenez-vous pour dit qu'elle avait seulement affiché un amour après lequel il n'était permis à personne d'espérer de pouvoir jamais occuper la plus petite place dans un cœur qui avait été si complétement envahi.

Le bruit de cette passion romanesque, vainement combattue par la tante de mademoiselle de Morden, madame de Hatsfeld, arriva jusqu'aux oreilles du prince.

Malgré tous ses vices, cet homme avait gardé quelque considération pour son rang, il avait une grande idée de lui-même et de son nom.

A la première nouvelle qu'il reçut de cet amour, au lieu d'écrire une lettre menaçante et inutile à sa fille, le prince sollicita un congé, prit des chevaux de poste et arriva à Vienne, accompagné de son fils.

Monsieur de Morden avait parfaitement arrangé les

choses. Sans attendre d'explication, sans donner à sa fille la chance de se justifier et de l'attendrir, il avait, en arrivant, expédié son jeune géant chez monsieur de Belnunce, avec ordre de le souffleter immédiatement, pour le forcer à se faire tuer ensuite.

De son côté, il s'était rendu chez sa fille pour l'emballer le lendemain matin dans sa propre voiture et l'emmener en Lombardie, où le gouvernement d'une partie du pays lui avait été confié.

Malheureusement pour les projets de monsieur de Morden, il n'en garda pas le secret aussi complétement qu'il l'aurait dû : à peine fut-il en présence de Gertrude, qu'il lui raconta dans quelles intentions il était venu. Si de pareilles intentions avaient été signifiées à une fille même coupable par un père irréprochable, il n'est pas douteux qu'elles eussent éclairé un cœur si bien placé que celui de Gertrude.

Mais par malheur pour elle, et ce malheur ne doit pas lui être imputé à crime, par malheur pour elle, outre la peur qu'elle avait de son père, elle avait aussi de lui une juste défiance et un mépris mérité. La vertu a peu de pouvoir prêchée par le vice, et le père qui a fait mourir sa femme de chagrin en l'exposant à l'insulte d'une honteuse rivalité, ce père, quoi qu'il dise, persuade mal le cœur de la fille qui a vu mourir ainsi sa mère; c'est son châtiment de trouver des enfants rebelles, et ce serait justice, si ces enfants n'étaient pas les premiers punis de leur désobéissance.

Comme l'avait voulu monsieur de Morden, son fils Christophe (le jeune géant s'appelait Christophe) avait rencontré monsieur de Belnunce, souffleté monsieur de Belnunce, et l'on devait s'égorger le lendemain.

C'était chose fort simple et fort naturelle.

Mais l'esprit cruel de monsieur de Morden ne put pas se refuser la petite satisfaction de raconter à sa fille ce qui était arrivé, et de la torturer du doux espoir qu'il avait conçu. Alors, monsieur, la tête de Gertrude, qui n'était pas déjà trop bien réglée, se détraqua tout à fait.

Le soir venu, elle s'échappa de l'hôtel de sa tante, se rendit chez monsieur de Belnunce, afin de persuader à ce lâche coquin que le comble du courage était de garder les soufflets et de ne point se battre.

Quand notre Provençal, déjà maigri de peur, s'entendit chanter cette gamme, il voulut tout massacrer, et le père, et le frère, et lui-même après eux.

Alors voyez-vous, monsieur, cette noble fille pleurant aux genoux de cet homme, se roulant à ses pieds, lui demandant la grâce et la vie de son père et celle de toute sa famille ; puis, pour calmer ce furibond qui grelottait dans ses culottes, lui promettant de l'aimer toujours, de n'être jamais à un autre qu'à lui, et, s'il le fallait, de l'accompagner dans sa fuite, dans son exil.

Monsieur de Belnunce n'était pas homme à laisser échapper une proposition pareille. En effet, il devait se battre à six heures du matin avec le grand *Porte-Christ* ; Gertrude devait partir une heure après avec son père ; et à cinq heures du matin, Gertrude et le comte quittaient Vienne, chacun de son côté, pour se rejoindre à la frontière de France.

Vous ne vous douteriez probablement pas, monsieur,

que ce fut monsieur de Belnunce qui exigea cette séparation dans la suite ; le drôle ne voulut point enlever, il voulut être poursuivi. Il laissa une lettre dans laquelle il déclarait qu'il ne voulait point porter une main homicide sur le frère de celle qu'il aimait ; et il abusa assez de la folie d'une pauvre fille exaltée pour lui faire écrire qu'ayant appris son départ, elle partait aussi pour se réunir à lui.

Voilà de ces hommes, monsieur, pour lesquels un coup d'épée ou une balle sont choses trop honorables ; pour corriger de pareils hommes, il faudrait avoir le droit de les faire mourir sous la cravache ; et encore, pour l'exécution, faudrait-il que la cravache fût tenue par une main moins noble que celle du bourreau qui marque les voleurs.

Voilà donc nos deux amants partis, monsieur de Belnunce devant, mademoiselle de Morden ensuite, le père et le frère en dernier.

La course fut rapide ; le docteur, celui qui me racontait tout cela, s'était généreusement mis en courrier en tête de la voiture de monsieur de Morden. Il voulait être le premier à atteindre Gertrude pour se placer entre elle et la colère de son père, d'une part, et de l'autre pour prévenir, s'il était possible, sa réunion avec monsieur de Belnunce.

Il arriva à Turin juste au moment où tous les deux allaient continuer leur route ensemble. Gertrude n'hésitait point à attendre son père, au risque de mourir de sa main ; mais monsieur de Belnunce ne se souciait nullement de cette rencontre.

Le docteur n'avait guère qu'une heure d'avance sur le père et le frère ; la discussion menaçait de se prolonger entre le docteur et Gertrude, et monsieur le comte de Belnunce trouva charmant de s'échapper tout seul, après avoir écrit à Gertrude une lettre où il lui disait :

« Je vous ai rencontrée pure, et je vous ai rendue pure à votre famille. »

Faites bien attention à ces mots-là, monsieur, et, dans tout ce que vous aurez à dire un jour, pesez bien la valeur de chacune de vos paroles ; car, quoi qu'on en dise, ce sont les mots, bien plus que les choses, qui perdent en général les hommes.

La lâcheté de monsieur de Belnunce lui donna un courage inouï, ce fut celui de rentrer en France, au milieu de tous les dangers qui pouvaient l'y menacer.

Monsieur de Morden arriva une demi-heure après son départ.

Le courage de sa fille, sa sublime résignation, l'exaltation de son amour, étonnèrent-ils l'âme de tigre de ce vieux Tartare, ou plutôt l'amour paternel, ce sentiment qui domine souvent tous les autres, parla-t-il en lui ? N'y eut-il pas aussi quelque remords de tuer la fille, après avoir fait mourir la mère de désespoir ?

Toujours est-il qu'il remit à se venger d'elle jusqu'à ce qu'il eût pu se venger de monsieur de Belnunce. C'était un homme de forte trempe que monsieur de Morden ! Accompagné de ses enfants et du docteur, il continua à poursuivre monsieur de Belnunce.

Arrivé sur la frontière de France, il ne craignit pas d'avouer au commissaire de la Convention qu'il y rencontra, il ne craignit pas, dis-je, d'avouer le motif de son voyage, et il se trouva qu'il s'adressait à un homme qui comprit un pareil sentiment et qui lui donna un passe-port en règle sous le nom du baron de Liedenish.

Le prince avait perdu la trace de monsieur de Belnunce ; mais le raisonnement le plus simple devait lui dire que notre émigré avait dû chercher un asile là où il avait laissé des amis. Le prince se rendit donc en Provence, puis en Dauphiné, et ce fut après deux ou trois mois de recherches qu'il apprit que le séducteur de sa fille était caché à Marseille.

Mais depuis que monsieur de Morden était sous l'empire de la présence de cette enfant, si belle, si noble, et j'ose presque dire si respectable dans sa folle exaltation, il avait senti mollir sa résolution de vengeance, et il avait si bien compris qu'il tuerait sa fille du même coup dont il ferait tuer celui qu'elle aimait, qu'il avait laissé entrevoir que, si cet homme valait la moitié de ce qu'elle disait, il consentirait à couvrir par un mariage le scandale qui avait déshonoré sa famille.

Ce fut au moment où cette résolution parut à peu près arrêtée dans son esprit, que le docteur découvrit monsieur de Belnunce. Grâce à ses soins, le lieu de la réunion fut pris dans cette terre dévastée dont je vous ai déjà parlé.

N'oubliez pas, monsieur, à quelle époque se passaient les événements dont je vous parle. On ne voyageait pas alors à son heure et à sa guise, surtout quand on était un émigré rentré.

Le docteur avait laissé monsieur de Belnunce à Manosque, et celui-ci devait se trouver soit à Toulon, soit à Marseille, douze ou quinze jours après que le docteur lui eut fait part des intentions pacifiques du prince. Mais, pour que leur réunion pût s'accomplir, il fallait que quelqu'un allât chercher monsieur de Belnunce, afin de le faire voyager sûrement en qualité de domestique.

Or, comme il y avait deux endroits où l'on devait se retrouver, il fallut charger deux personnes du soin d'accompagner et par conséquent de protéger le proscrit.

Le docteur alla jusqu'à Toulon, et la Jossette, dont la famille avait appartenu au service des comtes de Belnunce, se chargea de Marseille.

Il est inutile que je vous raconte, monsieur, comment le docteur avait rencontré cette femme et son mari à la foire de Beaucaire, comment il avait appris leur dévouement à la famille dont il cherchait le dernier descendant, comment il supposa qu'ils devaient avoir des nouvelles de celui qu'il cherchait.

Malise (vous vous rappelez que c'est le nom du mari de de la Jossette), Malise, à qui monsieur de Belnunce avait fait, selon sa noble habitude, le récit de ses amours allemands; Malise avait aisément compris que ce n'était point dans un but hostile que ce docteur allemand cherchait à découvrir la demeure de son ancien maître. Ce fut donc lui qui organisa la réunion et qui arrêta les points de rencontre.

Mais, comme il était fort suspect de royalisme, il jugea plus prudent de ne point se charger de conduire lui-même notre émigré, et il confia ce soin à sa femme, qui ne connaissait point personnellement monsieur de Belnunce.

Si le hasard n'était pas entré si souvent dans les destinées des grands hommes et des grands peuples, si beaucoup d'événements dans l'histoire, et qui en ont changé la face, n'avaient pas dépendu de petites circonstances fortuites, celle qui amena le quiproquo auquel je me trouvai mêlé paraîtrait une méchante invention de faiseur de romans ; mais je ne suis pas tenu d'avoir plus de vraisemblance que la vérité, et vous savez, monsieur, que, comme l'a dit Boileau :

Le vrai peut quelquefois n'être point vraisemblable.

Eh bien, monsieur, le signe de reconnaissance donné par Malise à sa femme pour s'assurer de l'identité de monsieur de Belnunce était précisément une bague portant un diamant noir.

C'est une chose assez rare pour qu'il fût probable de n'en pas rencontrer deux, montés en bague, portés au petit doigt par deux gentilshommes de bonne tournure, tous deux proscrits, et tous deux cherchant à échapper à la hache mécanique de monsieur Guillotin.

Je vous ai raconté l'erreur de la Jossette et la mienne, et quoique à vrai dire je pusse me dispenser de vous donner les raisons qui rendirent mon entreprise si facile, car cela ne fait rien au fond des événements, je veux cependant vous les dévoiler.

J'espère, monsieur, que vous m'écoutez sans préoccupations moqueuses. Sachez bien, une fois pour toutes, qu'on ne juge sagement des actions des autres qu'en se plaçant sur le terrain où ils ont été, qu'en regardant leur détermination avec les pensées qu'ils avaient eux-mêmes.

Pendant que le prince de Morden se débattait contre le désespoir de sa fille, contre les exhortations du docteur, il lui échappa deux ou trois fois de dire, pour motiver le refus qu'il opposait à ce mariage :

— Mais, d'après l'aveu de cet homme lui-même, cette enfant est pure, et je n'ai point véritablement de faute à cacher.

Je ne puis vous dire comment cette idée germa dans la tête de Gertrude; mais il en résulta pour elle qu'elle eût été plutôt pardonnée si elle avait été complétement coupable, et vous devez comprendre ce qu'une pareille idée dans une tête innocente put ajouter de chances de succès à l'insolence de mes entreprises.

Enfin, monsieur, fit monsieur de Favreuse après un gros soupir, voilà les faits, et toutes les réflexions que nous pourrions faire à ce sujet n'en changeraient pas la nature et la portée.

Une chose qu'il faut que je vous explique maintenant, et qui me fut expliquée alors, c'est pourquoi, après le coup de pistolet qui me fut si lestement administré par le prince de Morden, on ne m'acheva point, pourquoi on prit de moi le soin que vous savez, et pourquoi on m'enleva pour me mettre d'abord en cage comme un oiseau de prix, et m'enterrer ensuite comme un chien galeux.

Je vais vous dire d'abord ce qui se passa, après quoi je vous ferai entrer dans les profondes combinaisons du prince de Morden à mon sujet.

XI

RUSES DE TÉHÉTA

Quelques heures après mon arrivée avec Gertrude dans la cabane où j'avais trouvé le prince de Morden, alors baron de Liedenish, le docteur survint, muni de monsieur de Belnunce.

Celui-ci venait, la gueule enfarinée, pour un mariage.

Jugez de son extrême surprise lorsqu'il apprit que Gertrude se refusait à cet hymen.

Le père se garda bien de dire au futur la véritable raison du refus de Gertrude, il lui fit passer cela pour le désespoir furieux qu'elle éprouvait d'avoir été abandonnée à Turin, et laissée toute seule, exposée à la colère de son père.

On se garda bien de laisser le Belnunce aborder Gertrude, laquelle n'eût pas manqué de lui dire tout franc la cause péremptoire de son refus, auquel cas le drôle eût fait le fier, ou, ce qui eût été plus lâche, eût fait le généreux.

Voilà où en étaient les choses, lorsque le sublime raisonnement que voici passa par la tête de cette altesse tartare :

« J'ai, se dit-il, une fille compromise, compromise par qui ? par monsieur de Belnunce. Le premier moyen de réparer cette atteinte portée à mon honneur, c'est de lui faire épouser monsieur de Belnunce ; mais je suppose (c'est toujours le prince de Morden qui parle), je suppose que dans l'excès de son amour et de sa délicatesse elle ne veuille pas épouser monsieur de Belnunce : voilà donc mademoiselle de Morden perdue à tout jamais de réputation.

» Si ce malheur arrivait, je ne pourrais plus la marier, si ce n'est à celui-là même qui a rendu le premier mariage impossible. »

Hein, monsieur, que pensez-vous de ce raisonnement ?

Monsieur de Morden s'informa de l'individu coupable.

Gertrude, interrogée, lui apprit que j'étais libre; ma commission d'officier et quelques papiers que j'avais sur moi lui apprirent que j'avais un rang et un nom qui valaient mieux que tous les Belnunce ensemble, et il me jugea de taille à réparer aux yeux de toute la noblesse allemande la tache imprimée à l'honneur de sa fille, au cas où, par l'entêtement de celle-ci, le Belnunce lui manquerait. Ceci ayant été longuement raisonné par le docteur et le jeune Christophe, qui ajoutait toujours, en forme de parenthèse: « Et je tuerai celui qu'elle n'épousera pas; » ceci, dis-je, ayant été longuement raisonné et enfin arrêté, le prince fit un convoi de trois voitures.

Dans l'une il partit avec sa fille, dans l'autre il enferma le premier futur, c'est-à-dire le Belnunce, avec le jeune géant, qui en répondait corps pour corps; chose d'autant plus facile que le Belnunce, ignorant complétement l'aventure de Gertrude, ne demandait pas mieux que d'épouser. Et enfin il me fit partir dans la troisième, comme mari de rechange, sous la surveillance du docteur.

A cette expression de monsieur de Favreuse, je ne pus m'empêcher de rire, et comme au fond il parlait de tout cela fort sérieusement, malgré la parole légère qu'il y mettait, je m'excusai de ce rire inconsidéré.

— Vous avez raison de rire, fit monsieur de Favreuse; il y a assurément un côté plaisant dans cette provision de maris faite par ce vieux gredin de prince de Morden, et malgré la gravité de ma position, je ne pus m'empêcher d'éclater de rire au nez du docteur au moment où il m'expliqua comment j'avais été sauvé et pourquoi j'avais été sauvé.

Cependant, Morgos-Koëso et Nagy-Tcha dormaient toujours ou plutôt rêvaient toujours.

La nuit avançait, et je priai le docteur de continuer.

Il m'apprit ce dont vous devez vous douter, c'est que d'une façon ou d'une autre, et pendant qu'il la ramenait au château de Morden, le prince avait obtenu de sa fille, non point qu'elle serait la femme de Belnunce, mais qu'elle l'épouserait. Je pense que vous me comprenez.

Un quart d'heure après la célébration du mariage que j'avais vue à travers les fenêtres de ma prison, monsieur de Belnunce repartait pour la Lombardie avec un grade dans l'armée autrichienne. Ceci avait été annoncé publiquement, comme une expiation des folies de monsieur de Belnunce, et aucun des nobles témoins que le prince avait conviés à ce mariage n'avait perdu de vue les mariés. On devait, disait-on, les réunir au bout d'un an de séparation.

Un an était tout un monde dans les arrangements de monsieur de Morden, et il comptait bien, dans ce laps de temps, faire tuer monsieur son gendre par quelque balle républicaine, ce qui menaçait de devenir très-probable, attendu que monsieur de Bonaparte venait de paraître sur l'horizon et malmenait très-vivement la discipline et la gloire autrichiennes.

Or à peine ce mariage fut-il conclu qu'il fut décidé qu'on me laisserait crever dans un trou, comme un *en cas* devenu inutile.

Arrivé secrètement au château, on m'avait livré aux soins de Téhéta, qui ignorait absolument qui j'étais et à quel usage on me destinait.

Je vous ai dit comment elle m'avait sauvé et comment je m'étais échappé du château.

Du reste, et pour ne laisser en arrière aucun des incidents de cette triste histoire, je dois vous dire que ce qui avait ramené monsieur de Morden à son château, c'était une lettre de Gertrude écrite à monsieur de Belnunce, lettre arrêtée par Téhéla, qui avait ordre de supprimer toute espèce de correspondance, et qu'elle avait expédiée au prince sans en pouvoir comprendre le français; car elle eût appris alors que Gertrude, toujours éprise de Belnunce, lui annonçait les craintes qu'elle éprouvait sur sa position...

Vous comprenez, n'est-ce pas, qu'après la pénitence publiquement infligée aux deux époux, la survenance d'un enfant pourrait faire causer, surtout le Belnunce, qui ne demandait rien tant qu'à avoir une arme contre cette famille de Morden qu'il détestait de toute la peur qu'il en avait.

Vous vous rappelez maintenant comment j'avais appris le complot tramé contre Gertrude, et nous voici revenus au moment où, après le souper de Morgos-Kcëse, j'écoutais le récit du docteur Magnus.

Toutes les fois qu'un homme raconte une chose à laquelle il a pris part, il a le soin de s'y faire un beau rôle.

Celui que le docteur Magnus s'était attribué était tout plein d'honneur, de sentiments humains, de protection pour l'infortunée Gertrude. Pour la première fois de ma vie, j'eus l'occasion de reconnaître plus tard qu'il n'y avait pas beaucoup à rabattre de ces prétentions, si ce n'est un tout petit sentiment, et ce tout petit sentiment suffisait seul, dans la position où se trouvait le docteur, à renverser tous les autres, quelque bons qu'ils fussent : c'était une effroyable crainte de monsieur de Morden.

La pensée de cet homme pesait sur l'esprit honnête de Magnus comme le vol circulaire d'un émouchet pèse sur le malheureux passereau qui se sent tout prêt à être dévoré. Avec les plus excellentes résolutions, avec le désespoir dans l'âme, avec le remords d'un cœur vertueux, Magnus eût aidé le prince à accomplir le crime qu'il voulait commettre.

Ce que je vous dis là, monsieur, ne fut pas le résultat du premier entretien que j'eus avec le docteur; mais je crois devoir vous apprendre sur-le-champ ce qu'il était, pour n'avoir pas à vous expliquer à tout propos ses hésitations et ses retraites épouvantées, toutes les fois qu'il s'agit pour lui de lutter formellement contre la volonté de monsieur de Morden.

Nous allons passer maintenant, si vous voulez bien le permettre, à la continuation du récit des événements postérieurs à tout ce que vous savez déjà. Mais, pour bien nous recorder, permettez-moi de récapituler; et si tous ces personnages divers ne sont pas exactement classés dans votre tête, veuillez me faire vos observations à ce sujet.

— Je n'en ai oublié aucun, lui dis-je, monsieur le comte.

— Voyons, reprit monsieur de Favreuse, de quoi se composait le personnel du château, je vous prie?

— De mademoiselle de Morden, comtesse de Belnunce, dans un état fort équivoque; de Téhéta la bohémienne, fille de Morgos-Koëse...

— Qui ?... reprit monsieur de Favreuse, avec un accent d'interrogation.

— Qui, répondis-je, avait échappé au massacre des bohémiens.

— Et encore ?... reprit monsieur de Favreuse.

— Qui avait été et était restée la favorite de monsieur de Morden.

— Et qui, point essentiel, fit monsieur de Favreuse, avait volé à son maître la fameuse clef des portes secrètes qui lui permettait de sortir du château, et grâce à laquelle elle avait pu m'en faire échapper. C'est bien établi, continuons. Il y avait encore ?...

— Il y avait, dis-je à mon tour, le docteur Magnus.

— Et, dit monsieur de Favreuse en appuyant sur ses paroles, le second des deux singes qui m'avaient soigné à l'époque où l'on me guérissait en cas de besoin. Ajoutez à cela bon nombre de laquais et de servantes, et nous aurons la liste des personnages importants du château.

Passons maintenant chez mon hôte.

De quoi se composait, s'il vous plaît, sa maison ?

— De lui-même, de sa servante et épouse Nagy-Tcha, et de vous, en habit de paysan hongrois.

— Voilà qui est très-bien, fit monsieur de Favreuse ; quant aux autres personnages, veuillez me les rappeler aussi.

— Il y a, ce me semble, monsieur de Morden, le jeune géant Christophe, selon vos expressions, et monsieur de Belnunce, le mari, guerroyant de compagnie en Italie contre les armées du général Bonaparte.

— N'oublions pas non plus que j'étais chez Morgos-Koëse sous le nom de monsieur de Vilate, lequel, comme je vous l'ai dit, avait été mangé dans l'Inde, moitié par un crocodile, moitié par un tigre. Et maintenant que ceci est parfaitement convenu entre nous, nous allons reprendre, s'il vous plaît, notre récit, par quelques considérations relatives aux divers intérêts et aux diverses passions qui se trouvaient en présence.

Comme vous devez facilement le croire, les malheurs de Gertrude, n'avaient en rien diminué l'horreur et le mépris que lui inspirait Téhéta.

Une femme de l'espèce de celle-ci n'est pas instruite des sentiments qu'elle inspire sans les rendre en tout ou en partie à celle qui les ressent pour elle. Téhéta détestait donc mademoiselle de Morden, ou plutôt la comtesse de Belnunce, de tout ce qu'elle pouvait avoir de vigueur en l'âme, et elle désirait aussi pouvoir la mépriser un peu.

En conséquence, il ne fallait pas qu'il s'élevât, aux yeux de Téhéta, une ombre sur l'innocence de madame de Belnunce pour que l'esclave ne fût toute prête à en faire un colosse. Vous retrouverez ce sentiment à point le jour où il put prendre ses coudées franches.

Si maintenant nous passons à Morgos-Koëse, je dois vous dire que cet homme, qui avait vendu sa tribu tout entière pour quelques rixdales, supportait impatiemment l'idée d'avoir livré sa fille au prince de Morden ; il exécrait le père autant que Téhéta détestait Gertrude, et lorsque monsieur de Morden avait réuni Morgos à Téhéta, au lieu de donner à celle-ci, comme il se l'était imaginé, une consolation, il n'avait fait qu'appliquer aux flancs de cette femme ardente un soufflet qui avait attisé les mauvaises passions longtemps assoupies en elle.

Gertrude était restée l'esprit enthousiaste et extatique que je vous ai dit, résignée à tous les malheurs, excepté à celui du crime.

Quant à moi, sans vouloir discuter le sentiment qui me faisait agir, sans prétendre attribuer à plus de vertus que je n'en ai jamais eu un repentir qui eût été ridicule s'il n'eût été qu'un repentir, sans vouloir non plus ravaler à un simple sentiment de curiosité romanesque ou à un désir de nouvelles folies la résolution que je pris, je dois vous dire que cet entretien me décida formellement à demeurer dans les environs du château, et à faire tous mes efforts pour sauver Gertrude des projets infâmes de son père, secondés par les misérables terreurs de Magnus.

Mais j'oublie, en vous disant cela, que beaucoup d'autres raisons que celles qui ressortent du récit que je viens de vous faire avaient dicté ma détermination.

Ces raisons tenaient à des événements beaucoup plus récents, et qui avaient suivi ma sortie du château de Morden.

Ces événements, les voici :

Malgré le profond silence qu'avait gardé monsieur de Morden sur les motifs de mon transport à son château, Téhéta avait aisément compris que ces motifs devaient se rattacher à Gertrude. En effet, ma condamnation ayant coïncidé exactement avec le jour du mariage de mademoiselle de Morden, il devait paraître assez probable à tout esprit qui se donnait la peine de raisonner, que c'éta nouvelle position de Gertrude qui avait nécessité cette exécution.

Suivons le raisonnement que fit Téhéta, et demandons-nous pour quelle cause on peut faire disparaître un homme le jour du mariage d'une jeune fille, et nous en conclurons comme elle que ce n'est que parce que l'existence de cet homme peut la compromettre vis-à-vis du mari qu'on vient de lui donner.

Quoique l'histoire de la fugue de mademoiselle de Morden n'eût point pénétré dans la solitude de Ketskemet, la façon dont s'était accompli ce mariage, l'étrange condition qui l'avait suivi, avaient fort étonné Téhéta, qui l'avait apprise comme tout le monde.

D'une autre part, vous vous rappelez le moment où elle me surprit considérant Gertrude que j'avais reconnue de l'autre côté d'une vaste cour. Téhéta avait lu dans mes yeux que ce n'était pas la première fois que je voyais cette femme. Il en était résulté pour elle, sinon la conviction, du moins un violent soupçon qu'il y avait un secret entre moi et Gertrude. C'était là un fait à utiliser pour sa vengeance.

Cependant, avec ce soupçon et avec le désir qu'elle avait dans le cœur de se venger des mépris et de la haine de Gertrude, il semble étonnant que Téhéta m'eût rendu la liberté.

Vous vous trompez, si vous raisonnez ainsi.

Téhéta ne pouvait avouer mon existence au château sans révéler quelle part elle avait prise à mon salut; tandis que si l'on me retrouvait vivant hors de l'enceinte de ces murs, Téhéta pouvait affirmer qu'elle ignorait par quels moyens j'avais été sauvé. Cependant, comme j'ai des raisons de croire qu'il y eut aussi une autre cause à la détermination qu'elle prit à mon égard, je préfère vous dire tout simplement ce qui se passa le matin du jour même où je quittai le château.

L'histoire d'un billet me concernant vous fera mieux comprendre que toutes mes paroles la singularité des relations des petits envers les grands, dans ce pays si mal connu.

Quelques heures après mon départ, un laquais se présenta dans l'appartement occupé par Gertrude, et demanda la permission de paraître devant la comtesse de Belnunce pour un message important de la part de Téhéta.

Selon la coutume, l'un des domestiques affectés au service de la comtesse demanda à se charger du billet afin de le remettre à une chambrière inférieure, qui le remettrait à une supérieure, laquelle finirait par le porter à la comtesse en personne.

Cette hiérarchie se rencontrait, il n'y a pas encore cinquante ans, dans les grandes maisons un peu bien tenues de la noblesse française; mais ce qui était fort particulier à ce pays, c'est qu'indépendamment des ordres de Téhéta, un des motifs de l'insistance du laquais pour remettre lui-même à madame de Belnunce la lettre dont il était chargé, était le désir de pénétrer une fois dans sa vie dans les appartements dont il avait entendu, depuis son enfance, faire de merveilleux récits.

Ce laquais vivait depuis trente ans dans le château de Morden; et comme son service l'attachait ailleurs, jamais ni lui ni ceux qui étaient dans sa position n'étaient entrés dans ces appartements.

Quoique l'absence du comte de Morden eût pu permettre à ceux des domestiques qui avaient le soin de les entretenir de donner le régal de cette visite à leurs camarades, tel était l'effroi que le prince inspirait à tous ceux qui lui appartenaient, qu'il ne s'était pas trouvé un valet assez hardi pour outre-passer les ordres de son maître dans une chose qui doit vous sembler de si peu d'importance.

Du reste, mon cher monsieur, je n'ai tellement insisté sur cette petite circonstance que pour vous donner une idée de l'autorité que les magnats exercent en général sur leurs serviteurs, et de la terreur particulière que monsieur de Morden inspirait aux siens.

Le laquais dont je vous ai parlé, se sentant fort des ordres de Téhéta, persista dans sa prétention de ne remettre son billet qu'à la comtesse en personne, et cette nouvelle extraordinaire monta de chambrière en chambrière jusqu'à Gertrude. Dans la disposition où était la jeune comtesse vis-à-vis de Téhéta, il ne devait pas paraître probable qu'elle consentît à recevoir une missive venant d'une main si méprisée et si coupable, et cependant, après un premier mouvement de refus, Gertrude donna l'ordre d'introduire le laquais porteur de la lettre.

A cette détermination si contraire aux sentiments de Gertrude il y avait un motif sans doute, et ce motif était une curiosité éveillée depuis assez longtemps pour être arrivée à ce degré de force auquel nulle femme ne résiste.

Voici la cause de cette curiosité.

Le conte du singe tartare à qui j'avais donné un soufflet

au moment où il avait voulu me mettre en bière, lequel singe avait prétendu que le diable en personne avait enlevé un prisonnier caché dans le château, ce conte avait percé le triple rempart d'étiquette où était enfermée la jeune comtesse. Elle avait appris, et la chose avait fait assez de bruit pour cela, l'incendie qui avait donné naissance à cette histoire.

Dans la solitude où vivait Gertrude, un pareil événement est une proie dont l'esprit s'empare pour y exercer son activité. La comtesse avait d'abord voulu traiter ce récit de chimère; mais elle apprit bientôt que l'esclave qui avait fait ce récit avait immédiatement disparu du château, et cela la fit rêver.

Donc, en vertu de la logique dont je vous ai déjà fourni quelques exemples, on ne fait disparaître un homme qu'autant qu'il est inquiétant; et comme il n'y a guère que la vérité qui soit inquiétante, il était facile de conclure de l'éloignement de cet esclave qu'il avait dit la vérité.

— En prétendant que le diable vous avait enlevé? dis-je à monsieur de Favreuse.

Le vieux comte me regarda de travers, et, après un moment de silence, il reprit du ton le plus sardonique :

— Il est vrai qu'il y a longtemps que je parle, et que la langue doit vous démanger... cependant... enfin...

La grimace qui accompagna ce *cependant* et cet *enfin* signifiait très-clairement :

«Cependant, vous auriez pu dire autre chose qu'une bêtise.»

Le comte ne me donna pas le temps de repousser la leçon, et il reprit aussitôt :

Non, monsieur, toutes ces circonstances réunies n'amenèrent pas Gertrude à croire que le diable eût emporté un prisonnier, mais à croire qu'un prisonnier avait existé dans le château, et qu'on l'avait supprimé d'une façon quelconque.

Ajoutez à cela qu'ayant interrogé le docteur à ce sujet, le jour même de son arrivée, celui-ci s'était troublé et avait répondu en balbutiant qu'il ignorait les secrets du comte de Morden, et que si le château était dépositaire de quelques-uns de ses secrets, il n'y avait que Téhéta qui pût en être instruite.

Ce furent donc toutes ces considérations qui déterminèrent Gertrude à recevoir le billet de Téhéta.

Bien que la comtesse fût une femme fort simple, elle vivait en vertu des mœurs dans lesquelles elle avait été élevée. Elle se plaça sur une estrade, et là, assise sur une espèce de fauteuil souverain, entourée de ses femmes, qui représentaient sa cour, ayant à ses côtés le docteur qui figurait un premier ministre, elle reçut l'ambassadeur de Téhéta.

Le laquais s'avança dans la chambre, se mit à genoux et dit dans son langage :

— Voici un billet que la servante Téhéta m'a chargé de te remettre.

Le billet fut pris par une chambrière, qui le remit à une autre, qui le remit au docteur, qui le remit enfin à la comtesse.

Gertrude l'ouvrit aussitôt et lut ce qui suit :

« Téhéta, fille de Morgos-Koëse, fille libre, à la comtesse de Belnunce, femme noble.

» Il est arrivé dans ce château une chose dont il est nécessaire que vous soyez informée. Un bijou d'un prix inestimable a été trouvé au pied de ces murs.

» Comme votre père n'a laissé à la fille libre de Morgos-Koëse que l'honneur, qui consiste à ne point s'emparer du bien d'autrui, et que ce bijou doit appartenir aux trésors de la famille de Morden, je vous le fais remettre pour qu'un jour celle entre les mains de qui il est tombé ne puisse être accusée de l'avoir volé. »

Gertrude fut très-désappointée de ne point trouver dans ce billet ce qu'elle espérait.

Elle le rejeta avec humeur, en disant à l'esclave :

— Tu diras à celle qui t'envoie de garder ce bijou jusqu'à ce qu'elle puisse le rendre à son véritable maître.

Le valet tira le prétendu bijou inestimable d'un petit sac de velours où Téhéta l'avait enfermé, et le déposant sur le parquet, il répondit en s'inclinant jusqu'à terre :

— Celle qui m'envoie m'a ordonné de laisser ce bijou ici, si tu refusais de le prendre.

Ce bijou, comme vous devez bien le supposer, n'était autre que la fameuse bague de diamant noir que j'avais rapportée de l'Inde, et qui m'avait fait prendre pour monsieur de Belnunce. Téhéta l'avait retrouvée dans le fossé, au pied de la fenêtre d'où je l'avais laissé tomber.

A peine Gertrude et le docteur eurent-ils aperçu le bijou, que tous deux en même temps laissèrent échapper un violent mouvement de surprise : tous deux l'avaient reconnu.

Mais pour le docteur, cette découverte signifiait toute autre chose que pour Gertrude.

En effet, le diamant retrouvé dans les fossés du château de Morden apprenait à Gertrude que j'y étais ou que j'y avais été, tandis que le docteur se demandait dans quel but Téhéta pouvait envoyer à Gertrude, comme lui étant inconnu, un bijou qu'elle avait dû prendre à mon doigt pendant ma maladie ou après ma mort; à moins que je ne fusse pas mort et que Téhéta n'entendît par ce moyen donner à Gertrude avis de mon existence.

La recherche fort infructueuse qu'avait faite Magnus dans les cendres de mon cachot lui avait donné lieu de croire que je n'avais point du tout été consumé par un incendie.

Mais, dans cette supposition, une difficulté non moins grave se présentait : dans quel but Téhéta faisait-elle cet envoi ?

Gertrude, en apercevant l'anneau, s'était tournée vers le docteur et l'avait vu pâle et interdit.

— Va dire à celle qui t'envoie, reprit Gertrude, qu'elle recevra bientôt ma réponse.

Le valet se retira.

XII

LE REGARD DU SERPENT

— Pardonnez-moi, reprit monsieur de Favreuse, d'interrompre si souvent mon récit par une foule de remarques qui semblent parfaitement inutiles; mais, ceci est une question de vanité, personne ne se soucie de passer pour un imbécile, et lorsque vous m'entendez, à trois phrases l'une de l'autre, employer pour désigner le même individu, tantôt le mot valet, tantôt le mot laquais, tantôt celui d'esclave, vous devez être étonné de ce que je ne sache pas mieux ce que j'ai vu.

Eh bien, mon cher monsieur, cela tient à ce que l'état de l'espèce à laquelle appartient cet homme est si incertain, qu'il n'a pas dans notre langue de nom qui le représente réellement.

Ainsi le paysan hongrois, moyennant certaines redevances prévues et réglées par la loi, est assez semblable à celui des autres pays, légalement parlant; mais il a gardé cependant un tel sentiment de son infériorité, qu'il serait à la merci du puissant, si l'administration allemande, qui cherche à détruire l'influence de la noblesse hongroise, n'excitait chez le paysan un sentiment qu'elle réprimerait, par exemple, dans l'archiduché d'Autriche.

Quoi qu'il en soit de la lutte incessante que l'Autriche excite entre le paysan et la noblesse pour dénationaliser la Hongrie, le serviteur attaché à la domesticité est à mille lieues du paysan, comme position sociale.

C'est, comme j'ai cherché à vous le faire comprendre, une existence mixte, où, à proprement dire, l'homme s'appartient de droit, mais où de fait il est à la merci de son maître. Le droit de vie et de mort n'est certainement pas écrit dans les droits du seigneur, mais un magnat qui tuerait son laquais s'en tirerait probablement pour quelques écus.

Du reste, remarquez, mon cher monsieur, que je vous

parle d'il y a plus de vingt ans, et qu'à cette époque l'esprit révolutionnaire qui a pénétré avec nos armées dans tous les coins de l'Europe, jusqu'à la racine des peuples, n'agitait encore que leur sommet. L'esprit philosophique du dix-huitième siècle n'eût pas fait de bien grands prosélytes, croyez-moi, s'il n'avait eu pour le propager des missionnaires avec le sabre au côté et le havre-sac sur le dos.

Mais nous voilà bien loin de mon récit, n'est-ce pas?

J'y reviens, monsieur, j'y reviens; et pour vous montrer que les digressions ne me font pas perdre le fil de mes idées, je reprends juste au point où je vous ai laissé au moment où Gertrude et le docteur reconnurent mon anneau.

Le mouvement de surprise fut si manifeste, qu'il frappa tous ceux qui en furent témoins.

Gertrude les congédia et demeura seule avec le docteur, qui ramassa la bague et le billet.

— Cet homme est donc venu ici? lui dit Gertrude en le regardant fixement.

Magnus ne put résister ni au regard de Gertrude ni à la terreur que lui inspirait cet envoi, et il répondit :

— Il est venu ici.

— Il y est encore?

— Il doit y être mort, murmura Magnus.

— Mort! fit Gertrude... Et comment?

— Je ne sais... je ne...

— Vous le médecin de mon père, vous ne savez pas comment a pu mourir un homme blessé?

— Ce n'est pas à moi qu'il a été confié en dernier lieu.

— Mais à qui donc ?

— A Téhéta.

— Ah ! fit Gertrude... cela veut dire qu'il a été assassiné.

Magnus se tut.

Gertrude, qui marchait à grands pas dans son appartement, s'arrêta tout à coup et se prit à dire :

— Oh ! je comprends maintenant : ce prisonnier disparu, ce conte répété par le rousniaque Forgyt, cet incendie...

En ce moment Magnus fit une des choses les plus audacieuses du monde (il avait été si courageux, qu'il en mourait de peur en me le racontant), Magnus osa dire :

— Peut-être n'est-il pas mort.

C'était là un mot d'une grande importance ; car à peine fut-il dit, qu'il fallut l'expliquer, et par conséquent rapporter toutes les raisons qui faisaient supposer à Magnus que je n'étais pas mort.

« La première de ces raisons, c'était, pour le docteur, de n'avoir rien trouvé des débris de ma personne parmi les cendres de l'incendie. »

A ce compte, Téhéta m'aurait donc sauvé à l'insu et contre la volonté du prince ; mais, si j'étais vivant, pourquoi envoyait-elle cet anneau à Gertrude ? elle savait donc qu'il pouvait l'intéresser ?

Voilà quelle fut la première réflexion de Gertrude après avoir écouté le récit du docteur.

— Cette fille m'écrit, cette fille ose me parler, me railler !...

Elle ramassa le billet, et vit qu'elle ne l'avait pas lu jusqu'au bout :

« Si, au contraire, ce bijou appartient à quelqu'un que vous connaissiez, qu'il vous plaise de me le dire ; et, si c'est là votre volonté, il sera remis à celui à qui il appartient. »

— Oui, oui, fit Gertrude, il vit, et cette misérable sait mon secret et celui de cet homme. Mon père le lui a confié.
— Non, dit Magnus, votre père n'a point poussé sa faiblesse pour cette esclave jusque-là... non.
— Mais alors, dit Gertrude, c'est peut-être *lui* qui l'a fait.
A cela Magnus n'avait rien à répondre. Il savait mon ignorance profonde de la langue du pays, mais j'avais pu l'apprendre.

Tous deux restèrent confondus.

Il fallait cependant faire une réponse au message de Téhéta. Cette réponse fut ajournée jusqu'au lendemain.

Magnus avait pensé avec quelque raison, mais cependant à l'encontre de la vérité, que Téhéta avait fait part de ses projets contre Gertrude à Morgos son père, et il s'était réservé d'aller lui faire une visite pour tâcher de découvrir quelque chose à ce sujet.

Ce fut à cette première visite que Nagy-Tcha, curieuse comme une chatte, avait conduit le docteur à côté de moi, et que la femme de Morgos-Koëse m'avait éveillé en me laissant tomber une goutte de suif brûlante sur le nez.

Magnus, du reste, s'était assuré que Morgos-Koëse n'était

point dans les secrets de sa fille, et qu'il croyait parfaitement au conte que je lui avais fait.

Comme je vous l'ai dit, il retourna le soir même au château, après m'avoir recommandé de l'attendre trois jours.

Ces trois jours avaient été pris par lui comme délai nécessaire, non pas pour m'apporter des nouvelles, mais parce que les jours où il pouvait sortir du château étaient fixés d'avance par le prince.

Lorsque Magnus avait appris mon existence à la comtesse, celle-ci avait été si alarmée, qu'elle voulait absolument qu'il revînt près de moi pour savoir quels étaient mes projets à son égard.

Mais force leur fut à tous deux d'attendre le délai fatal.

Cependant Téhéta, dévorée d'impatience, avait fait demander une réponse à la comtesse; et Gertrude, se retirant dans sa position de dignité, lui avait fait dire qu'elle n'en avait point à lui faire.

Nous en étions là du récit du docteur, lorsqu'un coup léger frappé à la porte de la maison vint l'interrompre tout à coup.

Magnus devint pâle et froid comme un marbre, et me regarda d'un air alarmé.

— Qui peut frapper à cette heure? me dit-il à voix basse. Ce ne peut être un habitant du village; pas un, quand son père et ses enfants seraient en danger de mourir, n'oserait approcher de la maison du fils de Satan à une pareille heure de la nuit.

Un nouveau coup plus fort fut frappé et redoubla les alarmes du docteur.

Quant à Morgos-Koëse et à Nagy-Tcha, ils continuaient à être à mille lieues dans les paradis orientaux que leur avaient ouverts leurs fameuses pilules.

— Il faut ouvrir, dis-je tout bas au docteur.

— Je ne sais à qui j'ouvrirais.

— Demandez-le.

— C'est que je ne me soucie d'apprendre à personne que je suis ici.

— N'y êtes-vous pas de droit, lui dis-je, et n'avez-vous pas un jour de sortie ?

— Un jour, oui, mais pas une nuit. J'ai enfreint la consigne.

— Eh bien, tout le château doit le savoir...

— C'est ce qui vous trompe : l'enfant de l'heiduque qui garde une des poternes est malade. Je lui ai dit que je pourrais guérir son enfant, mais que pour cela il me fallait venir à la campagne pour chercher des simples qui n'avaient de vertu qu'autant qu'elles étaient cueillies pendant la nuit.

Il m'a laissé sortir, mais à condition que je serais rentré avant le point du jour.

Si je ne lui avais promis le secret sur mon absence, il eût laissé mourir son enfant.

— Un père !... lui dis-je ; c'est impossible !

— Un père, fit le docteur, oui, un père qui donnerait volontiers sa vie pour celle de son fils, et qui n'ose pas braver la colère du prince. Cela vous semble étrange, n'est-ce pas ? mais c'est ainsi.

— J'avoue, dis-je à monsieur de Favreuse, que je suis

comme vous, et que je ne comprends point que l'homme qui peut braver la mort pour un sujet quelconque redoute à ce point une colère qui, après tout, ne peut lui donner une pire destinée. Il faut un grand abrutissement pour en arriver là.

— Vous vous trompez, reprit monsieur de Favreuse, et je pourrais vous citer mille exemples du contraire. N'avez-vous pas vu l'un des plus illustres généraux de Bonaparte se jeter par la fenêtre et se tuer pour échapper à la terreur que lui inspiraient les reproches que son maître avait à lui faire ? et cependant il était bien sûr de n'être pas fusillé. Combien de jeunes filles ont préféré la mort à la honte d'avouer une faute qu'on leur eût pardonnée!

Mais nous philosopherions dix ans là-dessus que nous n'aboutirions à rien.

D'ailleurs, le fait était tel que le disait le docteur : quoi qu'il en soit, aller ouvrir à la personne qui frappait, c'était pour Magnus découvrir à quelqu'un sa sortie du château, se perdre, perdre le serviteur qui l'avait aidé, et peut-être perdre Gertrude.

Nous restions immobiles, lorsque nous entendîmes une voix qui glissait entre les fentes du volet qui fermait la fenêtre de la chambre basse où nous étions, dire :

— Ouvrez-moi donc, mon père... c'est moi... c'est Téhéla.

Malgré le profond hébétement où Morgos était plongé, cette voix et ce nom arrivèrent jusqu'à cette partie de l'esprit de l'homme qui vit dans le cœur, et le père se souleva au nom de sa fille. Mais l'effort fut impuissant et ne le mena qu'à tomber du siége où il était sur la terre, où il s'étendit en balbutiant quelques mots sans suite.

— C'est Téhéta, dit le docteur, elle, hors du château !

— Puisqu'elle a pu m'en faire sortir, elle peut aussi le quitter, lui dis-je. Il faut lui ouvrir.

Magnus me fit signe de me retirer dans la chambre particulière où l'on me faisait coucher, et, après en avoir fermé la porte, il alla ouvrir à Téhéta.

Je vous avertis encore que, bien que je n'aie pas été témoin intelligent de cette rencontre, puisque j'ignorais complétement la langue que parlaient les deux interlocuteurs, je crois pouvoir vous la raconter telle qu'elle se passa.

Lorsque Téhéta aperçut Magnus, elle recula d'abord, puis elle pénétra lentement dans la chambre.

— Oh ! dit-elle au docteur, qu'avais-tu donc à faire de secret dans cette maison, que tu les aies plongés tous les deux dans ce sommeil où la vie se double ?

Magnus fit à Téhéta le conte de la maladie de l'enfant, tandis que celle-ci l'écoutait en le dévorant du regard.

— Tu mens, lui dit-elle en l'interrompant tout à coup, tu es venu voir ici le prisonnier.

— Quel prisonnier ?

— Celui auquel appartenait l'anneau que j'ai envoyé à la fille du prince.

— N'est-il point mort ? dit Magnus.

— Vous avez eu beau parler bas et vous entretenir dans une langue que je ne connais pas, j'ai entendu sa voix.

— Tu te trompes, Téhéta.

— O Magnus, reprit Téhéta avec une sorte de désespoir mélancolique, celle qui vit dans la solitude où je suis enfermée apprend à entendre ce qui échappe aux oreilles des autres hommes. Ce qui est pour toi le silence absolu de la nuit, est pour moi plein de murmures, de bruits et de langages que je pourrais t'expliquer.

Magnus, j'ai passé tant d'heures de mes jours, tant de jours de mes années, tant d'années de ma vie à attendre un bruit, un son qui n'est pas venu, à attendre un cri qui m'avertît qu'une tribu des miens passait à portée de moi, que j'ai appris le mystère de tous les murmures de notre solitude.

Si tu venais avec moi au sommet de la tour que j'habite, je te dirais l'heure où le renard quitte son terrier et va, d'un pied léger comme le vol d'un oiseau, chercher sa proie. Je te dirais celui qui dort paisiblement dans les cabanes de ce village, et celui qui a un sommeil pénible et rempli de rêves funestes.

J'entends l'enfant qui pleure et la mère qui prie, et quand le vent vient des habitations du grand Ketskemet et passe, pour toi, dans la bruyère comme un sifflement monotone, je te dirais tout ce qu'il renferme de bruits étranges et pleins de récits.

Dans le vent qui passe, j'entends les jeunes filles qui chantent, les beaux cavaliers qui courent au galop, j'entends la cloche qui sonne la mort, et la vie et le mariage, j'entends le tumulte de la danse et le choc des éperons, et la foule qui court aux marchés, et les soldats qui passent d'un pas régulier, et les cymbales et les trompettes; et lorsque c'est la nuit, j'entends des voix qui se parlent d'amour.

O Magnus, n'espère pas me tromper, je l'ai entendu parler.

Magnus fut très surpris de voir Téhéta si douce et si résignée; il crut à un rêve.

Mais Téhéta était pâle, ses yeux, rouges des larmes versées, s'emplissaient de nouvelles larmes; il lui dit alors :

— Mais puisque tu l'avais sauvé, pourquoi l'as-tu laissé s'échapper ?

— Fais-le venir, dit-elle, et je te l'apprendrai.

Magnus m'appela.

J'entrai.

Téhéta baissa les yeux.

J'allai vers elle; mais elle me repoussa froidement comme elle avait fait depuis la nuit que le prince avait passée près d'elle. Elle nous fit signe de la suivre et quitta la chambre où étaient Nagy-Tcha et Morgos.

Elle s'arrêta un moment près de son père; son visage, qui un moment avait été d'une tristesse douce et profonde, s'anima subitement d'une colère cruelle.

Un des bras de Morgos, étendu à terre, gênait l'endroit où nous devions passer; Téhéta le repoussa du pied, et murmura en levant les mains au ciel :

— Maudis sois-tu, toi qui as été engendré par l'esprit du mal, et que Dieu me sauve de ton héritage !

Elle ouvrit une porte cachée derrière un vaste rideau, et Magnus me dit, en m'invitant à le suivre :

— Pourquoi donc nous fait-elle entrer dans le laboratoire

de son père? Il faut qu'elle soit bien sûre de l'état où il se trouve pour commettre une pareille imprudence ; car Morgos me l'a dit bien des fois : « Si quelqu'un pénétrait dans mon sanctuaire, fût-ce ma fille, c'est comme s'il avait passé le seuil du caveau funèbre où il doit dormir du sommeil éternel. »

Magnus entra cependant assez résolûment dans le terrible laboratoire, malgré ce qu'il pouvait avoir à craindre de Morgos.

Je le suivis.

Une lampe tombant du plafond éclairait cet étrange réduit ; des reptiles et des oiseaux empaillés pendaient de tous côtés. On y voyait des alambics, des cornues, des creusets. Dans un coin, des amas d'herbes sèches ; dans des pots de faïence du Japon, quelques plantes qui semblaient soigneusement cultivées ; çà et là, des livres entr'ouverts ; sur un rayon, une sphère armillaire, des sphères constellées, des vases de cristal renfermant des liqueurs de couleurs diverses.

Tout cela n'était que curieux à regarder ; mais ce qui nous sembla plus effrayant, ce fut de voir, sur la table qui occupait le milieu de l'antre du sorcier, ce fut de voir, dis-je, se soulever lentement quelque chose dont il me fut d'abord impossible de reconnaître la forme, dans la quasi obscurité qui régnait autour de nous.

Je m'approchai, et j'avoue que j'ai rarement éprouvé un effroi plus grand que celui que je ressentis en me trouvant face à face avec un énorme serpent qui attacha sur moi ses yeux flambants et tout chargés de ce charme aimanté qui attire dans la gueule béante de ces reptiles la proie qu'ils ne peuvent aller chercher. Si j'avais été seul, je n'en doute point, cette horrible bête eût eu le temps de me saisir, de m'entourer de ses replis, et de faire de moi un nouveau Laocoon, sans que j'eusse pensé un moment à me défendre ou à fuir.

Ce fut la main de Téhéta qui me tira violemment en arrière. L'énorme serpent se tourna lentement vers elle; mais irrité de se voir arracher sa victime, il fit entendre un sifflement déchirant; je m'appuyai sur le docteur, qui lui-même était demeuré immobile à quelque distance de la table.

Nous étions dans une horrible attente, lorsque nous vîmes tout à coup Téhéta porter rapidement la main sur la tête du serpent. Alors elle se mit à le caresser, comme un chien grondeur que son maître veut apaiser. En même temps qu'elle passait légèrement ses doigts sur le cou, qui semblait se gonfler d'aise, elle se mit à chanter doucement en se penchant vers le monstre.

Nous respirions à peine, car le serpent se balançait au mouvement de cette chanson, la gueule béante, tournant de tous côtés ses yeux flamboyants, et comme furieux de se sentir dominé par un charme plus puissant que le sien.

Cependant cette résistance du féroce reptile céda peu à peu, la gueule se ferma, la tête s'abaissa lentement jusque sur la table, puis, après quelques regards sanglants jetés vers nous, les yeux se fermèrent, et le hideux serpent rentra dans sa torpeur et son immobilité. Téhéta n'avait point cessé de chanter pendant tout ce temps, et Magnus, me serrant la main, me dit bas:

— Oui, oui, il faut le reconnaître, cette race a des secrets qui dépassent toute notre science.

— Bah! dis-je de même, c'est là une chose que j'ai vu faire par les plus grossiers jongleurs de l'Inde. Si c'est là toute la sorcellerie de Morgos et de sa fille, nous n'avons pas grand'chose à en redouter.

Je n'avais pas fini de parler, que Téhéta se retourna vivement vers nous et dit à Magnus :

— Quoique vous parliez une langue que je ne comprends pas, je vois bien que vous faites tous les deux mépris de ma science. Prenez garde, vous êtes ici dans un lieu où je puis vous en faire sentir tout le pouvoir.

— Eh bien, explique-toi donc, lui dit Magnus; pourquoi es-tu venue ici?

— Pour que toi, qui entends la langue qu'il parle, tu puisses lui transmettre mes paroles.

— Que veux-tu que je lui dise?

Téhéta, au lieu de répondre directement, prit une clef cachée sous les replis de l'énorme reptile, ouvrit un coffre tout bardé de fer, et nous fit signe d'approcher.

Dans ce coffre étaient pêle-mêle des monnaies d'or de tous pays, des perles, des pierres précieuses, des diamants. Elle me les montra du doigt et dit à Magnus, qui me le répéta :

— Voilà qui ferait la fortune d'un prince! veux-tu cette fortune? et pour prix de cette fortune, veux-tu m'emmener avec toi dans ta fuite et me prendre avec toi comme épouse?

La proposition était grave et faite de manière à ce qu'il

me fût difficile d'y répondre d'une façon évasive et qui me permît de gagner du temps.

Heureusement pour moi que Magnus, en me la traduisant en français, eut le soin de la faire précéder des paroles suivantes :

— Prenez garde à ce que je vais vous dire, car de l'air dont vous recevrez la proposition que je suis chargé de vous faire peut dépendre votre vie ou votre mort.

J'écoutai Magnus, bien décidé à avoir l'air de ne pas comprendre.

Quant il eut fini de parler, je lui dis véritablement que je ne comprenais pas, et que je le priais de me répéter ce qu'il m'avait dit. Il transmit ma réponse à Téhéta, qui recommença sa proposition, que le docteur me répéta de nouveau.

Cela m'avait donné le temps de réfléchir, et je vis, aux regards soupçonneux que Téhéta attachait sur nous, qu'elle n'était pas la dupe de nos prétendues hésitations. Je vis en même temps qu'un refus formel ferait éclater l'orage qui grondait en elle; et, ne sachant que dire, je répondis par une question :

— Mais, dis-je à Magnus, Téhéta ne sait-elle point qu'on ne peut épouser que celui qu'on aime ? et puis-je croire qu'elle préfère l'amour d'un misérable proscrit comme moi à celui d'un seigneur aussi puissant que le prince de Morden ?

A cette question Téhéta pâlit, mais ce ne fut point de colère. Des larmes vinrent mouiller ses yeux, et elle répondit d'une voix entrecoupée :

— Si le proscrit m'aimait, je préférerais son amour à celui de l'empereur lui-même; mais je vois bien qu'il ne m'aime pas.

— Qui peut te le faire croire? lui dit Magnus.

— Oh! reprit-elle d'une voix triste, tant qu'il a été misérable et malade, il m'a aimée. Il m'a aimée encore tant qu'il est resté enfermé seul avec moi, ne sachant de mon existence rien, sinon que je lui avais sauvé la vie; mais la nuit où pour le sauver encore je me suis soumise une dernière fois aux caprices impurs de mon bourreau, j'ai bien vu qu'il ne m'aimait pas.

Le prince dormait, tu dormais aussi, Magnus; nous étions seuls à veiller; il m'a surprise sur la même couche que celui qui avait voulu le tuer, que celui qui m'a jetée dans toutes les dégradations de l'esclavage; j'avais un couteau à la main, et il ne l'a pas tué, il ne m'a pas tuée! Je m'étais trompée, il ne m'aimait pas, il m'a demandé à le sauver, il n'a pensé qu'à lui.

Elle s'arrêta, et examinant avec une rage concentrée le visage de Magnus, elle ajouta :

— Il n'a pensé qu'à lui... ou peut-être à une autre.

Avant de me transmettre les paroles de Téhéta, Magnus lui dit :

— Pourquoi donc, s'il ne t'aime pas, es-tu venue le chercher ici?

— Demande-lui s'il m'aime, répliqua violemment Téhéta.

Magnus voulut faire encore quelques observations, mais elle l'interrompit avec une nouvelle violence, en lui disant de nouveau :

— Demande-lui s'il m'aime.

Magnus, obéissant à l'injonction ardente de Téhéta, me fit la question, en me conseillant, pour notre sûreté à tous, de lui répondre affirmativement, ce que je fis, non pas de vive voix, mais en prenant les mains de Téhéta et en les couvrant de baisers et les pressant sur mon cœur.

Elle ne se trompa point à ces démonstrations et murmura :

— C'est la reconnaissance du captif qui parle.

Puis, après un moment de silence, elle reprit :

— Demande-lui s'il veut partir avec moi et m'emmener dans son pays.

Magnus me donna encore le conseil d'accepter ; mais quelque danger qu'il pût y avoir pour moi et pour nous tous, je refusai formellement.

Ce refus fut suivi d'un assez long moment de silence, dans lequel il se passa toute une histoire, pendant lequel il y eut dans l'esprit de Téhéta toute une longue délibération.

Elle ne prononça point une parole, mais son regard rapide passant de Magnus à moi, fut comme une longue et éloquente malédiction, où je vis qu'elle nous promit à l'un et à l'autre tous les malheurs, toutes les vengeances.

Quand elle eut fini ce soliloque menaçant, elle nous fit signe de sortir. Nous hésitâmes à obéir.

Jamais je n'ai vu, monsieur, rien de magnifique comme le sourire dont cette femme accompagna le geste et le regard avec lesquels elle nous montra la porte. Le héros qui commande à ses soldats révoltés, Neptune prononçant le *Quos ego...* de Virgile, n'ont point plus de confiance en leur force, plus de mépris en ceux auxquels ils manifestent leur volonté.

Je restai immobile à la regarder, et peut-être en ce moment trouvai-je qu'elle avait le droit de demander à être aimée.

Magnus voulut parler; Téhéta fit entendre un léger sifflement. L'énorme serpent, comme éveillé en sursaut, dressa sa tête et y répondit par un sifflement horrible.

Magnus disparut comme si le souffle du monstre l'eût emporté. Je restai, indigné d'obéir à une pareille menace.

Le serpent attacha sur moi ses regards acharnés, et soit que le charme qu'on leur attribue soit réel, soit que mon imagination, frappée de l'idée qu'ils le possédaient, leur prêtât cette puissance inouïe, il me sembla que j'étais saisi d'un vertige puissant et invincible qui m'attirait vers la gueule béante du monstre.

Ce charme existe, il doit exister. L'abîme n'a-t-il pas le sien, et vous êtes-vous jamais trouvé sur le sommet de quelque roc plongeant à pic au-dessus de quelques gouffres sans fin, sans éprouver je ne sais quel vague désir de vous lancer dans cette immensité béante sous vos pieds, comme si des esprits surnaturels vous appelaient, ou plutôt comme si c'était là une image de cet abîme incommensurable auquel l'homme aspire sans cesse : l'éternel et l'inconnu?

Mais dans cette occasion il n'y avait pas d'inconnu, et je me sentais pencher avec une horreur très-comprise, mais impuissante à m'arracher à cette invincible attraction, lorsque Téhéta jeta vivement sa main sur la tête du serpent qui, déjà trop éveillé et trop irrité sans doute, se retourna vers elle avec un horrible sifflement. Alors les yeux du monstre et ceux de Téhéta se rencontrèrent. Il y eut comme une lutte entre la puissance du démon et celle de la femme.

A peine délivré de l'horrible terreur dont j'étais saisi, je restai immobile à contempler ce nouveau combat; je ne puis dire ce qu'il dura de temps, mais l'affreuse bête fut encore une fois vaincue. Une fois encore la gueule se ferma, l'œil s'éteignit, la tête se courba, et le monstre se replia dans son immobilité.

Téhéta, pâle comme un linceul, tournant alors vers moi ses yeux qui brillaient comme des charbons ardents incrustés dans le marbre d'une statue, me répéta l'ordre muet de sortir.

Je quittai l'antre du Bohémien et la porte se ferma sur moi.

Je retrouvai Magnus qui se réconfortait à grands coups de vin.

— Tenez, me dit-il en tirant de sa poche un livre, voici un vocabulaire français et hongrois. Il est bon que vous puissiez apprendre ce qui se dit autour de vous. Cachez-le avec soin aux yeux de Morgos et surtout à Nagy-Tcha. C'est la curiosité incarnée.

Venez rôder dans la nuit aux environs du château. Je tâcherai de venir vous voir le plus tôt possible.

— Mais, lui dis-je, que dirai-je à Téhéta si elle veut que je parte ?

Un bruit assez violent se fit entendre dans le laboratoire, et Magnus s'esquiva sans que j'eusse le temps de lui faire une nouvelle question.

La nuit allait finir, et je me retirai dans ma chambre.

XIII

ENCORE UNE CONQUÊTE

Dans la position où je me trouvais, la première question que je me posai fut pour savoir s'il ne serait pas éminemment prudent à moi de quitter cette maison et ce pays de gagner le grand bourg de Ketskemet, d'y déclarer mon vrai nom, et de me mettre sous la protection de l'autorité allemande.

Mais vous avez dû remarquer que, depuis un assez long temps, je vivais tout à fait en dehors de l'état social. Je n'avais aucune idée du régime sous lequel je me trouvais. Ce dont j'avais été témoin dans mon propre pays ne me rassurait nullement sur l'ordre qui pouvait régner dans les autres parties de l'Europe; et après de mûres réflexions, je pensai que ma meilleure protection contre la haine de monsieur de Morden était dans la conviction qu'il avait de ma mort.

Il ne fallait donc point aller à Ketskemet dire qui j'étais.

Cependant, je penchais toujours pour quitter la maison fort mal habitée où je me trouvais, et surtout les environs du château, lorsqu'en calculant les moyens de fuite que je pouvais avoir, je me mis à la recherche de la bourse que m'avait donnée Téhéla. Je retournai mes poches, je retournai la paille de mon lit, je retournai la moitié de la maison, point de bourse.

Cependant Morgos commençait à se remuer dans sa torpeur, et Nagy-Tcha regardait autour d'elle d'un œil qui semblait étonné de voir de si laides choses après avoir assisté à un spectacle éblouissant.

Dans la colère où j'étais du vol qui m'avait été fait et dont je n'hésitais pas à accuser Morgos, je voulus lui demander mon argent. Je ne savais pas le mot hongrois qui signifiait *bourse*.

Ceci me fit faire une toute petite chose que j'aurais dû faire tout de suite et pour un tout autre motif; ce fut de consulter le vocabulaire qui m'avait été remis par le docteur. Je l'ouvris et un petit papier s'en échappa.

Ce papier ne contenait que ces mots, écrits en très-bon français :

« Vous qui m'avez perdue, serez-vous assez lâche pour laisser une nouvelle existence à la merci d'un infâme complot ? »

Ce billet me fit rougir de la pensée que j'avais eue de fuir. Je me décidai à rester et je pus alors comprendre mieux quelques mots que Magnus m'avait jetés avant son départ.

Ne m'avait-il pas dit d'espionner ce qui se dirait dans la maison ? c'était donc pour en faire part à quelqu'un. Ne m'avait-il pas encore dit de venir errer dans la nuit aux environs du château ? c'était donc que je devais y rencontrer quelqu'un. On comptait donc sur moi.

A vrai dire, monsieur, il arrive un jour où, lorsque l'homme est complètement désintéressé de toutes les affections du monde, il s'attache à la première chose qu'il rencontre, sans avoir précisément grand goût pour elle.

Je vous dis ceci parce que, malgré la vie fort peu ordinaire que j'ai menée, ou peut-être à cause de cela, je n'ai jamais été prodigieusement amoureux des aventures romanesques; mais j'y étais jusqu'aux oreilles, je n'avais pas d'ailleurs où poser le pied.

Je me décidai à rester d'abord; ensuite à apprendre le hongrois le plus vite possible et en cachette de mes hôtes; et enfin à aller errer sentimentalement, comme Blondel, au pied de la tour, sans violon cependant et sans romance à chanter.

Ainsi que me l'avait dit Magnus, à l'ivresse extatique de Morgos et de sa femme succéda une espèce de somnolence stupide qui dura toute la journée et qui véritablement ne s'effaça que quelques jours après.

Cependant j'étais tourmenté d'une pénible appréhension. J'avais laissé Téhéta dans le laboratoire de monsieur son père, et je ne l'en avais pas vue sortir. Y était-elle demeurée, voilà ce qui m'intriguait; et si elle y était, n'était-ce point pour attendre le réveil de Morgos, lui raconter ce que j'étais, et le prier de se défaire de moi?

Vous comprenez qu'après ce que j'avais vu dans ce laboratoire d'alchimiste, tout ce qui concernait le dîner et le déjeuner dut m'être horriblement suspect.

Une autre crainte me vint aussi, c'est que Téhéta, désespérée de voir son amour dédaigné, n'eût pris un parti encore plus terrible, celui de mettre par la mort un terme à ses douleurs; et, sur mon âme, monsieur, cela me fit un véritable chagrin, quoique à vrai dire ce fût ce qui pouvait arriver de plus heureux à moi, à Magnus et à Gertrude.

Je fus le soir même rassuré sur toutes mes craintes.

Dès que la nuit fut venue, j'allai rôder autour du château : je ne rencontrai personne, mais j'entendis quelque chose : et qu'est-ce que j'entendis ? le bruit d'un instrument qui eût volontiers ressemblé à une guitare, sauf le chaudronnement.

Ce n'était pas non plus une harpe, le son en avait moins d'éclat et de majesté, mais il avait aussi quelque chose de plus doux et de plus prolongé. Mais je ne m'inquiétai pas beaucoup de reconnaître l'instrument dont on jouait ; car, après quelques préludes, j'entendis une voix de femme.

A mon sens, il n'y avait dans le château que deux femmes qui pussent chanter ainsi, Gertrude et Téhéta. Je reconnus la voix de la Bohémienne.

Dans le silence de la nuit et de cette immense solitude, cette voix, d'un timbre particulier, fuyait dans l'air comme la voix d'une fée qui appelle au loin ses compagnes errantes.

Ne vous imaginez pas, monsieur, que je fasse de l'exagération ; il y avait dans cette voix quelque chose de pénétrant comme dans les sons de cristal d'un harmonica.

Que vous dirai-je ? j'avais certes dans l'esprit de bien autres préoccupations que celles d'écouter de la musique, et cependant je me laissai prendre peu à peu au charme de ces accents étranges.

Je m'assis sur un pli de terrain, et je me laissai aller à écouter cette voix vibrante et sonore ; la chanson mélancolique et sauvage qu'elle jetait à l'espace agissait sur mon oreille comme les alcools sur les nerfs du palais.

Ils me semblaient rudes, et me donnaient cependant comme la soif de les entendre. Je tombai dans une sorte d'ivresse.

La nuit se passa presque tout entière pour moi dans une suite de ravissements inconnus. Ce ne fut que lorsque les chants cessèrent que je compris pour ainsi dire le pouvoir des incantations de Téhéta sur le serpent.

Le jour vint, je retournai chez Morgos. L'espèce d'imbécillité passagère dont il avait été frappé se dissipait peu à peu. Il me reconnut et me dit (vous savez que nous avions notre latin) :

— Je ne sais pas quels ont été tes rêves, mais les miens ont été heureux.

J'ai vu Téhéta, brillante de bonheur, couronné d'étoiles, fuyant dans le ciel pour y tendre la main à un roi qui posait ses pieds sur un monde et dont la tête portait une couronne de soleils. As-tu vu aussi Téhéta ?

A cette question, je me souvins à propos que j'étais le comte de Vilate, que je venais de Mako, que je ne connaissais point Téhéta.

— Je ne sais ce que tu veux me dire, lui répondis-je... Je ne connais point Téhéta, et je n'ai vu que mon pays où j'étais retourné libre et riche.

Un éclair de raillerie cruelle brilla dans l'œil de Morgos, et il me dit :

— Tu n'as pas été au ciel... tu n'as donc pas mangé le mets des enfants de Dieu ?

La question et surtout la mine de Morgos-Koëse m'embarrassaient beaucoup ; mais il retomba dans sa stupide somnolence.

Cependant je m'assurai par d'autres observations que j'eus lieu de faire pendant les jours suivants, que, sans avoir exactement la conscience de ce qui se passait autour d'eux, Morgos et Nagy-Tcha n'étaient pas complétement séparés de la sensation extérieure ; qu'ils la mêlaient à leurs rêves, mais en la revêtant de ces formes merveilleuses au milieu desquelles ils vivaient.

Nagy-Tcha, soit qu'elle eût moins abusé de cette substance extraordinaire et que sa nature fût plus forte pour rentrer dans l'état normal de la vie, reprit plus vite que Morgos son activité.

Le premier usage qu'elle en fit fut de me supplier de cacher à son époux et maître qu'elle avait été admise par le docteur au partage de ce régal divin.

Du reste, je devinai, sinon à son latin, du moins à sa pantomime, que le châtiment dont il serait capable de la punir ne serait rien moins que de lui passer une corde au cou et de l'accrocher au plafond.

Je me demandai si, pour avoir la crainte d'un supplice si spécial, Nagy-Tcha n'avait pas été témoin d'une pareille opération exécutée par Morgos. Je lui fis part de mes craintes du mieux que je pus, et je compris à sa réponse que ce ne serait pas la première fois que Morgos se livrerait à une semblable vengeance, et que déjà elle avait failli en être victime pour avoir voulu pénétrer dans le laboratoire du sorcier.

Cette découverte m'alarma singulièrement au sujet de ma visite dans le laboratoire, et je fus pris d'une terreur encore bien plus grande lorsque, après une longue retraite faite par mon hôte dans ledit laboratoire, il en sortit pour faire toutes sortes de salamalecs, m'assurant que sa science venait de lui apprendre que j'étais prédestiné à devenir le roi de son trésor, le maître et le dieu de la reine qui était née de lui.

Je ne compris pas la moitié des choses qu'il me dit ; mais j'eus plus de peur de ses protestations que je n'en avais éprouvé de ses menaces.

Les peuples civilisés sont en général des niais en fait de faux serments et de démonstrations menteuses, si on les compare aux peuples barbares, et j'affirme qu'il n'est aucun misérable appartenant à nos sociétés les plus corrompues qui puisse, dans ce genre, égaler un de ces êtres mixtes qui, comme Morgos, ont gardé les instincts féroces de leur race en y joignant les mauvaises idées d'une instruction ignorante.

Je me promis de me tenir sur mes gardes ; et comme les révélations de Nagy-Tcha me donnaient lieu de croire que Morgos-Koëse était homme à profiter du sommeil du juste pour l'envoyer dans un monde éthéré, je changeai l'ordre de ma vie. Je dormais un peu le jour, et je passais mes nuits à errer autour du château.

Mais il semblait que cette masse de pierres, d'où je croyais qu'allaient sortir pour moi de si merveilleuses aventures, se fût refermée comme une tombe. Rien n'en venait, ni de la part de Gertrude, ni de la part de Téhéta.

Seulement, toutes les nuits, la voix plaintive de celle-ci jetait au vent ses chansons harmonieuses, et tel était le pouvoir de cette voix et de cette harmonie, que j'allais l'écouter chaque nuit avec une nouvelle ardeur. L'habitude de l'entendre, et vous savez que l'habitude, monsieur, est le plus puissant de tous les éléments destructeurs, rien n'y résiste ; l'habitude de l'entendre n'en avait pas diminué le charme.

Je restais des heures entières suspendu à cette voix qui passait dans l'espace, et mon âme et ma pensée fuyaient avec elle jusqu'aux lointains horizons où elle allait se perdre.

Plus d'un mois se passa dans cette bizarre position, sans que rien vînt m'avertir qu'on s'occupât de mon existence.

Morgos continuait à me montrer une profonde vénération ; quant à moi, j'avais découvert un moyen de lui faire ma cour, moyen sur lequel je comptais beaucoup plus que sur tous les honnêtes sentiments qui eussent pu me défendre.

Je savais jouer aux échecs, et je faisais la partie de Morgos. C'était là de quoi me sauver pendant longtemps.

Mais j'eus lieu de reconnaître encore dans cette circonstance combien les sentiments de ces races sauvages sont différents des nôtres. Je voulus, pour le flatter, lui laisser gagner une partie ou deux.

Cette attention, qui m'eût valu la bienveillance d'un souverain (vous savez que Chamillard ne devint ministre que parce qu'il se laissait gagner au billard par Louis XIV) ; cette attention, dis-je, ne me valut qu'un commencement de dédain de la part de Morgos. Il en était encore à ce sentiment commun à toutes les races flétries par la servitude, de n'avoir d'estime que pour la supériorité, qu'elle se manifeste par la force du corps ou par celle de l'esprit.

Et de même que j'avais été un sot et un lâche aux yeux de mes Indiens, tant que j'avais supporté débonnairement les caprices de ma belle Nyd-Jaïra, de même je tombai de mon trône le jour où Morgos crut que je ne pouvais plus entrer en lutte avec lui.

Heureusement pour moi, j'avais ménagé mes ressources contre un si faible adversaire ; je les regagnai, et par des coups si imprévus, si hardis, qu'à la quatrième partie il baissa la tête ; et comme si j'avais lu dans son âme le sentiment injurieux qu'il avait eu pour moi, il me demanda très-humblement pardon, en me disant :

— Tu es le maître, et l'esprit divin t'inspire toujours.

Cependant le temps se passait et je ne voyais point à quoi ma vie pouvait être bonne, soit à moi, soit à d'autres, s'il me fallait rester toujours dans cette position, exposé à être découvert, et fort embarrassé, par-dessus le marché, d'une autre petite circonstance que j'hésite à vous dire depuis plus d'un gros quart d'heure, parce qu'en vérité j'ai l'air d'un faquin qui fait l'Alcindor.

Malgré ses protestations de modestie timide, je remarquai le sourire satisfait dont monsieur de Favreuse accompagna cette phrase, et je souris moi-même.

— Vous riez déjà, monsieur, me dit-il, mais enfin, je ne puis pas empêcher la vérité d'être la vérité. Oui, c'est vrai, il s'agit encore d'une femme.

Je vous l'ai dit, j'avais été assez maladroit pour ne pas comprendre l'amour de Téhéta, mais il n'y avait pas moyen de faire l'aveugle sur celui de Nagy-Tcha. Elle me dévorait des yeux, elle me suivait comme mon ombre.

Je la surpris plus d'une fois portant à ses lèvres les objets que j'avais touchés. Elle pleurait en secret et me souriait langoureusement. C'était effroyable, non point que

Nagy-Tcha n'en valût la peine, monsieur, c'était une blonde jaune, fort hâlée, avec de petits yeux gris, un nez épaté et une bouche assez vaste.

Mais il y avait de la vie sous cette peau tannée, de la passion dans ces petits yeux, et des dents à s'y mirer dans cette grande bouche; et puis, le proverbe est vrai pour tout le monde, et il explique assez volontiers l'amour que j'inspirais à Nagy-Tcha, et l'appétit que je sentais pour elle : « Dans le pays des aveugles, les borgnes sont rois. »

Or j'étais, sans me vanter, le roi de tous les hommes qui l'entouraient, et elle était encore bien plus la reine de toutes les femmes du pays; si l'on peut appeler cela des femmes, quelque chose de violet, coiffé d'une crinière rousse et habillé de torchons de couleur.

Mais je l'avoue, monsieur, je ne me sentais pas d'humeur à braver la colère de maître Morgos, d'une part, s'il découvrait jamais que j'en voulusse à sa moitié; d'un autre côté, je n'étais pas revenu de mes soupçons relatifs à l'intelligence intime qui existait entre Magnus et Nagy-Tcha, et j'éprouvais quelque remords à trahir un homme qui m'avait témoigné l'envie de me sauver.

— Et ce remords, ne l'éprouviez-vous pas envers votre hôte? dis-je d'un ton curieux à monsieur de Favreuse.

— Envers Morgos? me répondit-il en haussant les épaules, allons donc! Si ce n'eût été la peur que j'avais de lui, je me serais fait une joie de le tromper.

Eh bien, monsieur, fit le comte en clignant les yeux et en se dandinant, pourquoi froncez-vous le sourcil? Est-ce parce que je vous dis que j'avais peur du mari, et que ce fut la peur qui me retint? C'est cela? Eh! mon jeune ami, mettez-vous bien dans la tête qu'il existe bien peu de galantins qui persistassent dans leur poursuite, s'ils étaient bien convaincus que le mari les tuera s'il découvre la vérité.

— Cependant il me semble, monsieur, que beaucoup de gens courent cette chance, et que vous-même...

— La chance d'un duel, c'est-à-dire la chance qu'on accepte tous les jours pour un regard de travers ou pour un coup de coude à la promenade? Pardieu! vous faites un grand honneur aux femmes, que de braver pour elles une rencontre que vous acceptez d'un ivrogne qui vous parle mal!

J'étais, moi, en face de la chance d'être tout doucettement étranglé pendant mon sommeil. Je crois me connaître en courage, monsieur; j'ai rencontré dans le monde des hommes bien braves et de bien déterminés, et nous appartenions à une jeunesse qui faisait assez peu de cas de la vie; mais je ne sache pas beaucoup de ces braves qui eussent couru la chance dont j'étais menacé.

D'ailleurs, que voulez-vous, monsieur, il y a des terreurs dont on ne se guérit pas; et de même que j'avais eu la plus effroyable peur de la guillotine, de même j'éprouvais une horrible crainte des procédés de maître Morgos.

XIV

NAGY-TCHA

J'étais donc fort embarrassé des constantes agaceries de Nagy-Tcha, d'autant mieux que, grâce à mon vocabulaire que j'étudiais à toutes forces, je commençais à la comprendre assez bien, et que je l'entendais murmurer au ciel de tendres déclarations à mon sujet.

Cependant, suivant la recommandation de Magnus, je tenais mes progrès très-cachés, afin de pouvoir espionner les entretiens de Morgos et de sa femme.

Ils parlaient peu et de choses fort indifférentes en général.

La seule qui me parût de quelque importance, ce fut une question que Nagy répéta quatre fois à son époux à huit jours d'intervalle chacune. Cette question fut celle-ci :

— Ne vas-tu pas au château aujourd'hui ? c'est le jour où tu as coutume d'y aller.

A laquelle question Morgos répondit chaque fois d'un ton bourru :

— Je n'irai pas.

Une seconde question fut adressée, mais une seule fois, à Morgos ; ce fut celle-ci :

— Le savant docteur n'est-il plus au château, et ne devons-nous plus le voir ?

La réponse prévint sans doute le retour de cette question, car Morgos s'écria avec violence :

— Magnus est un traître !... et...

Il s'arrêta, son regard dit le reste ; c'est-à-dire qu'il punirait une nouvelle question à ce sujet.

Tout cela ne me prouvait qu'une chose, c'est qu'il avait dû arriver quelque chose d'extraordinaire, et j'en étais à me demander si je ne ferais pas mieux de me décider à quitter le pays, lorsque je fus enfin ramené à ma première détermination par un nouvel événement.

Une nuit que j'étais au pied de la muraille où chantait Téhéta, il me sembla pour la première fois entendre marcher à quelque distance de moi. A mon tour j'avais appris à distinguer les moindres bruits dans le silence de cette solitude, et je reconnus des pas légers.

Ne criez pas au miracle, monsieur, je vous en supplie. J'entendais toujours très-distinctement la voix de Téhéta qui chantait, et presque aussitôt je la voyais elle-même passer dans l'ombre ; c'étaient ses vêtements, sa tournure, sa coiffure.

Je vivais dans une espèce de pays féerique, j'étais tout entouré de sorciers et de châteaux merveilleux, de sorties secrètes à souvenirs sanglants ; je ne fus pas maître d'une nouvelle crainte. Cette femme s'avança vers moi, elle était voilée ; elle me fit signe d'approcher et me montra une lettre.

J'étais si convaincu que c'était Téhéta que j'avais devant moi, que je l'appelai par son nom. A l'instant le chant de la tour cessa, et la femme s'échappa en laissant par terre une lettre qu'elle m'avait montrée.

Je m'en emparai, mais il me fallait attendre le jour pour pouvoir la lire.

Je voulus savoir si je ne découvrirais pas autre chose. J'attendis, le chant ne recommença point. Il·y avait là de quoi m'intriguer.

J'avais, comme vous devez bien le penser, le plus violent désir de lire la lettre qui m'avait été remise ; mais il me fallait rentrer, il me fallait de la lumière, et je savais par l'expérience que les cloisons en planches de la maison de mon hôte n'étaient pas si bien jointes que l'œil curieux de Nagy-Tcha ne pût y glisser un regard.

Pour ne point être surpris, je gagnai une espèce de caverne creusée sur le bord du chemin qui descendait du château au village. Je m'y assis et j'attendis le jour.

Jamais nuit ne me sembla si longue et ne fut pour moi pleine de si terribles apparitions. Non point que je me fusse endormi; mais dans la lutte que je soutenais contre la fatigue et le sommeil, il me sembla entendre des cris étranges, des sons bizarres qui déchiraient l'air. Puis je vis comme l'ombre d'un homme armé d'un poignard, qui parut à l'entrée de la caverne; je me levai soudainement, je ne vis plus rien; je sortis, le chemin était désert.

Je rentrai, et cette fois, bien éveillé, j'entendis de longs gémissements passer dans l'espace, auxquels d'autres gémissements parurent répondre.

Je vivais de terreur dans ce maudit pays, et par ma foi, au risque de tout ce qui pouvait m'arriver, je me décidai à le quitter, à moins que le billet que j'avais entre les mains ne vînt m'apporter l'espoir d'un changement prochain dans ma situation.

Enfin cette nuit éternelle commença à s'éclaircir. J'ouvris le billet, et j'allais essayer de le lire, lorsque je fus très-surpris de voir quelqu'un planté tout droit devant moi, et qui me poussa vivement au fond de mon antre. Ce n'était rien moins que Nagy-Tcha, qui, en entrant vivement, me fit découvrir un passage que je ne connaissais pas, et qui se cacha avec moi dans un enfoncement tout à fait obscur.

Je voulais la questionner à ma manière, mais elle m'imposa tout à fait silence, et bientôt je reconnus qu'elle pouvait avoir quelque raison d'agir ainsi.

En effet, un moment après je vis Morgos entrer dans la caverne. Il parut surpris de la trouver vide, et il m'appela, mais d'une voix qui laissait craindre de se laisser entendre au dehors.

Je ne répondis point, et Morgos, sans pousser plus loin ses recherches, se retira et continua à gravir le chemin. Nagy-Tcha attendit longtemps avant de me permettre de sortir de ma cachette. Elle était à l'entrée, l'oreille au guet.

Tout à coup un grand bruit s'éleva. Je reconnus le bruit des chaînes qui descendaient le pont-levis du château. Nagy-Tcha me vint chercher, et m'entraînant rapidement par la main, elle me fit descendre vers le village avec une rapidité effrayante, après m'avoir fait comprendre ceci :

« Morgos allait au château, et Morgos avait de sinistres projets contre moi. »

Elle m'avait fait rester dans la caverne tant qu'il eût pu m'apercevoir du haut de la route qu'il suivait ; mais elle m'avait entraîné lorsqu'elle avait entendu le bruit du pont-levis qui lui annonçait l'entrée de son maître dans les murs, et par conséquent l'impossibilité où il était de nous voir.

J'avais grande envie de parler mon hongrois à cette excellente Nagy-Tcha, qui me sauvait de Morgos comme Téhéta m'avait sauvé du prince de Morden ; mais il se présenta à mon esprit une objection que je pouvais parfaitement traduire par signe, quelle que fût son importance, et je m'empressai de la communiquer à Nagy-Tcha.

— Pourquoi, lui dis-je, me ramener dans la maison de ton époux, s'il a véritablement de sinistres projets contre moi ?

Ce fut alors qu'elle m'apprit une chose qui changea complétement l'aspect de ma situation : c'est que pour rien au monde, quelque injure que je lui eusse faite, jamais, au grand jamais, Morgos ne porterait la main sur moi dans sa propre maison.

Ce brigand, qui m'eût égorgé pour six liards au détour d'un chemin, n'eût jamais voulu salir, soit par un meurtre, soit par une violence, l'asile qu'il m'avait ouvert.

Voyez, monsieur, comme on se trompe quand on est ignorant ! Je quittais toutes les nuits la maison de Morgos, de peur d'une fâcheuse entreprise de sa part, et je m'exposais à me faire assassiner dans un coin ; tandis que chez lui je pouvais dormir aussi tranquillement que si j'eusse été couché dans mon propre palais, lorsque j'avais un pays à moi et des gardes qui veillaient à ma porte.

Cette assurance me fut agréable ; mais la joie que j'éprouvai de cette découverte fut bientôt troublée. Nagy-Tcha, comme prix de service qu'elle venait de me rendre, voulut absolument savoir quelle était la lettre que j'essayais de lire au moment où elle m'avait trouvé dans la caverne. Je lui fis signe que je l'ignorais moi-même, et c'était la vérité.

Je vis qu'elle doutait de ce que je lui disais, et Nagy-Tcha, oubliant sa douceur ordinaire, me répéta avec tant de violence le nom de Téhéta, que je compris qu'il y avait entre elle et la fille de son mari une haine semblable à celle qui existait entre Téhéta et Gertrude.

Placé ainsi entre ces trois femmes, je n'hésitai pas un moment sur le choix que j'avais à faire, bien persuadé que je trouverais dans Nagy-Tcha une complice dévouée et docile. Je lui assurai que je lui ferais part de ce que renfermait la lettre aussitôt que je l'aurais lue. Elle me fit signe de la commencer, et s'assit devant moi pour observer sur mon visage les émotions que cette lecture m'inspirerait.

Je reconnus dès les premières lignes l'écriture du billet qui avait été glissé dans le vocabulaire, la lettre était donc de la comtesse de Belnunce.

Gertrude m'avertissait que Magnus allait être rappelé, et que, par conséquent, elle se trouverait complétement abandonnée à des projets qui s'étaient déjà manifestés par d'odieuses tentatives de la part de Téhéta. Elle me disait enfin que si je voulais me trouver à l'endroit même où j'avais été rencontré par la femme qu'elle m'avait envoyée, elle s'y rendrait de son côté.

C'était assurément une chose fort grave de mettre Nagy-Tcha dans un pareil secret. Mais il y a toujours un moyen d'intéresser une femme à la destinée d'une autre, c'est de présenter celle-ci comme la victime d'une femme que déteste celle dont on veut s'assurer l'appui.

Le cas était pressant. La surveillance jalouse de Nagy-Tcha pouvait empêcher mon rendez-vous avec la comtesse ou le rendre dangereux pour tous deux.

Je compris qu'à force de vouloir garder mon secret envers tout le monde, je n'aboutirais à rien, et, ma foi! je lâchai mon hongrois, et je dis à Nagy-Tcha, qui fut stupéfaite de ma science, que Téhéta et Morgos en voulaient aux jours de la comtesse de Belnunce; et qu'elle m'écrivait pour implorer mon appui ; je lui dis aussi le rendez-vous qu'elle m'indiquait, et je lui demandai de le protéger.

Nagy-Tcha accepta d'abord avec reconnaissance ; mais tout aussitôt vinrent toutes les réflexions que ma confidence devait faire naître : Comment se faisait-il que Morgos et sa fille pussent être des ennemis redoutables pour la comtesse de Belnunce? A cela je répondis que le prince de Morden était bien capable de sacrifier sa fille à Téhéta. Alors Nagy-Tcha me demanda encore comment il se faisait que la comtesse étant mariée, elle n'eût pas recours à son mari.

Les raisons assez mauvaises que je trouvai pour répondre à ces observations eurent pour résultat d'exciter de nouveau les soupçons de Nagy-Tcha. Elle prétendit que c'était Téhéta qui m'avait écrit, Téhéta qui m'avait donné rendez-vous, Téhéta qui me parlait tous les soirs dans les chansons que j'allais écouter au pied de la tour.

Enfin la douce Nagy-Tcha se monta si bien la tête que, convaincue de la vérité de ce qu'elle s'imaginait, elle s'écria avec joie :

— Et maintenant je me vengerai de ses insolences, maintenant je pourrai apprendre au prince de Morden qu'elle le trompe !

Quoique vous soyez bien jeune, vous savez probablement, monsieur, que lorsqu'une femme, quelle qu'elle soit, s'est fourré quelque chose en tête, il n'y a ni raison ni serment qui puissent la faire démordre de son idée, et qu'à moins d'une preuve palpable et irrécusable; elle obéit à l'inspiration de ses lubies comme elle le ferait à une certitude.

Or la colère de Nagy-Tcha pouvait m'être funeste, et par contre-coup être funeste à la comtesse de Belnunce.

Je mis tout mon enjeu sur une seule carte; et pour m'assurer de la complicité de Nagy-Tcha et prévenir ses indiscrétions, je lui proposai de l'emmener au rendez-vous que me donnait la comtesse. Ceci était l'argument sans réplique qui devait la persuader, la preuve évidente que je ne la trompais pas.

Toute la colère de Nagy-Tcha s'apaisa, et il fut convenu que nous quitterions ensemble la maison de Morgos quand la nuit serait venue, et dès que celui-ci serait endormi.

Mais pour qu'il s'endormît, il fallait que Morgos rentrât dans sa maison, et le soir arriva sans que nous l'eussions vu reparaître.

Cependant cela ne changea rien à ma détermination d'aller au rendez-vous qui m'avait été indiqué, et, malgré mes observations, cela n'empêcha pas Nagy-Tcha de persister dans la résolution où elle était de m'y suivre.

Nous partîmes donc à la nuit close; nous montâmes la colline, et nous arrivâmes à l'endroit indiqué.

Tout ce que je pus obtenir de Nagy-Tcha, c'est qu'elle se cacherait au moment de l'arrivée de la comtesse, que je pensais devoir trouver; en effet, Nagy-Tcha ne voulait que s'assurer que ce n'était point Téhéta qui m'avait donné ce rendez-vous. Il était indubitable que si nous avions à nous entretenir avec Gertrude, ce serait en français, et que par conséquent Nagy-Tcha ne pourrait surprendre la partie de notre secret que je ne lui avais pas encore livrée.

Après une demi-heure d'attente, des pas légers se firent

entendre à quelque distance, et Nagy-Tcha se retira derrière un épais buisson, comme elle me l'avait promis. Je l'avais prévenue que la femme qui allait venir s'était vêtue comme Téhéta avait coutume de l'être.

Je comptais prévenir par là un premier mouvement de surprise auquel Nagy-Tcha n'aurait pas résisté, et qui probablement se fût manifesté de manière à épouvanter Gertrude.

Jugez de la surprise que je dus éprouver, lorsque je reconnus Téhéta elle-même.

Elle m'adressa immédiatement la parole en hongrois et me dit :

— Elle ne viendra pas au rendez-vous.

Ne fais pas semblant de ne pas comprendre; tu as appris notre langue dans le livre qu'elle t'a envoyé, et je sais tout ce qu'elle t'a dit dans la lettre qu'elle t'a fait remettre hier.

— Eh bien ! répondis-je alors, tu sais qu'elle m'a dit que toi et ton père vous en voulez à sa vie.

— Non, reprit Téhéta, ni à la vie qui est, ni à celle qui doit être. La comtesse n'a pas de servante plus dévouée que moi, de serviteur plus dévoué que mon père. Nous ne sommes point les complices des projets du prince de Morden, nous voulons au contraire aider sa fille à s'y soustraire.

— Est-ce possible ? lui dis-je.

— Tout est possible aux cœurs résignés, reprit Téhéta ; mais pour que nous puissions réussir, il faut que tu nous aides, il faut que tu parviennes à détruire la défiance de la comtesse contre nous.

— Mais pour cela, dis-je, il faut que je la voie.

— Tu la verras.

— Quand la verrai-je?

— Demain, à pareille heure, tu trouveras ici une femme vêtue comme je le suis maintenant, et qui t'introduira près d'elle.

Seulement, souviens-toi d'une chose, c'est que ce soir tu es venu pour rien au rendez-vous qui t'a été donné ; c'est que tu y reviendras demain sans savoir que tu dois y rencontrer quelqu'un, et que le hasard seul...

— Je ne te comprends pas, lui dis-je.

— Eh bien, reprit Téhéta avec un accent plein d'amertume, pèse bien ce que je vais te dire : La femme qui devait venir ce soir a trouvé toutes les portes fermées, parce que je l'ai voulu ainsi ; elle les trouvera ouvertes demain, parce que je le voudrai.

Mais je ne veux pas, entends-tu bien, comte de Favreuse, je ne veux pas qu'elle sache que l'obstacle est venu de moi ; je ne veux pas qu'elle sache que c'est par ma seule volonté qu'elle peut sortir du château et qu'elle peut t'y introduire.

— Et si je n'accepte pas ces conditions?

— Si tu n'acceptes pas, tu ne franchiras pas le seuil du château, tu ne verras jamais celle que tu aimes.

— Eh bien, soit, lui dis-je.

— Oh! reprit Téhéta, ne t'imagine pas que tu pourras mentir impunément à la promesse que j'exige de toi, ne t'imagine pas que tu pourras lui dire ce que je te défends de lui dire, sans que toi et elle vous soyez punis immédiatement.

— Et comment, lui dis-je, veux-tu que je croie à tes bonnes intentions pour elle, puisque tu n'oses pas avouer ta participation à ce qui va se passer?

— Magnus t'en a assez dit durant la nuit où je l'ai surpris avec toi chez mon père, pour t'apprendre quels ressentiments et quels soupçons la comtesse doit avoir contre moi.

— Et en retour de cette haine et de ces soupçons, tu prétends la servir?

Téhéta leva les mains en croix vers le ciel et repartit :

— Par le ciel qui nous entend, par le Dieu auquel je crois et qui punit les faux serments, voici ce que je te jure : La vie de la comtesse sera respectée, la vie de l'enfant qui naîtra sera respectée. Vois la comtesse, c'est là tout ce qu'elle désire, et tout ce qu'elle désire sera accompli.

Téhéta se tut; j'hésitai à lui répondre.

Elle reprit après un moment de silence :

— Et maintenant, veux-tu te trouver ici demain à pareille heure?

— J'y serai, lui dis-je.

— Je ne te demande pas de serment pour m'assurer de ton silence; mais, je te le répète, et tu peux m'en croire, ta mort et sa perte seront le prix d'une parole imprudente.

Après cette menace, Téhéta s'éloigna.

Je me tournai vers Nagy-Tcha; elle était assise par terre et sa tête était cachée dans ses mains.

Lorsqu'il se fut passé un assez long espace de temps pour

que Téhéta fût éloignée, elle se leva soudainement et me dit :

— Viens !

— Nous redescendîmes la colline; Nagy-Tcha était violemment agitée.

— Tu vois, lui dis-je, que je ne t'ai point trompée; ce n'est point Téhéta qui devait venir, ce n'est point elle que j'aime.

Nagy secoua la tête et me dit tristement :

— Mais tu en aimes une autre ?

— Moi !

— Oui ! oui ! reprit Nagy-Tcha, Téhéta l'a dit ; mais celle-là tu peux l'aimer, celle-là est noble et bonne, et elle souffre... Aime-la, je te le pardonne ; mais défie-toi de Téhéta, elle te ment...

— Crois-tu donc, lui dis-je, qu'elle manque au serment qu'elle m'a fait ?

Nagy se mit à rire.

— Oh! reprit-elle, tu ne connais pas les bohêmes, ils te feront tous les serments que tu voudras, et ils ne manqueront pas à un seul ; mais il n'en arrivera pas moins qu'ils te feront tout le mal qu'ils veulent te faire.

— Tu hais Téhéta et tu l'accuses.

— Je hais Téhéta, c'est vrai, et je l'accuse parce que je la connais. Je n'ai rien compris au serment qu'elle t'a fait ; elle t'a dit qu'elle respecterait les jours de la comtesse et ceux de l'enfant qui n'est pas né ; elle te l'a juré, elle le fera ; mais c'est qu'alors elle espère tirer de leur existence une vengeance plus cruelle que celle que lui donnerait leur mort.

Quoique je n'eusse pu observer à fond le caractère de Téhéta, cependant ses allures, sa froideur étudiée, cette volonté impérieuse qu'elle m'avait montrée étaient des indices certains d'une nature capable des plus extrêmes résolutions.

Les paroles de Nagy-Tcha me firent réfléchir, et je redoutai que ce rendez-vous ne fût un piége où l'on voulait m'attirer. Mais j'étais trop avancé pour pouvoir reculer ; c'eût été une lâcheté envers Gertrude.

Je me promis cependant de prendre quelques précautions et de me tenir sur mes gardes, soit vis-à-vis de Téhéta, si je devais la revoir, soit durant mon entretien avec la comtesse, si je devais véritablement arriver jusqu'à elle.

Ma prudence ne pouvait toutefois me sauver du danger d'être de nouveau retenu dans le château, et cette fois d'y être retenu de façon à ne plus en sortir. Mais comme je viens de vous le dire, il y a des occasions où l'on n'hésite pas, même quand la mort est dans les chances de cent contre un. Je dis donc à Nagy-Tcha que j'étais décidé à entrer dans le château quoi qu'il pût arriver, et je la priai de me dire ce que je pouvais avoir à redouter de Téhéta et quel était son pouvoir.

— C'est le pouvoir des sorciers, me répondit Nagy, elle peut tout ce qu'elle veut.

Je cherchai à poser la question d'une façon plus positive en demandant à Nagy si le prince de Morden avait confié son pouvoir à Téhéta ou à son père, si tout le monde au château lui obéissait; mais je ne pus obtenir aucun renseignement à ce sujet.

Nagy ne se rendait pas compte du pouvoir de Téhéta comme d'une autorité transmise par un homme tout-puissant. Pour elle, le pouvoir de Téhéta venait du diable et de la sorcellerie, et la pauvre femme ne faisait que me répéter :

— Prends garde à ses paroles magiques; elle a ensorcelé le prince, elle te charmera de même. Prends garde aussi à tout ce qu'elle t'offrira, ce sont autant de philtres qui rendent les hommes fous ou qui les tuent.

Ce que je connaissais de la science chimique de maître Morgos justifiait assez l'imputation de Nagy; mais à ce nouveau danger je n'avais absolument rien à opposer, car si je devais rester dans le château, il fallait boire et manger de confiance ou m'y laisser mourir de faim; et j'avais fait de ce genre de supplice une expérience trop cruelle pour avoir envie de recommencer.

Mais mon parti était bien pris, et je déclarai à Nagy-Tcha que rien ne m'arrêterait.

Ce fut alors que cette pauvre créature, à laquelle je n'avais pas montré jusque-là le moindre intérêt, qui comprenait, dans l'instinct de son amour, que j'avais pour elle la plus complète indifférence; ce fut alors que cette femme, à qui rien au monde n'avait pu apprendre ni la générosité ni la délicatesse, me dit après un assez long silence :

— Eh bien, puisque rien ne peut t'arrêter dans ton projet de sauver la comtesse des menaces de la fille de

Morgos, puisque je ne puis pas te suivre pour te protéger et te défendre contre elle, car elle te hait…

— Moi? et pourquoi me haïrait-elle?

— Parce que tu en aimes une autre, une autre à laquelle elle prétend s'égaler, l'insolente!

— Tu te trompes, lui dis-je.

— Oh! non, reprit Nagy-Tcha, elle te hait parce qu'elle t'aime et que tu en aimes une autre, comme je te haïrais si tu aimais Téhéta…

Ce sentiment me parut si bizarre, que je voulus en avoir l'explication.

— Et tu me pardonnes cependant, lui dis-je, l'amour que tu me supposes pour la comtesse.

— Oh! me dit-elle, ce n'est pas la même chose, je sais bien que je ne puis pas être la rivale d'une comtesse, tu en rirais si j'avais cette prétention; mais je vaux Téhéta la bohémienne, l'esclave. Oh! non, tu ne l'aimes pas! n'est-ce pas, tu ne l'aimes pas?

Ainsi, reprit monsieur de Favreuse, Nagy-Tcha avait contre Téhéta la haine que Téhéta avait contre la comtesse. Nagy se comparait à la fille de Morgos, et, se trouvant son égale, elle aspirait à obtenir tout ce que pourrait obtenir Téhéta. Au delà, c'était un monde où elle n'osait pas regarder.

De son côté, Téhéta, l'indépendante fille des bohêmes, comparait sa valeur personnelle à celle de Gertrude, et se sentant dans l'âme tout ce qui fait les puissants, elle voulait aussi posséder tout ce qui était du domaine de sa rivale.

Seulement l'ambition de Nagy-Tcha s'arrêtait à égaler Téhéta, tandis que je ne sais pas s'il y avait pour Téhéta quelque chose d'assez souverain pour qu'elle n'osât pas y aspirer.

— Tu es bonne, dis-je à Nagy-Tcha, et, crois-moi, c'est là une puissance qui vaut mieux que celle des sorciers.

— Non, me dit-elle tristement, la bonté ne sert qu'à souffrir; mais j'ai quelque chose qui me sauve de ma douleur, c'est l'espoir que je serai bientôt morte.

— Pourquoi as-tu cette triste pensée?

— Oh! pourquoi!... que t'importe?... Il y a eu un temps où Morgos m'aimait; car j'ai été plus belle que je ne suis. Un jour qu'il avait été jaloux, qu'il m'avait menacée, et que je l'avais apaisé par mes caresses, il me dit :

« Tu le vois, Nagy, je suis jaloux et injuste. Il peut arriver que, dans un de mes jours de colère, j'appelle sur toi la main de l'esprit du mal, et lorsque je lui aurai donné l'ordre de te punir, je ne pourrai l'en empêcher. Puis, quand je te verrai te débattre mourante sous les serres aiguës qui te déchireront les entrailles, je voudrai te sauver et il ne sera plus temps.

» Eh bien, je veux te protéger d'avance contre mes propres colères. Fais bien attention à ce que je vais te dire : Si jamais il arrivait que j'eusse prononcé sur toi la malédiction mortelle, tu sentiras venir les approches de l'esprit de l'enfer par un bourdonnement dans les oreilles, des vertiges et de cruelles angoisses dans tout le corps, avec un invincible sommeil. Alors, ajouta-t-il, prends une goutte de la liqueur contenue dans ce flacon de cristal, et toutes ces douleurs se dissiperont. »

— Il t'a dit cela? lui dis-je en souriant.

— Oui, me répondit Nagy; car tu as beau rire, il commande aux esprits, je le sais.

Je ne voulus pas détromper Nagy et lui donner l'explication positive de cette puissance surnaturelle; Morgos connaissait sans doute l'antidote des poisons qu'il préparait, et il avait armé Nagy contre ses propres tentatives, en lui montrant comme l'effet d'un pouvoir surhumain ce qui n'était qu'un simple empoisonnement.

— Et il t'a donné ce flacon de cristal? lui dis-je.

— Oui, me répondit Nagy-Tcha en le tirant de son sein, prends-le, et si tu éprouves quelques-unes de ces douleurs dont m'a parlé Morgos, prends cette liqueur, elle te sauvera.

— Oh! non, lui dis-je, non, je ne veux pas. Et qui te défendrait, toi, des entreprises de Morgos?

— Oh! me dit-elle, je n'ai pas besoin d'être défendue.

— Pourquoi, Nagy-Tcha?

— Va! va! Dieu m'a livrée à un esprit plus implacable que celui que Morgos peut appeler sur moi. Celui-là, je le sens, me tuera sans que rien puisse m'en sauver.

— Mais pourquoi veux-tu mourir?

— Je ne veux pas mourir, me dit-elle... mais je ne veux plus vivre.

J'ai retenu cette réponse, monsieur; elle est, à mon sens, la plus naïve expression de ce désespoir qui vient du vide de la vie et qui n'a pas la violence qui pousse à la mort.

— Aie du courage, Nagy-Tcha, lui dis-je, et garde ce don que t'a fait ton époux.

— Oh! fit-elle avec un mouvement d'une douleur profonde, tu ne veux rien de moi?

Elle regarda autour d'elle.

— Je suis si pauvre, me dit-elle. Cependant, écoute, quelquefois Morgos me fait des présents, et comme je n'avais personne auprès de moi à qui je voulusse paraître belle, j'ai gardé tout ce qu'il m'a donné.

Elle ouvrit un petit coffret, y prit une bourse et me la tendit.

— Pauvre créature, monsieur, pauvre et bonne créature! s'écria le comte; elle venait de me donner sa vie, car sa vie était dans ce flacon de cristal; et comme je la refusais, elle ajoutait quelques gros sous péniblement amassés.

Tenez, monsieur, cela me fait encore pleurer après vingt-cinq ans passés... Ah! pauvre femme!...

Le comte s'essuya les yeux, car véritablement une larme y était venue, et il ajouta :

— Je la remerciai à genoux, et je voulus refuser le flacon, si précieux pour elle.

— Prends-le, me dit-elle, je le briserai si tu me le laisses, car tu l'auras méprisé. Prends-le, je t'en prie... je veux que tu te souviennes de moi.

J'eus peur de refuser plus longtemps, et je gardai le flacon. Elle en fut si heureuse que je n'osai pas le lui rendre.

— Mais, lui dis-je, si je dois périr dans l'entreprise que je vais tenter, ne veux-tu pas avoir de moi un souvenir?

Tiens, voici une chaîne que j'ai longtemps portée, la veux-tu ?

— Non, me dit-elle, va... va... je n'ai pas besoin de rien pour me souvenir !

Mais seulement n'oublie pas, toi, ce que je vais te dire : Si tu te trouves dans un danger de mort tel que tu n'aies plus aucune ressource pour te sauver, jette à l'air mon nom avec ces paroles : «Nagy ! Nagy ! à moi la fille des montagnards ! » et peut-être, moi pauvre femme esclave, je te sauverai. Et maintenant, ajouta-t-elle, va te reposer et laisse-moi seule.

Je voulus encore la remercier.

— N'oublie rien de ce que je t'ai dit, et sois sûr d'une chose, c'est que si tu pousses jamais le cri que je viens de t'enseigner, et que je n'y réponde pas sur la terre, c'est que je serai au ciel à prier pour toi.

Après ces paroles, Nagy se retira.

XV

UNE TRAHISON

J'étais profondément ému, et d'une émotion que je ne connaissais pas.

J'appelai à mon aide tous les lieux communs des idées de notre monde ; je me dis qu'elle était femme, et par conséquent changeante, et que, dans quelque temps, elle oublierait ses résolutions et rentrerait dans sa vie accoutumée.

Ah ! monsieur, l'une des plus sottes choses de la vie, c'est de mesurer tout le monde à la même aune ; c'est d'apporter dans un pays les idées d'un autre, c'est d'avoir cru qu'une pauvre femme renfermée dans la solitude où vivait Nagy-Tcha se consolerait comme une belle dame qui promène sa douleur au bal et à l'Opéra.

Le comte de Favreuse poussa un profond soupir.

Durant tout le long récit que m'avait fait cet homme de tous ses souvenirs, aucun ne l'avait touché si profondément que celui de cette femme de rien, perdue dans un bourg obscur. Je voulus lui en faire l'observation.

— Vous ne comprenez pas cela, me dit-il ; ah ! c'est que ce fut là le seul cœur véritablement grand que j'aie rencontré.

N'ouvrez pas des yeux si étonnés parce que j'emploie ce mot pour parler de la pauvre femme d'un charlatan. Oui, monsieur, le cœur est grand lorsqu'il donne tout ce qu'il a, et qu'il ne se garde que la douleur.

Et remarquez qu'il n'y avait là ni l'exaltation produite par les exemples que vous enseigne l'histoire, ni par les vertus factices qu'elle vous prête ; il n'y avait pas là ce mobile puissant qui a fait jouer tant de sublimes comédies, qui a fait mourir le front haut tant de cœurs épouvantés, qui a fait persévérer dans une résolution funeste tant de gens qui regrettaient de s'être engagés à des sacrifices qu'ils trouvaient pesants ; il n'y avait pas pour elle l'attention publique, la renommée, le bruit que doit exciter un pareil dévouement, les commentaires, l'admiration qui le doivent suivre ; bruits, commentaires, admiration qu'on espère en mourant et pour lesquels on meurt.

Non, la pauvre créature devait mourir ignorée, sans que personne la comprît, sans que personne l'admirât, sans que personne pensât même à la plaindre. Toute sa force, tout son courage, toute son abnégation étaient en elle-même.

Tenez, tenez, c'était un grand cœur.

Monsieur de Favreuse secoua vivement la tête et reprit :

Le soir de cet entretien, me voilà donc parti pour mon nouveau rendez-vous.

La nuit était noire comme celle de Figaro, et quoique je connusse parfaitement les chemins par où je passais, pour les avoir parcourus vingt fois à pareille heure, je marchais difficilement. Il entrait probablement beaucoup d'appréhension dans la peine que j'avais à trouver mon chemin, et je ne puis pas dire que ce ne fût pas l'envie que j'avais de m'en retourner qui me fît tromper deux ou trois fois.

Mais l'aiguillon qui manquait à Nagy-Tcha, et dont elle n'avait pas besoin, me poussa jusqu'au bout. J'avais dit à Téhéta que je viendrais; Gertrude m'avait appelé à son aide; elle pouvait apprendre que j'avais pu entrer dans le château, et si je ne l'eusse point fait, il se fût trouvé deux femmes au monde qui auraient pu dire que j'étais un lâche coquin.

Nenni-da, monsieur ! un homme bien né ne permet pas de pareils propos sur son compte, eussent-ils dû n'arriver qu'aux murs de ce château. Je gagnai donc le lieu du rendez-vous, et, malgré toutes mes hésitations, j'y arrivai le premier.

Je vis bientôt apparaître la ressemblance de Téhéta. Elle me fit signe de la suivre, et je la suivis.

Nous tournâmes le château, et nous arrivâmes à une entrée qui n'avait rien de secret, car c'était celle par laquelle j'étais arrivé en chaise la première fois; mais si l'entrée n'était pas secrète, elle nous fut ouverte secrètement. La porte tourna sourdement sur ses gonds, et je vis un homme se cacher au moment où je passais avec ma conductrice.

Je reconnus l'un des horribles singes humains qui avaient voulu m'enterrer; c'était celui qui n'avait rien soufflé sur l'histoire du prisonnier emporté par le diable.

La rencontre ne me parut pas de bon augure.

Cependant je suivis ma conductrice d'un pas assez résolu, quoique le cœur me battît à aller se cogner contre les voûtes que je traversais.

J'avais emporté de ce château l'idée qu'on ne pouvait aller d'une chambre à une autre qu'en passant par des dédales de corridors plus ou moins obscurs, sombres et souterrains, et j'attendais de la longueur de la marche un utile secours pour me remettre un peu; mais après avoir monté un petit bout d'escalier tournant et fait une douzaine de pas dans un couloir honnête, ma conductrice ouvrit une porte, traversa un cabinet, souleva une portière et me fit entrer dans une chambre éclairée d'une façon royale.

Une femme était assise sur une chaise longue, au coin d'une vaste cheminée où flambait un énorme feu. C'était la comtesse de Belnunce; elle fit un signe à la femme qui m'avait introduit, et qui se retira immédiatement.

Jamais, non, jamais je n'aurais pensé que j'éprouverais

un tel embarras, une confusion si profonde, une telle honte en présence d'une femme, et d'une femme sur laquelle j'avais ces droits que les hommes regardent comme tout-puissants. La comtesse me regarda fixement, j'eus envie de me jeter à ses pieds. Elle avait un si grand air de femme de cour, que j'eus peur d'être ridicule.

Gertrude me regardait toujours, et je me troublais de plus en plus sous son regard ; je sentais bien qu'il y avait quelque chose à dire et à faire, mais je ne le trouvais pas, j'étais stupide.

La comtesse fut plus forte que moi, ou plutôt, comme c'était elle qui m'avait fait venir, elle savait ce qu'elle avait à me dire ; aussi commença-t-elle.

— Vous êtes venu, me dit-elle, monsieur le comte ; je vous en remercie.

Cette parole me dénoua la langue.

— Je vous ai dit, madame, lui répondis-je, que mon existence, mon nom étaient à vous ; je viens vous le prouver.

— Votre nom, me répondit-elle avec un sourire amer et dédaigneux ; j'en porte un qui vaut le vôtre... Votre existence, je la compromets peut-être ; mais peut-être aussi la sauverai-je.

— Quoi que vous en décidiez, lui dis-je, j'accepte votre arrêt.

— Je n'ai qu'un service à vous demander, et ce service, le voici.

Vous allez quitter ce château dans quelques minutes. La femme qui vous a amené ici vous mettra sur la route de

Ketskemet. En marchant avec rapidité, vous pouvez y être au point du jour.

Une fois dans cette ville, vous y trouverez à prix d'or les moyens de voyager. Je vous donnerai tout l'or nécessaire.

Vous partirez immédiatement, et vous irez à Vienne. A votre arrivée vous vous ferez conduire chez la princesse de Hatzfeld, et vous lui remettrez cette lettre.

— Je le ferai, madame.

— Je vous remercie.

La comtesse ferma la lettre après y avoir ajouté quelques mots, me la présenta, prit sur la cheminée une énorme bourse pleine d'or et me la tendit.

— Vous avouerez, monsieur, fit monsieur de Favreuse, qu'on n'est pas plus humilié que je ne le fus. Je pris la lettre et la bourse, et je cherchai quelque chose à dire.

Enfin je trouvai ceci :

— Si par hasard, madame, lui dis-je, la princesse m'interrogeait sur le motif de mon voyage, sur ce que je suis, sur votre position...

— La princesse ne vous interrogera pas.

— Et, repris-je, que ferai-je de la réponse?

— Elle ne vous en fera pas.

— Mais que dois-je faire moi-même après avoir accompli votre mission?

— Ce qu'il vous plaira, monsieur, vous serez libre et quitte envers moi.

— Et je ne vous reverrai jamais, m'écriai-je, et je n'obtiendrai jamais de pardon...

La comtesse se leva, et avec le geste auguste d'une impératrice, elle me montra la porte par où j'étais entré et appela à haute voix :

— Laniska !

Je m'attendais à voir paraître ma conductrice, et probablement la comtesse y comptait aussi, car, après un moment de silence, elle répéta son appel ; mais cette fois encore personne n'y répondit.

La comtesse devint pâle et me regarda avec un singulier effroi.

— Savez-vous où est Laniska ? me dit-elle.

— Je l'ignore, madame.

La comtesse prit un flambeau, courut vers l'antichambre que j'avais traversée, et appela encore.

Je la suivis, l'antichambre était vide.

Elle alla vers la porte qui ouvrait sur le couloir où j'avais passé, la porte était fermée.

La comtesse se retourna alors vers moi et me dit, comme si elle me soupçonnait d'être complice de cette disparition :

— Qu'est devenue cette femme, monsieur ?

— Mais je l'ignore absolument, madame.

Mon étonnement était égal au sien, mais ma terreur était beaucoup plus grande.

— Suis-je donc trahie ! fit la comtesse.

Elle rentra rapidement dans la chambre, passa dans toutes les pièces d'un appartement assez complet, en appelant Laniska.

Rien ne répondit. Alors elle saisit un petit marteau d'argent, et courut vers une table sur laquelle était placé un timbre.

Mais elle s'arrêta au moment où elle allait frapper.

— Pour qu'on vienne! dit-elle, pour qu'on vous trouve ici!... pour...

Elle retomba sur sa chaise longue, et y resta un moment immobile, anéantie.

Quant à moi, j'avais reconnu la main de Téhéta dans cette trahison. Mais en me rappelant les menaces qu'elle m'avait faites, je n'osai parler de mes soupçons.

Tout à coup la duchesse se leva en disant :

— Non, c'est impossible, non, Laniska ne m'a point trahie, elle va revenir; attendez, attendez.

— J'attendrai, madame. Mais quelle est cette femme à laquelle vous vous êtes confiée?

— Cette femme, c'est ma sœur, la fille de ma nourrice... c'est... Non, ce n'est pas possible, Laniska ne m'a point trahie et vendue.

Je n'osai montrer à la comtesse mes craintes à ce sujet; Gertrude me regarda alors en face et me dit :

— Mais vous, monsieur, vous, n'avez-vous rien dit à personne de votre venue ici?

Je ne pus m'empêcher de rougir à cette question. Assurément je n'étais pas coupable, mais je n'osais dire que Téhéta connaissait ce rendez-vous; je n'osais pas dire davantage qu'il avait fallu me confier à Nagy-Tcha, et je baissai la tête, plus confus, plus honteux que je ne l'avais été à mon entrée.

La comtesse crut deviner une indiscrétion dans mon embarras. Elle se leva, et m'arrachant des mains la bourse et la lettre que je tenais encore, elle s'écria :

— O lâcheté ! lâcheté !... un gentilhomme !

— Je suis venu ici, madame, lui dis-je alors, pour mourir si ma mort est nécessaire à votre salut.

— Ah ! belles phrases ! mensonges ! s'écria-t-elle.

— Puissent ceux qui vous persécutent, lui dis-je, cruellement blessé de ce mépris, m'exterminer là, sur-le-champ, devant vous, et vous montrer que je ne vous mens pas ?

Soit qu'elle me crût, soit que l'horreur de sa situation la poussât à embrasser avec ardeur l'ombre d'un espoir que je n'avais pas, elle reprit :

— Oh ! vous avez raison, ce serait trop de crimes contre une femme que vous avez perdue... Non... c'est impossible... et Laniska va revenir, n'est-ce pas ?

— Et si elle ne devait pas revenir ? lui dis-je, pour tâcher de pousser son esprit vers un autre moyen de salut.

— Si elle ne devait pas revenir, mais alors... alors... alors...

L'idée qui se présenta à elle fut si horrible, qu'elle la repoussa en s'écriant de nouveau :

— Non, c'est impossible... elle reviendra... Laniska... Laniska, ma sœur !

— Vous le voyez, vous l'appelez en vain. N'y a-t-il donc pas un autre moyen que le secours de cette fille pour que je puisse sortir de ce château ?

— Mais je suis prisonnière; mais si vous saviez tout ce qu'il m'a fallu de ruses, de patience, de soins pour vous faire parvenir ce billet...

— Mais Magnus.

— Magnus, me dit-elle en me regardant avec étonnement, ce traître qui m'a abandonnée !

— Lui ? m'écriai-je, c'est impossible ! Mais depuis le jour où il est venu me parler en votre nom chez Morgos...

— Depuis ce jour, il n'est pas rentré au château.

— Vous en êtes sûre ?

— Du moins, depuis ce jour où je l'attendais avec impatience, je ne l'ai plus revu.

— Vous ne l'avez plus revu ?.. Ne l'accusez pas alors de trahison ; il a été, il a dû être la victime de son dévouement.

— Oui, oui, me dit-elle, comme inspirée par ce que je venais de lui dire, il aura pris votre place dans le cachot qui est refermé.

— Le croyez-vous ?

La comtesse se leva et se mit à marcher dans son appartement d'un pas égaré.

— Nous sommes perdus, me dit-elle, nous sommes perdus ! Laniska ne viendra pas. Non ! c'est fini. Le complot a changé de face ; ils ne veulent plus du crime qu'ils avaient médité... Ils...

Elle me regarda tout à coup et me dit :

— Connaissez-vous Téhéla ?

Ce nom sonna à mon oreille comme un glas de mort... Je fis signe à la comtesse de se taire.

— Ah ! me dit-elle, vous la connaissez, car vous avez eu peur à son nom ; vous la connaissez !

Le regard de la comtesse pénétrait dans mon être jusqu'au plus profond de mes pensées.

— Elle sait que vous êtes ici?

— Je vous jure... m'écriai-je.

— Elle le sait... O misère!... elle le sait...

Je me rappelai la recommandation que m'avait faite Téhéta de la présenter à la comtesse comme une servante dévouée et soumise, et je dis avec tout le ménagement possible :

— Il est possible qu'elle le sache, madame; mais il se peut aussi que vous vous trompiez sur les intentions et les sentiments de Téhéta.

La comtesse me regarda encore comme on regarde un fou.

— Les sentiments et les intentions de Téhéta! Mais pour me parler ainsi, savez-vous qu'elle a tué ma mère, et que...

Elle s'arrêta encore, et me dit avec le dernier degré du mépris :

— Vous êtes le complice de cette femme!

— Madame! m'écriai-je.

— Son complice et son esclave, reprit-elle; elle sait que vous êtes ici, elle vous a dit de vous taire, et vous vous taisez; elle vous a permis de venir, et vous êtes venu.

Je vous dis qu'elle a tué ma mère, monsieur; cette fille a tout tué autour de moi, le cœur de mon père, le cœur de ma pauvre Laniska, qui me restait tout seul au monde; elle a tué jusqu'à votre honneur que vous me deviez en retour du mien, car vous n'osez parler, vous, un gentilhomme !... Ah ! il n'y a donc pas un être au monde qui puisse briser et anéantir cette femme !

La colère de la comtesse était si violente que je ne fus point blessé de ses injures ; mais tout cela ne nous amenait pas au moyen de sortir d'embarras. Je n'en voyais aucun pour ma part, et la douleur où était madame de Belnunce ne lui permettait pas d'en chercher un.

XVI

UNE VENGEANCE MANQUÉE

— Oui, monsieur, continua le comte de Favreuse, j'étais dans une position horrible...

Gertrude s'était assise dans un coin de la chambre, et je voyais aller sur son visage le torrent de pensées désespérées qui l'agitaient. Des larmes tombaient de ses yeux, puis elle les essuyait brusquement, un rire amer faisait frémir ses lèvres qu'une contraction douloureuse crispait un moment après ; à une rougeur excessive succédait soudainement une pâleur plus excessive encore.

Je souffrais de sa douleur et encore plus de mon impuissance ; impuissance terrible, monsieur, car je n'avais pas même le droit de lui donner un conseil, car je sentais bien qu'elle considérerait comme une nouvelle trahison toute question que je lui ferais. Dans ce moment, j'aurais donné beaucoup pour voir entrer quelqu'un, qui que ce fût, Téhéta armée de ses insultes et de ses sarcasmes, mais à laquelle j'eusse pu jeter assez de mépris pour me justifier devant la comtesse.

A défaut de cette femme, j'eusse souhaité voir le prince lui-même suivi d'esclaves armés qui m'eussent frappé sous les yeux de la comtesse ; mais tout gardait un profond silence autour de nous... affreux silence ! Pas une menace à laquelle on puisse répondre, pas un assassin contre qui on puisse lutter, pas un bruit dans lequel on puisse chercher un espoir ou une crainte ! rien que le silence et le vide ! Oui, c'était affreux, monsieur !

Gertrude se taisait toujours. Je pris un flambeau, je retournai à l'antichambre, je passai dans trois ou quatre autres : partout des portes fermées.

— Comment ! m'écriai-je en rentrant, pas un moyen de fuir !... Rien... rien !

La colère me fit sortir des bornes de la circonspection que je m'étais promise à moi-même.

— Oh ! la misérable !... la misérable ! m'écriai-je.

— De qui parlez-vous ? me dit Gertrude.

— De la femme qui m'a attiré ici, lui répondis-je.

— Ah ! vous avez peur ! fit la comtesse.

Je courus à une fenêtre.

— Ma présence ici peut vous perdre, je le vois, m'écriai-je aussitôt. Adieu, madame ; demain on trouvera le cadavre d'un inconnu au pied de cette croisée, mais on ne trouvera pas un homme dans votre appartement.

Je voulus ouvrir cette fenêtre.

J'étais décidé à me jeter dehors la tête la première pour me tuer d'un coup, car je hais les estropiés ; Gertrude haussa les épaules et me dit :

— Vous savez bien que les fenêtres sont grillées !

Ah! dame, cette fois, il me fallait une véritable force sur moi-même pour ne pas envoyer promener la comtesse...

Mais sachez une chose dont je me ressouvins à temps. Le monde peut mépriser la femme que sa faiblesse a compromise; mais l'homme qui a jeté sur une femme le malheur et la déconsidération, et qui ne la traite pas avec un respect parfait, cet homme est le dernier des misérables. Je me rappelai ce devoir à propos; je me contins. Gertrude m'eût craché au visage, que je l'aurais saluée.

Eh bien, monsieur, la comtesse comprit mon silence: elle m'en sut plus de gré que de toutes mes exclamations de révolte et d'indignation, et m'examina attentivement; tout à coup elle alla à la fenêtre et l'ouvrit :

— Regardez là-haut, me dit-elle : c'est le ciel, c'est Dieu, c'est l'éternelle justice qui va vous entendre. Répondez-moi, êtes-vous venu ici pour me perdre?

— Je suis venu ici pour vous sauver, lui répondis-je en levant la main vers le ciel qu'elle attestait.

— Eh bien, reprit-elle, je vous crois; je veux vous croire, je ne veux plus avoir d'arrière-pensée ni de souvenir; je vous crois, parlez, quel était votre dessein en venant ici?

— Pas d'autre que de vous obéir, et je suis encore tout prêt à le faire.

Elle se tut après ma déclaration. Je me sentis le droit de l'interroger à mon tour.

— Mais vous-même, dites-moi quel était votre dessein?

— Pas d'autre que celui que je vous ai dit.

— Mais cette lettre, que renfermait-elle ?
— Lisez-la.

Je brisai le cachet, la lettre ne renfermait que ces lignes :

« Venez, il y va de ma vie et de mon honneur.
» Ne demandez rien à l'homme qui vous remettra cette lettre, il ne sait rien ; ne lui dites rien, il ne doit rien savoir. »

Cette lettre était parfaitement d'accord avec ce que m'avait dit Gertrude. Je restais cependant comme enfermé dans un embarras infranchissable : d'une part, si je me taisais, il me fallait attendre du hasard un secours qui vînt arracher la comtesse et moi-même à sa position désespérée ; ou bien, si je parlais, si je disais que Téhéta connaissait ma présence au château, peut-être ne ferais-je qu'exposer Gertrude à un danger plus grand que celui auquel elle était déjà exposée.

— Mais enfin, lui dis-je, n'avez-vous aucun moyen de me faire sortir d'ici ?

— Aucun.

— Ne peut-on briser un des barreaux de cette fenêtre, descendre dans ce fossé ?

— Puisqu'on sait que vous êtes ici, on doit y veiller, répondit la comtesse.

Cette réflexion me détermina à tout dire à Gertrude.

Je lui racontai, mais à voix basse et comme si les murs de cet appartement eussent eu des oreilles, je lui racontai mon entrevue avec Téhéta dont Nagy-Tcha avait été témoin. Je lui dis les avis que m'avait donnés la femme de Morgos et l'appui qu'elle m'avait offert dans le cas où je me trouverais dans un péril imminent.

Vous comprenez, monsieur, que je donnai autant que possible des motifs autres que les véritables à l'intérêt de Nagy-Tcha.

Quelque ressentiment qu'une femme puisse avoir contre vous, il y a de ces confidences qui la blessent dans de certaines circonstances; d'ailleurs, ajouta le comte d'un air inappréciable, j'eusse été plus que mal appris, j'eusse été ridicule.

— Eh bien, monsieur, me dit Gertrude, dans la position désespérée où nous sommes, il faut user de ce suprême moyen.

Je ne savais ce qui pourrait en résulter; mais nous ne pouvions ni l'un ni l'autre espérer d'autre secours que celui-là, si faible qu'il dût être. Je me plaçai à la fenêtre et je poussai le cri que m'avait dit Nagy-Tcha.

Je crus entendre dans le silence de la nuit une voix répondre au loin.

Gertrude n'entendit rien, mais une demi-heure après, tous deux épiant le moindre murmure, nous distinguâmes clairement le bruit d'une porte qui se ferme dans la direction du village, puis la course rapide d'un homme descendant la petite colline.

— C'est une nouvelle trahison, me dit Gertrude.

— Non, lui répondis-je, ils auront reconnu la voix de Nagy-Tcha, et Morgos va peut-être punir sa malheureuse femme du secours imprudent que sa réponse semble nous promettre.

Cependant les heures passèrent dans une attente cruelle, et nous vîmes arriver le jour sans que rien vînt nous annoncer qu'il se passât au château ou au dehors quelque chose d'extraordinaire.

Le jour venu, je me retirai donc dans un des cabinets de l'appartement de la comtesse, où elle m'enferma et dont une fenêtre ouvrait sur une des cours intérieures.

Pour la première fois, je pus reconnaître la disposition intérieure du château. J'aperçus en face de moi la porte et le pont-levis, qui ouvraient sur la campagne. Les écuries du château étaient situées dans cette cour. Je tâchai enfin de m'orienter de mon mieux pour assurer le succès d'une fuite.

Toute la journée s'écoula dans cette solitude et sans que je fusse informé en aucune façon de rien de ce qui se passait chez la comtesse. Je me demandai si je n'allais pas recommencer une captivité dans le genre de celle que j'avais déjà subie près de Téhéta.

Mais du moins la fille de Morgos avait-elle soin de ma personne physique, et je me trouvais, au bout de vingt heures, parfaitement à jeun; la nuit vint sans que j'entendisse parler de rien.

Au moment où je commençais à désespérer de ma position, j'entendis une porte s'ouvrir, et je vis entrer Gertrude : elle était pâle, souffrante et se traînait à peine. Je la soutins jusque sur sa chaise longue, en lui demandant ce qu'elle éprouvait.

Elle me montra une table encore dressée et me dit :

—Je me suis fait servir ici, pour pouvoir soustraire quelques mets, afin de vous les donner. J'y ai goûté et j'ai renvoyé mes gens en leur disant que je me servirais moi-même dans la nuit; mais à peine ont-ils été partis, que j'ai éprouvé un violent mal de tête, un froid glacial...

La comtesse me dit tous les symptômes qui m'avait été signalés par Nagy-Tcha.

Je me rappelai le flacon qu'elle m'avait remis, et j'en fis prendre quelques gouttes à la comtesse.

Tous les symptômes disparurent, mais presque aussitôt un sommeil calme et profond succéda aux douleurs qu'elle avait ressenties. J'eus cependant le temps d'apprendre d'elle que lorsqu'elle avait demandé pourquoi Laniska ne se présentait pas pour la servir, il lui avait été répondu :

— Laniska a désobéi aux ordres du maître, Laniska est sortie du château et vous ne la verrez plus.

J'avais une faim horrible, mais je n'avais nulle envie de manger des mets déposés devant moi.

J'avisai un morceau de pain, je le dévorai impunément. Il y avait là de l'eau et du vin; mais lequel de ces deux liquides était ou pouvait être chargé du poison dont je venais de sauver Gertrude? voilà ce que j'ignorais.

Je me décidai pour le vin, après avoir reconnu qu'un verre dont s'était servi Gertrude ne contenait qu'un reste d'eau. Je jouai de bonheur et je me sentis parfaitement bien portant. Gertrude dormait toujours, et je me demandais ce que j'allais devenir, lorsque j'entendis gratter légèrement à la porte de l'antichambre par laquelle j'avais pénétré. Je m'armai d'un long couteau et je me glissai derrière un immense rideau.

On entra : c'était Téhéta en personne, accompagnée de la

femme qui m'avait introduit dans le château et que je reconnus à son nom prononcé par Téhéta, car je n'avais point vu sa figure.

Téhéta sourit en voyant la comtesse endormie, et dit à Laniska :

— Il doit dormir aussi ; mon père avait raison. Nagy a remis à l'étranger le flacon qu'il lui avait donné. Ils se sont trompés à la douleur qu'ils ont éprouvée ; ils ont cru au poison, et la voilà qui dort d'un sommeil qui durera toute la nuit... Mais où est l'étranger ?

— Par ici sans doute, fit Laniska.

Elles sortirent toutes deux.

Je voulus savoir quel pouvait être leur projet ; et, comme il était impossible qu'elles ne finissent pas par me découvrir, je me couchai sur le tapis au pied de la fenêtre derrière le rideau de laquelle je m'étais caché.

Elles rentrèrent bientôt, furetant partout, écartant les portières, les rideaux, et arrivèrent jusqu'à moi.

— Le voilà, dit Laniska. Comment se fait-il qu'il soit là ?

— En se sentant pris d'un sommeil invincible, il aura voulu ouvrir une fenêtre pour avoir de l'air, et il sera tombé là.

Téhéta, que j'entrevoyais, me regarda longtemps, puis, laissant retomber le rideau, dit :

— Commençons par elle.

Je pus glisser ainsi ma tête au bord de la tenture, et, à travers la haute frange à torsades dont elle était garnie, je pus voir ce qu'elles faisaient.

J'avais mis en réserve, comme moyen extrême en cas

de danger trop sérieux, de me saisir de Téhéta et de m'en faire une protection en la tenant sous le couteau dont j'étais armé et que j'avais soigneusement caché. Mais je n'avais envie de recourir à cette dernière ressource que lorsque toute autre me manquerait, et j'espérais que ce qu'elles allaient faire m'en fournirait quelqu'une.

Me croyant plongé comme la comtesse dans un sommeil léthargique, elles devaient, à mon sens, agir avec liberté. J'avais raisonné parfaitement juste.

En effet, Téhéta s'approcha de la comtesse et se prit à la considérer à son tour avec une grande attention. Laniska parut s'alarmer de cet examen silencieux.

— Tu ne lui feras pas de mal? dit-elle.

— Folle! tu sais bien que je t'ai dit que je respecterais sa vie. Allons, dépêchons-nous!

Aussitôt les deux femmes se mirent en devoir de déshabiller la comtesse, et dès qu'elles eurent achevé une besogne qui eût dû éveiller cent fois la comtesse sans la puissance du narcotique que je lui avais moi-même administré, elles la posèrent dans son lit.

Cela fait, Téhéta vint vers moi et dit :

— Laniska... à lui maintenant!

De par tous les saints d'Espagne et d'Irlande, fit le comte de Favreuse, le complot était admirablement bien combiné; il ne s'agissait de rien moins que de me coucher par terre aux pieds du lit de la comtesse, et puis, à une heure donnée et probablement réglée sur la durée du somnifère, les gens de la comtesse ou toutes autres personnes devaient entrer dans la chambre et me surprendre ainsi dans son appartement.

Nagy-Tcha avait eu raison lorsqu'elle m'avait dit que si Téhéta m'avait juré de respecter la vie de Gertrude, c'est qu'elle comptait sur une vengeance plus cruelle qu'un assassinat.

Cependant je jugeai encore à propos de me laisser faire.

Téhéta et Laniska me prirent sans façon par les jambes et me tirèrent au milieu de la pièce.

A ce moment Téhéta dit à Laniska :

— Tu jureras devant Dieu que tu as introduit ici cet homme toutes les nuits depuis le départ du prince.

— Je le jurerai.

Déjà Téhéta se penchait vers moi et allait procéder à l'opération qu'elle avait accomplie sur la comtesse; j'en étais à me demander si le moment n'était pas venu de l'empoigner par le cou et de lui planter bravement mon couteau dans la poitrine, sauf à m'expliquer ensuite avec Laniska.

Mais j'avais déjà usé tristement du couteau envers ma belle Indienne Nyd-Jaïra, et du sang... du sang de femme surtout, cela me faisait peur; je me tins endormis.

XVII

UNE SCÈNE BIZARRE

Téhéta en était à mon premier bouton, lorsque tout à coup un hurlement lointain, inouï, féroce, inconcevable, arriva du dehors jusqu'à la chambre où nous étions. Téhéta se redressa comme un cerf déjà échappé d'un courre tressaille au premier aboiement d'un chien.

La figure de Laniska n'exprima d'autre surprise que celle que lui causait la terreur de Téhéta. Le hurlement diabolique se renouvela et Téhéta courut à la fenêtre.

Je me hasardai à regarder; je vis une lueur rougeâtre. C'était le reflet d'un incendie.

Le hurlement se répéta encore une fois, et Téhéta y répondit par une espèce de rugissement furieux et diabolique; elle rentra dans la chambre, courut au lit de la comtesse, et, prise alors d'un vertige de fureur soudaine, elle tira un poignard des plis de sa robe et le leva sur Gertrude.

Laniska, qui la suivait avec épouvante, se jeta au-devant d'elle en s'écriant :

— Tu m'as promis de ne pas la tuer, elle!

Elle n'eut pas le temps d'achever; le poignard, poussé par une main furieuse, s'enfonça dans la poitrine de l'infortunée Laniska, qui tomba mourante sur le corps de sa maîtresse, la protégeant encore de son corps.

Des coups de cette force-là ne se recommencent pas aisément : Téhéta s'enfuit, laissant ouvertes derrière elle les portes par lesquelles elle était entrée.

Je me levai, j'écartai le corps de Laniska pour voir si Gertrude n'était point blessée.

Laniska respirait encore; elle ouvrit les yeux, et me vit :

— La sorcière m'a trompée, me dit-elle; sauve ma maîtresse, elle la tuera!

Que faire? que devenir? Je me décidai à tout hasard à suivre le chemin que Téhéta venait de rendre libre.

Je descendis et je me trouvai dans la cour que j'avais examinée le matin.

Tout le château était en l'air, le pont-levis baissé, et les domestiques, excités par la voix de Téhéta, s'y pressaient pour sortir. Aux cris qui se croisaient de tous côtés, je reconnus que Téhéta les poussait à aller porter secours à la maison de son père.

Les grands dangers font naître les grandes résolutions : j'entrai dans les écuries, je choisis un cheval; heureusement tout cela était admirablement tenu : en face de chaque stalle était posé le harnais appartenant à chaque cheval. J'en mis un en état de partance, et je l'attachai à l'intérieur de l'écurie.

Cela m'avait pris assez de temps. Je remontai près de Gertrude, qui dormait toujours.

Mon parti était pris, et très-heureusement encore pour moi je n'avais pas le temps de réfléchir, car sans cela mille bonnes raisons me seraient venues de ne pas faire ce que je fis.

Je pris d'abord la lettre et la bourse, je fis un petit paquet des vêtements de Gertrude, je me l'attachai à la ceinture, et je gardai seulement une grande écharpe.

Cela fait, je pris Gertrude elle-même, je l'emmaillottai, je l'enveloppai dans le drap et la couverture, et je l'emportai dans mes bras.

Je la descendis ainsi jusque dans la cour.

Je gagnai rapidement l'écurie; une fois là, il fallait me

mettre en selle avec Gertrude dans mes bras. J'essayai vainement; enfin, monsieur, je fus obligé de la coucher sur la selle comme un corps inerte; disons tout, les comparaisons n'insultent pas, je la posai sur la selle comme un sac de farine.

De cette façon je pus me mettre en selle; alors je relevai Gertrude, je la posai assise devant moi; avec l'écharpe que j'avais gardée, je la liai à moi de façon à avoir les mains libres; une fois bien assuré qu'elle ne pouvait ni glisser ni tomber, je sortis doucement de l'écurie, je gagnai le milieu de la cour en face du pont-levis.

Au moment où j'arrivais, je vis une espèce de concierge sortir d'une porte latérale. Cet homme avait été sans doute appelé par le bruit des fers du cheval.

C'était l'instant décisif. Je flanque mes talons dans le ventre de ma bête, et avant que cet homme eût pu savoir s'il avait affaire à un homme, à un diable ou à un fantôme, je passe devant lui au galop, pendant qu'il se jette à plat ventre en poussant d'horribles hurlements. Je traverse le pont-levis, et je me trouve enfin en rase campagne, libre et emportant avec moi cette femme pour laquelle il m'était arrivé de si bizarres aventures.

Il paraît, monsieur, que le hurlement est contagieux; depuis une heure que j'entendais hurler autour de moi, cela m'avait sans doute mis en goût, car je me rappelle que je me mis moi-même à pousser des cris sauvages et furieux, de façon que si quelqu'un m'eût rencontré avec ce corps entouré de blanc et lié à moi, il m'eût pris pour un démon emportant un mort dans son linceul.

Le chemin qui était devant moi et qui conduisait à Ketskemet, où je voulais aller, passait près du village de Morden, du côté où se trouvait la maison de Morgos.

Cela n'était pas très-commode, mais je comptais sur la rapidité de ma course et l'étrangeté de mon apparition pour traverser cet endroit sans que personne pût ou osât me faire obstacle.

Je continuai donc ma route à toute bride ; mais au moment où mon cheval, qui déjà s'était montré assez ombrageux, se dirigeait, pour ainsi dire, en droite ligne vers l'incendie qui était dans toute sa fureur, il fit le rétif... Je le soumis assez bien, quoique privé d'éperons, en le piquant avec le couteau que j'avais conservé...

Mais à trente pas de la maison à peu près, autour de laquelle se tenaient les paysans du village et les gens du château, mon Bucéphale s'arrêta tout net, et comme si une même commotion électrique eût frappé les personnages de cette scène nocturne, tous les gens de la maison enflammée s'arrêtèrent aussi, soudainement, avec un cri d'horreur et d'effroi, et je pus alors contempler dans toute son effrayante grandeur la scène inouïe qui se passa devant moi.

Sur le seuil de la maison, dans le cadre d'une porte haute et large, sur un fond de flamme rouges et bleues provenant des liquides de toutes sortes qui servaient aux alchimies de Morgos, se dessinaient deux femmes luttant ensemble, une pour pénétrer dans la maison, l'autre pour l'en empêcher.

C'étaient Téhéta et Nagy : la première armée du couteau dont elle avait frappé Laniska ; la seconde, forte de sa jeunesse, de son agilité et de la vigueur de sa constitution, tenant d'une main ferme le bras armé de son ennemie, toutes deux les cheveux épars et ondoyant au souffle embrasé de ces flammes qui se dressaient autour d'elles, toutes deux poussant les cris de deux hyènes se disputant une proie, se tordant, se redressant, se heurtant, et ne pouvant se vaincre ni l'une ni l'autre.

Plus terribles, plus déchirants que ces deux femmes, on entendait derrière elles des cris sauvages et désespérés appelant Téhéta ! Téhéta !...

Tout à coup, une cloison s'écroule, et au milieu du laboratoire, qui se découvre ainsi à tous les yeux, on aperçoit Morgos tenant dans ses bras la cassette dans laquelle Téhéta m'avait montré cet amas d'or et de pierreries précieuses, trésor qu'elle m'avait offert de partager...

Je ne pus d'abord deviner la cause des cris de Morgos, qui n'avait que quelques pas à franchir pour échapper à l'incendie, je ne pus voir l'obstacle qui l'enchaînait à la place où il était. Mais bientôt, à la lueur blanche et éclatante des flammes qui allumèrent une préparation de salpêtre, je vis se dresser au-dessus de la tête de Morgos la tête hideuse du serpent qu'il tenait caché dans son laboratoire.

Le monstre, dont la torpeur et la docilité n'étaient que le résultat du climat trop froid dans lequel il avait été transporté, le monstre, d'abord ranimé par la chaleur de l'incendie, puis excité, irrité par cette flamme dévorante, avait déroulé ses anneaux, et il s'agitait déjà avec d'affreux sifflements, lorsque Morgos, emporté par son avarice, oubliant tout autre danger que celui que courait sa chère cassette, s'était précipité dans le laboratoire où elle était déposée. Il avait pu s'en emparer et il l'emportait entre ses bras, lorsque le serpent se leva tout à coup entre lui et la porte.

Morgos recula et courut vers la table ; mais le reptile, sans changer de place, tendit sa gueule béante sur Morgos, et, toujours appuyé sur lui-même, il le suivit dans tous ses détours comme la flèche d'une girouette tournant sur un pivot, lent, impassible dans cette poursuite mortelle, et se développant insensiblement...

Morgos courait, revenait ; le monstre le suivait sans cesse et s'approchait toujours... Morgos se jeta à terre pour se rouler jusqu'à la porte, le serpent se courba vers lui et le suivit dans ses convulsions désespérées ; enfin le monstre le toucha !...

Aussitôt, rappelant à lui tout son corps qui trainait à terre, il enveloppa sa victime d'un nœud puissant ; ce fut alors que les cris de Morgos retentirent comme des cris d'hyène. Quant au serpent, toujours lent, toujours impassible, il serrait doucement ses nœuds ; il y enveloppa la cassette que l'avare portait dans ses bras.

Morgos se débattait encore, lorsque la cassette se brisa sur sa poitrine : l'or et les pierreries ruisselèrent par terre... et le misérable jeta un dernier cri appelant Téhéta.

Pendant ce temps, celle-ci luttait avec Nagy-Tcha, appelant aussi son père.

Nagy résistait avec une force qui semblait invincible, se détournant quelquefois comme pour regarder si le serpent avait enfin accompli son œuvre.

Mais au dernier cri, elle-même abandonna les mains de Téhéta en disant :

— Sauve ton père maintenant !

Mais au lieu de passer, Téhéta profita de sa liberté, et je vis l'infortunée Nagy-Tcha frappée au cœur. Elle tourna sur elle-même, et ses derniers regards me virent sur mon cheval avec mon fardeau voilé de blanc ; par un dernier effort, elle tendit les bras vers moi, et tous les yeux, même ceux de Téhéta, suivirent cette désignation.

Ce mouvement me rappela à moi-même : je poussai mon cheval qui s'élança de toute sa vitesse, la tête basse et avec des hennissements épouvantés, auxquels Téhéta répondit par un cri de triomphe, et comme si elle n'avait plus rien à faire ; et certes, si les habitants prétendent avoir vu le diable passer devant eux en emportant l'âme du bohème qui venait d'expirer, jamais conte n'aura été si bien justifié et par l'étrangeté de mon apparition et par les circonstances dont il fut accompagné.

J'écoutais monsieur de Favreuse avec un vif étonnement ; non point que je refusasse de croire à la vérité de son récit : s'il avait eu le dessein de me tromper, ce n'eût pas été à propos d'une aventure si fantastique...

Ce qui me paraissait incroyable dans cette aventure, c'est que l'homme qui me la contait en eût été le héros. La ballade de *Lénore* commençait à être à la mode ; déjà l'histoire du templier enlevant Rebecca avait excité l'admiration de ma jeunesse ; mais ce qui allait au fiancé mort et caché sous ses armes, au templier sous son blanc manteau, ne me semblait pas s'accorder avec cet honorable vieillard poudré et en pantalon collant.

XVIII

DANS LA CABANE

Le comte ne s'aperçut pas de mon étonnement ou ne voulut pas s'en apercevoir, car il continua, mais d'un ton plus rapide et à la fois plus triste :

— J'arrivai ainsi jusqu'à une chaumière qui était aux abords du grand village de Ketskemet.

Gertrude n'avait point encore repris ses sens. Je la déposai dans cette chaumière, en recommandant à ses habitants de lui remettre à son réveil un morceau de linge sur lequel j'avais écrit, avec je ne sais quelle teinture, ces mots :

« Silence jusqu'à mon retour ! »

Je revins avec une voiture, et je trouvai Gertrude levée, habillée, et n'ayant aucune conscience de ce qui lui était arrivé ni de la manière dont elle avait quitté le château.

Je la décidai à partir, à se rendre à Vienne et à aller se mettre sous la protection de la princesse de Hatzfeld, sa parente.

Je m'attendais à des observations, mais elle n'en fit aucune et nous partîmes.

Le comte se tut et appuya son coude sur la table, puis il baissa la tête jusque dans sa main, et il se mit à réfléchir, tandis que de la main qu'il avait libre il pétrissait avec un mouvement nerveux toutes les mies de pain qui se trouvaient à sa portée. J'attendis qu'il eût fini de réfléchir.

Il se décida enfin à rompre le silence, et il reprit brusquement :

— Que vous dirai-je de ce voyage? Nous fûmes dix jours ensemble, tête à tête, dans une voiture, et pas une heure, monsieur, pas une minute, pas une seconde il ne me passa dans l'esprit de ne pas être envers cette femme aussi respectueux que je l'eusse été envers ma mère, aussi retenu que je l'eusse été vis-à-vis d'une sœur de quinze ans.

Et pourtant, monsieur, j'aurais pu lui parler d'amour alors, non certes point parce que cela m'était facile et parce que j'avais des droits sur elle, mais parce que je l'aimais.

Durant tout ce voyage, je n'eus qu'un moment où elle put comprendre tout ce que j'enfermais dans mon âme, c'est lorsque, lui parlant des dangers qu'elle pouvait avoir encore à courir, je lui dis :

— Madame, ne sachez rien désormais de mon existence, si ce n'est qu'il y aura toujours à côté de vous un homme à qui vous avez le droit de dire de mourir, soit que sa mort puisse vous sauver d'un danger, soit que vous le désiriez seulement pour effacer du monde vivant la présence d'un homme que vous devez haïr.

— Je ne refuse pas votre dévouement, me dit-elle, mais je n'exigerai jamais le sacrifice que vous me proposez.

— Je voudrais pourtant que vous fussiez assez généreuse pour me le demander, car il me semble qu'il me mériterait votre pardon.

— Mon pardon... non... jamais, répliqua-t-elle avec un sourire désolé... non, non, vous ne savez pas le mal que vous m'avez fait... vous m'avez tué le cœur.

Je n'avais rien à dire, je baissai les yeux.

— Ah! s'écria-t-elle avec douleur, mieux eût valu me tuer avec mon amour, et ma croyance, et ma foi.

Puis elle ajouta, comme pour adoucir la cruauté de son refus:

— Mais que vous importe mon pardon?

— Ah! madame, si vous pouviez voir au delà de mes remords, si vous pouviez regarder jusqu'au fond de mon cœur! lui dis-je presque avec des larmes.

— J'y verrais un repentir sincère, du moins je le crois.

— Rien de plus? m'écriai-je.

Elle me regarda avec une froide dignité.

— Quelque chose de plus serait une insulte nouvelle.

— Cependant, m'écriai-je, le repentir est le commencement du retour à Dieu, c'est le premier pas vers le culte qu'on a méconnu.

— Monsieur, répliqua-t-elle, l'homme peut toujours revenir sincèrement à la Divinité, parce qu'il n'a jamais eu le pouvoir de l'avilir. Il n'en est pas de même pour la femme dont on a flétri...

Elle s'arrêta, je baissai les yeux, et nous restâmes plus de deux heures dans un profond silence.

Tout à coup elle me tendit la main:

— Écoutez, monsieur le comte, me dit-elle, vous serez mon ami, je le veux: vous le devez être... J'aurai besoin de vous, mon plan est fait, ma vie arrêtée d'avance. Êtes-vous à moi ?

Je voulus répondre et je balbutiai...

— Ne dites rien, me dit-elle, je vous crois.

Je pressai sa main sur mes lèvres et je me mis à pleurer.

Elle m'abandonna sa main et nous restâmes encore de longues heures dans le silence. Jamais je n'ai tant souffert et jamais je n'ai été si heureux.

Elle avait deviné mon amour, elle me l'avait pardonné, je le sentais; mais cet amour devait être comme ces enfants proscrits qu'on n'ose tuer et qu'on enferme dans une prison éternelle; cet amour était comme ce frère jumeau de votre grand roi, qui vivait à condition de n'être pas de la vie.

Monsieur de Favreuse laissa échapper quelques paroles que je n'entendis point, et reprit :

— Et maintenant, monsieur, il est temps que j'achève cette histoire.

Commencée au milieu des plus bizarres circonstances, elle s'acheva dans une position assez vulgaire, mais à laquelle nulle douleur ne manqua cependant.

A quelques lieues de la capitale de l'Autriche, je crus devoir me séparer de Gertrude.

Quand le prince de Morden apprit en Italie l'arrivée de sa fille à Vienne, il se trouva heureusement que ni lui ni son gendre ne purent quitter leur poste. Maître Bonaparte venait de paraître sur l'horizon, et donnait à faire aux Autrichiens une guerre dont ils n'avaient pas l'habitude.

Le retour de la comtesse de Belnunce, qui étonna d'abord, se perdit bientôt dans le bruit et la rumeur des défaites de Mélas. D'ailleurs Gertrude évita le monde, et l'on trouva fort simple qu'étant séparée de son mari, elle vécût dans la retraite.

Magnus était revenu de Morden où, comme nous l'avions deviné, il était renfermé par ordre de Téhéta. Quant à celle-ci, après l'assassinat de Nagy-Tcha, elle était rentrée au château, avait fait remettre Magnus en liberté, puis avait disparu sans qu'on sût ce qu'elle était devenue.

Nous ne le sûmes que trop, quand le jour fatal fut arrivé.

Mais, pour que vous puissiez me comprendre, il faut vous dire que j'avais pris position à Vienne, que je m'étais présenté sous mon vrai nom, et qu'une fois connu pour ce que j'étais, il eût été difficile à monsieur de Morden de recommencer ses espiègleries de baron féodal.

Cependant je vivais fort retiré, ne voyant guère que la princesse de Hatzfeld-Limbourg, chez qui je m'étais fait présenter par quelques amis que j'avais retrouvés là-bas.

La princesse était une femme d'un esprit et d'une peau empesés à double amidon. Voyait-elle ou ne voyait-elle pas ? Pensait-elle ou ne pensait-elle pas ? C'est ce que je n'ai jamais pu savoir.

Son visage était un parchemin d'autant plus indéchiffrable qu'il n'y avait jamais rien d'écrit. Du reste, son salon était le plus couru de Vienne, par la raison qu'on y était fort difficilement admis.

Cependant je parvins à m'y faire présenter, et ce fut là, sous les yeux de toute la cour, que je parus rencontrer pour la première fois de ma vie la comtesse de Belnunce, à laquelle je ne parlais presque jamais, et qu'on me trouvait indigne d'apprécier, tant je mettais de naturel dans mon rôle d'indifférent.

Enfin, monsieur, le jour fatal arriva.

Le docteur Magnus en savait trop pour ne pas être le confident nécessaire de cet événement.

La comtesse quitta un soir le palais de sa tante dans une voiture légère conduite par le docteur, et sous prétexte de faire une promenade nécessaire à sa santé.

Je les attendais hors de la ville. Nous suivîmes une route assez déserte, et nous arrivâmes à une cabane où tout avait été préparé par les soins du docteur. Une vieille femme nous en ouvrit la porte.

Le docteur parut étonné de voir une figure inconnue.

— Où donc est Wilhelmine ? dit-il.

La vieille femme, un peu embarrassée, répondit :

— Sa fille se meurt, je suis sa cousine, et elle m'a envoyée ici à sa place.

Le docteur hésita à entrer, et moi-même j'éprouvai une sorte d'effroi en entendant la voix de cette femme.

Mais il n'était déjà plus temps de chercher un autre asile ; nous fûmes obligés de porter la comtesse sur le lit de douleur disposé pour elle. Je me retirai et je la laissai entre les mains du docteur et de cette vieille femme.

J'attendais depuis deux heures dans une affreuse anxiété, lorsque j'entendis un cri, puis des paroles tumultueuses.

A tout risque, je rentrai dans la cabane, et je vis cette vieille tenant l'enfant entre ses mains, tandis que le docteur la menaçait et que Gertrude, anéantie, la regardait dans un état de terreur indicible.

Je courus vers la vieille ; elle rejeta l'enfant sur le lit en disant :

— Et maintenant, si puissant que vous soyez, tuez-la si vous voulez garder votre secret, car je l'ai marquée d'une trace ineffaçable et qui me la fera reconnaître partout.

Je m'emparai de l'enfant, et le docteur courut vers la vieille qui arracha la longue coiffe qui nous avait caché ses traits, et nous reconnûmes Téhéta.

Elle disparut, et jugez de notre étonnement, lorsque, en cherchant dans tous les coins de cette maison, nous retrouvâmes Wilhelmine, la maîtresse de la cabane, endormie sous un petit hangar où Téhéta l'avait traînée.

Cet horrible incident dérangea tous les plans que nous avions conçus d'avance ; une nourrice avait été choisie par moi dans les environs ; mais Téhéta devait la connaître. Je me résolus à reprendre la voiture pour rentrer à Vienne. Je trouvai qu'une des roues avait été démontée et brisée.

Dans cet horrible embarras, je pris l'enfant. Je ne pus rentrer à Vienne qu'au point du jour, et il me fallut emporter la pauvre petite créature jusque chez moi et la confier à une vieille femme qui prenait soin de mon modeste ménage.

Je courus à l'hôtel de la princesse, et on envoya une voiture à la cabane où était restée Gertrude : on donna à son absence une explication dont personne ne suspecta la véracité en ce moment, mais qui pouvait être plus tard une arme dangereuse contre nous.

On raconta fort simplement que la voiture du docteur s'était brisée à quelques pas de la cabane, et qu'il y avait transporté la comtesse évanouie.

Aucun des domestiques à qui ce conte fut fait ne songea à demander comment la princesse avait été avertie de ce malheureux événement.

Mais quelques jours après, lorsque le bruit de cet accident se répandit, une personne à qui madame de Hatzfeld le racontait, lui demanda le plus naturellement du monde comment elle avait été informée de ce malheur. La princesse, prise de court, répondit tout simplement que c'était moi qui m'étais trouvé par hasard dans les environs.

Grâce à la parfaite indifférence que je montrais au sujet de madame de Belnunce, cette circonstance n'excita aucun commentaire; mais comme on ne put pas la retirer une fois donnée, elle fut répétée, et servit à établir le fait que m'étais trouvé dans ladite cabane la nuit de l'accident. Néanmoins l'explication que j'avais donnée fut si bien acceptée, qu'au bout de huit jours on n'en parlait plus.

Quant à moi, j'étais rentré dans ma maison, et là aussi il m'avait fallu faire un conte sur l'enfant que j'y avais déposé.

Je dis à mon hôtesse que je l'avais trouvé dans un fossé du chemin, et que je voulais en prendre soin et le faire élever à mes frais.

Il paraît que c'est une bien sublime action que de ne pas laisser périr de faim un pauvre enfant trouvé sur une route, car ma ménagère ne pouvait revenir de ma générosité, et il me fallut bien des prières et bien des menaces pour l'empêcher de raconter à toutes les voisines la bienfaisance, la grandeur d'âme de l'émigré français.

Cependant, à force d'instances et d'un peu d'argent, j'obtins le silence pour l'avenir. Je dis pour l'avenir, car, hélas! un mot avait déjà été prononcé.

En cherchant, je trouvai dans les environs une nourrice chez qui je me rendis déguisé et sous un autre nom que le mien, et j'y plaçai ma fille. Je nageais en pleine sécurité, car un an s'était passé sans que rien pût me donner la moindre alarme.

Je continuais à voir Gertrude; seulement, au lieu de ne jamais nous parler, elle se penchait quelquefois vers moi et me demandait des nouvelles de cette enfant. Je sentais alors son cœur se rapprocher du mien, et une fois j'osai lui répondre qu'elle était belle comme sa mère.

Gertrude m'en punit en restant un mois sans me parler de Marie. Elle souffrait tant de son silence, que j'osai le rompre le premier : elle m'en remercia par un mot qui me fut un bonheur.

— Je voudrais la voir, me dit-elle.

— Ah! oui, monsieur, reprit le comte de Favreuse, ce fut un grand bonheur pour moi.

Ce mot semblait me promettre le pardon que j'avais tant souhaité. En aimant sa fille et la mienne, Gertrude me laissa entrevoir le point où nos deux cœurs devaient se toucher.

Jamais, aux jours les plus amoureux de ma jeunesse, jamais je n'attendis avec tant de joie l'heure d'un rendez-vous, que le jour où je dus passer, vêtu en paysan et accompagnant la nourrice qui porta ma fille sous les fenêtres de l'hôtel. Après avoir conduit la nourrice d'un bout à l'autre de Vienne, j'arrivai devant les fenêtres qui m'avaient été désignées.

Je prétextai la fatigue d'une si longue course et je m'assis, avec l'enfant que je pris dans mes bras, sur un banc placé en face de ses fenêtres. La comtesse parut et regarda sa fille longtemps.

J'examinais le visage de Gertrude; il me serait impossible de vous dire, monsieur, tout ce qu'il y avait sur le visage de cette mère. Quelle joie et quelle tristesse! quelle espérance et quel désespoir! quel amour et quel regret tout ensemble!

Enfin elle semblait ne pouvoir se rassasier de la contemplation de cette tête souriante et fraîche, lorsque la voilà qui disparaît tout à coup, puis qui revient aussitôt, tenant à la main un petit miroir.

Alors, le dos tourné vers nous, elle présente ce miroir du côté de l'enfant, de manière à lui faire refléter ce doux visage, puis, lorsqu'elle l'a pour ainsi dire rapproché d'elle, lorsque cette image est pour ainsi dire dans ses mains, portrait fugitif qui quittera bientôt cette glace polie, Gertrude approche insensiblement cette image d'elle et tout d'un coup lui donne un baiser et s'enfuit.

— Oh! monsieur, monsieur, fit monsieur de Favreuse les larmes aux yeux, pour ce baiser donné à ce miroir où se peignait l'image de son enfant, j'aurais donné à la comtesse ma vie si elle n'eût pas été à elle. Ah! voyez-vous, voilà qui entre dans le cœur d'un homme plus avant que les cris, et les larmes, et les serments, et tout ce qu'on croit d'ordinaire.

Monsieur de Favreuse leva les yeux au ciel avec une expression presque religieuse, puis il reprit :

— Six mois se passèrent encore de cette façon, sans apporter aucun changement à notre existence.

Vous ne me demandez pas cependant ce que devenaient le prince de Morden, et son fils, et le comte de Belnunce...

Et d'abord, monsieur, je n'en savais rien que ce qui était public, c'est-à-dire qu'après avoir été battus vigoureusement par le général Bonaparte, ils reprenaient quelques avantages, et guerroyaient tant bien que mal sous les ordres suprêmes du vieux Cosaque Souwarow.

Quant à ce qu'ils pensaient de la fuite de la comtesse, quant à leurs projets relativement à moi, je les ignorais complétement. Il faut vous dire que ma position était encore plus singulière que vous ne vous l'imaginez.

Lorsque j'avais été annoncer à la princesse l'accident prétendu de Gertrude et de Magnus, je lui avais fait le conte que je vous ai dit, et qu'elle avait répété à son tour. Savait-elle ou ne savait-elle pas la vérité ? Que vous dirai-je ? mais jamais, au grand jamais, un mot, un regard, un signe, une allusion quelconque n'étaient venus m'avertir qu'elle fût instruite de rien de ce qui pouvait me concerner.

Gertrude ne m'avait jamais rien dit à ce sujet, et vous comprenez que je n'avais guère le droit de les questionner.

Quant à Magnus, je me serais bien gardé de l'interroger, c'eût été le faire mourir de peur. D'ailleurs, il vivait enfermé dans les livres, et il ne m'eût pas ouvert la porte de son cabinet pour un million.

Il résultait et de ma retenue vis-à-vis de Gertrude, et du silence de la princesse, et de la retraite de Magnus, que j'ignorais absolument comment le prince de Morden avait reçu la nouvelle du départ de sa fille, de quelle manière il l'avait apprise, et quels desseins nouveaux cet événement lui avait inspirés.

Depuis quelques semaines je m'étais mis en quête de trouver un nouvel asile pour ma fille, bien persuadé que, malgré toutes mes précautions, Téhéta savait où je l'avais cachée, et je m'étais décidé à faire rentrer Marie à Vienne.

Et maintenant, il faut que je vous fasse faire connaissance avec un nouveau personnage que vous connaissez déjà.

Le comte de Favreuse prit un air contrit, il leva dévotement les yeux au ciel et se frappa la poitrine, puis mettant sa tête sur l'épaule, il reprit :

— N'est-ce pas, monsieur, que vous êtes très-impatient de connaître la conclusion de tout ceci, et j'appelle conclusion la cause pour laquelle je vous le raconte ? il faut qu'elle soit énorme, impérieuse, nécessaire, absolue, et elle est tout cela.

Mais vous ne comprendriez ni cette nécessité ni cette énormité, si je ne vous disais tout ce que j'ai à vous dire. Vous êtes un tout jeune homme, et je suis un vieillard; vous commencez la vie et je l'achève.

Cependant je me confie à vous, comme je ne le ferais

pas au plus vieil ami que j'eusse, si j'en avais; vous avez donc en vous un pouvoir qui me pousse à vous faire ces confidences; vous êtes plus puissant qu'un ministre, qu'un roi, qu'un confesseur; vous ne savez pas comment? Eh bien, je vous le dirai, ce sera la fameuse conclusion que vous attendez avec tant d'impatience.

Maintenant que vous êtes bien averti, je continue.

Et monsieur de Favreuse reprit ainsi :

XIX

MADAME SMITH

Monsieur de Favreuse prit un air solennel et me dit :
— Vous connaissez madame Smith?
— Sans doute.
— Oui; c'est-à-dire que vous connaissez une femme grosse en gaieté et en beauté.

Je m'inclinai.

— Eh bien, monsieur, tout cela a été mince, élégant, souple et gracieux; ce rire qui ébranle les montagnes était jadis un rire plein d'enfance, de bonne humeur, d'insouciance, d'amour et de bonheur.

Monsieur de Favreuse soupira et reprit avec la détermination d'un homme qui se fait une opération chirurgicale à lui-même :

— Maintenant qu'elle est vieille, elle joue avec des serins, des écureuils, des perruches et de petits singes; au temps dont je vous parle, elle n'aimait point du tout les animaux...

Ici monsieur de Favreuse poussa un énorme soupir; il semblait qu'il allait s'arracher une dent.

Enfin, après plusieurs élancements vers le ciel, moitié comiques, moitié sérieux, il reprit du ton dogmatique d'un homme qui pose les principes, afin d'excuser par une thèse générale le cas particulier dont il parle; il reprit, dis-je :

— Monsieur, l'homme est essentiellement un être double. Heureux ceux qui peuvent attacher cette double existence au même amour, ils sont emportés alors dans la vie d'une course plus ou moins rapide, plus ou moins cahotée, mais qui cependant marche dans la même direction.

Mais cela n'arrive pas toujours; ainsi quelquefois le cœur va d'un côté et la tête de l'autre. De là, tiraillements insupportables et misères de toutes sortes.

J'en étais là à l'époque dont je vous parle. Mon cœur, tout mon cœur était à Gertrude, sans partage, sans regret, et avec un entier dévouement; mais...

Ah! ne me regardez pas ainsi avec les yeux étonnés d'un homme indigné, car c'est me dire que je suis un sot et que vous n'avez rien compris à ma dissertation sur la dualité de l'homme; après tout, si vous ne me comprenez pas aujourd'hui, vous me comprendrez demain, dans huit jours, dans un an, je vous le certifie.

Quoi qu'il en soit de votre opinion actuelle à ce sujet, j'étais donc des meilleurs amis de madame Smith, laquelle était pour lors la femme d'un certain Francis Smith, espèce d'attaché d'ambassade, raide comme une hallebarde de suisse, et bête comme le suisse lui-même, homme diplomatique, mais très-peu de cabinet. Il était particulièrement estimé pour son talent de chaise de poste : il avait des inventions incroyables pour faire en un nombre d'heures et de minutes déterminées des routes impossibles.

Cet homme était un Anglais, fabriqué en Irlande, de la matière humaine la plus musculeuse, la plus osseuse et la plus dure tout à la fois. On le faisait aller et venir à tout propos, comme une balle dans un jeu de paume, sans que jamais il fût ni plus pâle, ni plus vert, ni plus maigre qu'à l'ordinaire.

Il résultait de ces éminentes qualités de notre officier diplomate, que les trois quarts du temps il était sur les grands chemins et madame Smith à la maison.

Vous n'avez pas besoin que je vous dise que madame Smith n'était point une Allemande, on ne vit point en Allemagne avec l'entrain qu'elle avait ; elle n'était point non plus Anglaise, on n'est pas si indiscret en Angleterre, la galanterie y est boutonnée jusqu'au menton.

C'était une Française de Paris, et quelle Française, monsieur ! une chambrière ravissante, pétulante, bien dressée, sachant le monde et les intrigues.

Elle avait suivi dans l'émigration la duchesse de V..., chez qui sir Francis était admis à Berlin. Sir Francis avait touché le cœur de Francette (c'était le nom de baptême et de famille de madame Smith), qui l'avait mesuré juste à la taille d'un mari.

Pour justifier l'exactitude de son calcul à ce sujet, elle se laissa faire une cour compromettante.

Le malheureux crut avoir compromis la plus pure naïveté...

Francette pleura si bien, menaça si bien de se tuer, que le Smith épousa.

Une fois enganté de la femme, il en fit une fille noble émigrée, et comme le malheur était à cette époque un titre qui dispensait volontiers des autres, on ne demanda point à Francette de faire preuve de ses quartiers.

D'une autre part, elle aimait trop la joie, les soupers et la vie bien menée, pour demander à être introduite dans les salons où le poste qu'occupait son mari eût pu la faire admettre, mais où la morgue autrichienne l'eût tenue à distance. Elle restait donc chez elle, offrant une gracieuse hospitalité à tous les Français de bonne condition qui aimaient à faire de l'esprit.

Le prince de Ligne y venait; nous avons eu la primeur de ses meilleurs bons mots.

Ces réunions commençaient d'ordinaire après l'heure patriarcale où se terminaient les assemblées solennelles des cercles de Vienne.

J'y étais fort assidu et assez bien vu de tout le monde.

Quant à sir Francis, il lui importait fort peu. Cet homme n'avait d'yeux que pour trouver des chemins qui menaient de Vienne à Londres, et *vice versâ*, en passant toujours à côté des armées qui se promenaient en Europe, et nous savions que, fort préoccupé de ces routes diverses, il avait totalement oublié le chemin de sa propre maison.

Parmi les bonnes qualités qui m'avaient valu quelques préférences de la part de Francette, la plus éminente, c'était celle que j'avais de ne m'étonner d'aucun de ces caprices. Notre belle Francette était fort peu avancée sous le rapport de l'instruction ; il en résultait que lorsqu'il lui tombait un livre entre les mains, les vérités ou les paradoxes de ce livre arrivaient à cet esprit tout neuf avec la puissance d'un nouvel amour.

Je vous donne en mille à deviner quel fut le livre dont s'éprit tout à coup cette grisette de salon ; ce fut l'*Emile* de monsieur Jean-Jacques Rousseau.

A la lecture de ce livre, un amour de maternité exubérant s'empara de madame Smith ; mais comme la constitution, fort peu irlandaise sous ce rapport, de monsieur Smith n'avait pas donné à sa femme le droit de faire de la maternité au réel, elle voulut tout au moins jouer à la maternité, et elle ne faisait autre chose au monde que de demander un enfant à élever.

Je voulais cacher ma fille.

Allons, encore vos grands yeux courroucés, monsieur.

Comment, me disent vos regards, un père a-t-il pu confier sa fille à une femme qu'il juge si légèrement ? Je ne confiais point ma fille à madame Smith, c'est-à-dire que je ne lui donnais ni son âme ni son esprit à gouverner, je plaçais une enfant de dix-huit mois dans une maison où elle serait choyée, bien vêtue, bien nourrie, et je comptais l'y laisser un an ou deux tout au plus, assez longtemps pour dépister les gens qui pouvaient la savoir dans les environs de Vienne.

Le mari, monsieur Smith, connaissait ce nouveau caprice de sa femme, et la laissait maîtresse de le satisfaire.

Un jour donc je pars en voiture, j'arrive chez la nourrice lorsque tout dormait, je paye, j'emporte l'enfant, et je vais le déposer sous les fenêtres de madame Smith, qui était en nombreuse compagnie. A un signal convenu avec elle, elle feint d'entendre des cris, ouvre la fenêtre, voit un berceau déposé sur le seuil de la porte, descend avec rapidité, s'empare du berceau avec enthousiasme, et s'écrie avec élan que c'est le ciel qui lui envoie cette charmante créature, qu'elle l'accepte, qu'elle l'adopte, etc. L'assemblée applaudit, et l'enfant est installée.

On fit même à ce sujet une douzaine d'impromptus et des mots assez spirituels.

Il peut vous paraître imprudent que j'eusse donné tant d'éclat à l'admission de Marie dans la maison de madame Smith; mais au moment où je fis ce que je viens de vous dire, je cherchais particulièrement un monde qui fût tout à fait inconnu de Téhéta, et certes madame Smith devait être, d'après tous mes calculs, à mille lieues de la bohème et du château de Morden.

J'avais peu à craindre les indiscrétions des habitués de la maison : on ne se vantait pas beaucoup, dans le monde où nous allions le jour, d'être de la société nocturne de la plus jolie femme de Vienne.

Quoi qu'il en soit de mes précautions et de mes raisonnements, ma fille était installée depuis huit jours chez madame Smith. Comme à l'ordinaire, j'y allais à l'heure où l'on n'est pas suivi sans s'en apercevoir, et je tenais mon secret pour bien gardé.

Un vendredi — j'avais toujours eu ce jour en crainte, et je l'ai depuis ce temps en exécration — un vendredi, dis-je, je vais à la réception habituelle de la princesse, sans rien savoir, sans rien prévoir.

J'entre dans le salon, qui me paraît plus animé, plus causeur qu'à l'ordinaire, et je vois... oui... je vois, au milieu d'un groupe d'hommes qui le questionnaient avec toute la fougue que peut comporter le flegme autrichien, le fort Christophe Hercule, le jeune géant, le vaillant héritier des Morden.

Je le regardai à trois fois ; mais enfin je fis bonne contenance et m'avançai vers la princesse. Le prince père était à côté d'elle ; j'étais prêt à tout.

La princesse m'accueillit comme à l'ordinaire, et me présenta à mon brave exterminateur, qui m'avait une fois donné du plomb dans la poitrine, et qui une autre fois avait refusé du pain à mon estomac. Le bon père de famille me salua et me complimenta au point que je crus qu'il ne me reconnaissait pas.

Puis vint le tour d'être présenté à un monsieur que moi je ne connaissais pas, et qui me fut présenté sous le nom de comte de Belnunce. Celui-ci se dévoila du premier coup et prit un air important, et, après un petit bout d'inclination, voulut me tourner le dos.

Je me permis de lui demander s'il avait un torticolis, il en voulut savoir la raison ; je lui repartis que le moindre salut exigeait qu'on baissât la tête un peu plus bas ; il pâlit et me salua. Décidément, cet homme était un misérable.

Quant au jeune Hercule de Morden, il fut superbe ; le gaillard s'était déluré à hussarder en Italie.

— Je serai charmé, me dit-il en me tendant la main, de faire une plus ample connaissance avec vous.

Et pour bien me faire comprendre toute la portée de

cette insinuation, il me serra les doigts à me les briser.

— En vérité, lui dis-je en secouant ma main meurtrie, vous ne voulez donc pas que je puisse tenir une épée ?

L'enfant rougit et me fit des excuses. C'était un brave garçon.

Je n'avais point encore aperçu Gertrude ; elle était dans un coin, tout entourée de femmes qui la festoyaient de compliments qu'elle recevait d'une figure radieuse.

Jouait-elle la comédie, ou bien était-ce le bonheur d'être en présence de l'homme qu'elle avait aimé avec une si folle passion, et sur le compte duquel aucun mot n'avait jamais été échangé entre nous ?

Cet amour dominait-il tous les funestes souvenirs de notre aventure et tous les doux entretiens muets de notre intelligence secrète ? Je n'en sus rien dans le premier moment ; mais je me sentis furieux, d'autant plus furieux que jamais je ne l'avais vue si belle.

A la pâleur dolente de son teint, au calme rêveur de ses yeux, à la nonchalance douloureuse de sa tenue avaient succédé des teintes fraîches et rosées, des rayons ardents et chauds, et une activité de paroles et de gestes qui était toute une révolution. Or, en fait de révolutions, soit politiques, soit amoureuses, il n'y a que ceux qui les font qui les aiment.

Je fus très-mécontent, mais je ne crus pas pouvoir me dispenser de mon devoir habituel : j'allai saluer madame de Belnunce.

Presque toujours elle me répondait par une légère inclination ; cette fois elle me sourit. En me mettant un peu dans son bonheur, elle me traitait comme tout le monde.

C'était ou de la plus grande coquette du monde, ou de l'âme la plus héroïque, je vous laisse à en juger.

J'hésitai à répondre à l'interrogation de monsieur de Favreuse, qui reprit :

— Ajoutez à cela que lorsque je la félicitai de sa joie et la remerciai de son gracieux accueil, elle me répondit :
— Tout le monde est le bienvenu ce soir.
Je la regardai de plus près.
— O la sainte femme ! fit monsieur de Favreuse avec un accent pénétré et quelque peu grotesque, elle avait mis du rouge, elle brûlait la fièvre, elle se mourait sous sa joie menteuse, elle avait le délire du désespoir et de la douleur !

Monsieur de Favreuse se tut encore.

XX

VISITE MYSTÉRIEUSE

Je remarquai qu'à cette interruption, comme à toutes celles qui l'avaient précédée, il s'était violemment serré la lèvre entre les dents, comme pour arrêter les exclamations et les soupirs violents qui voulaient s'échapper de sa poitrine ; mais cette fois l'émotion fut plus forte que lui. Un gémissement douloureux brisa l'obstacle qu'il opposait à l'explosion de ses sentiments ; il cacha sa tête dans ses mains, et, les deux coudes appuyés sur la table, il demeura assez longtemps dans un profond silence. Seulement je voyais, aux légers tressaillements qu'il ne pouvait contenir, qu'il était sous l'empire d'une vive agitation.

Je ne me crus pas le droit de donner une consolation à un chagrin dont je ne comprenais pas précisément le motif, et j'attendis que monsieur de Favreuse se fût calmé.

Au bout de quelques minutes il releva tristement la tête; il avait pleuré, et faisait une assez vilaine grimace.

— Je suis ridicule, me dit-il avec un amer sourire.

— Ah! monsieur!

— Allons, ne mentez pas, reprit-il avec plus de tristesse; vous ne seriez pas de votre âge si vous ne pensiez pas ainsi. Un vieillard qui pleure à un souvenir d'amour, c'est si sot, si fat, si prétentieux!

Je voulus encore m'excuser, il reprit, mais d'un ton de gaieté sardonique:

— Ce qu'il y a de plus ridicule encore que moi, c'est la raison qui vous fait rire.

— Monsieur...

— Ne vous fâchez donc jamais, mon bon ami, avant de savoir si j'ai raison. Ce n'est pas votre faute, vous ne vous en rendez pas compte, mais c'est ainsi.

Ce qui vous fait rire intérieurement, ce n'est pas ce que j'éprouve, c'est ma figure d'abord, et aussi ma façon d'être arrangé. Des larmes qui coulent sur un visage assez gaillard, encadré d'ailes de pigeon poudrées, c'est stupide.

Soyez franc, et répondez-moi sincèrement:

Supposons que c'est une figure maigre et pâle, des joues caverneuses et des yeux éteints qui soient devant vous, couronnez cela d'un front chauve, et au lieu d'ailes de pigeon, faites descendre le long de mon visage de grands cheveux blancs tombant sur mes épaules; faites-moi enfin, à l'embonpoint près, une figure dans le genre de celle de Bernardin de Saint-Pierre, et l'onction de cette tête vénérable vous inspirera une compassion respectueuse et tendre.

Est-ce vrai?

— C'est vrai, dis-je à monsieur de Favreuse, frappé que j'étais de la vérité de ce qu'il me disait, et voulant lui montrer que je le comprenais.

Au lieu de me savoir gré de la franchise qu'il m'avait demandée, il fit une grimace de pitié; mais presque aussitôt il se remit, me tendit la main et me dit:

— L'homme est destiné à mourir dans sa peau d'homme; rien n'y fait, ni l'âge, ni l'expérience, ni la désillusion, ni le renoncement à toutes les vanités.

Vous m'avez trouvé ridicule, je vous l'ai dit, vous avez nié, je ne vous ai pas cru; je vous ai demandé la vérité dont j'étais sûr, vous me l'avez avouée et vous m'avez blessé : voilà comme nous sommes tous. N'en parlons plus, et n'y pensons plus.

Prenez-moi comme je suis. J'ai le nez rouge, cela n'a pas toujours été ainsi.

— Veuillez continuer, monsieur, lui dis-je en souriant, car vous avez suspendu votre récit à un moment où il me semblait d'un intérêt...

— Oui, oui, reprit monsieur de Favreuse, je comprends; mais voyez comme j'ai été maladroit, je n'ai pas voulu vous dire qu'au moment où je reconnus l'héroïque effort de Gertrude, mes yeux se remplirent de larmes, et pour ne pas avouer que j'avais pleuré, je me suis mis à pleurer. Oui, monsieur, à ce moment, j'aurais voulu me mettre à genoux devant la comtesse et lui dire...

Eh! mon Dieu! que lui aurais-dit?

Il y a des heures où le cœur est impuissant à exprimer ce qu'il éprouve; je l'aurais appelée ange, déesse, sainte, que cela n'eût rien signifié près de ce que je sentais de reconnaissance et de joie, car dans cette douleur il y avait un aveu, elle avait peur; je pouvais croire que c'était pour moi.

Le reste de la soirée se passa comme à l'ordinaire, sans que rien pût faire soupçonner, à d'autres qu'aux intéressés, qu'il y avait là quatre personnes dont le cœur battait dans l'attente d'un grand événement.

Le lendemain de ce jour, je me levai de grand matin, très-assuré que je verrais le jeune Morden et son père; j'étais horriblement malheureux.

Vous comprenez que s'il prenait fantaisie à l'un de ces messieurs de m'insulter, je ne pouvais pas me dispenser de faire tous mes efforts pour lui passer mon épée au travers du corps. Je ne croyais pas à la tendresse infinie de Gertrude pour son père et son frère, mais je ne pouvais guère espérer la revoir, si je tuais l'un ou l'autre de ces messieurs. Et, c'en était fait, je ne pouvais plus me passer de sa présence.

Vous dire comment je l'aimais, c'est chose presque impossible, ma situation vis-à-vis d'elle était si bizarre! je ne sais si un enfant de quinze ans, dans la primeur de sa timidité, eût été plus craintif que moi. Si jamais j'avais obtenu un rendez-vous de Gertrude, je crois que le plus embarrassé de nous deux c'eût été moi.

Je l'aimais comme la femme qu'on rêve, je la respectais comme la femme qu'on n'ose espérer d'obtenir, et cette femme avait été à moi.

Elle savait que je l'aimais, je ne pouvais en douter, et elle voulait bien souffrir cet amour silencieux. C'était beaucoup, monsieur : c'était un commencement de pardon.

Je m'étais fait un bonheur de cette passion cachée, c'était ma religion avec son Dieu sur la terre ! Oui, bien souvent, j'ai prié Gertrude à genoux, les mains jointes... ne riez pas : je l'aimais.

Or donc, monsieur, je rêvais à tout cela, très-fâché de me voir dans la chance de la perdre, soit par le massacre de messieurs de Morden, soit par ma propre mort, lorsque tout à coup la femme qui me servait ouvrit ma porte, et me dit d'un ton mystérieux, avec des yeux extraordinairement écarquillés :

— Monsieur, il y a là quelqu'un qui vous demande.

Je crus que mes adversaires étaient entrés l'épée nue à la main, et avaient porté la terreur dans l'âme de mon hôtesse.

Je lui ordonnai de faire entrer ce quelqu'un, et tout aussitôt je vis se glisser rapidement dans ma chambre d'exilé, modeste chambre, monsieur ! je vis se glisser, dis-je, une femme voilée.

Je ne la vis pas, et je la reconnus ; je la reconnus et je me dis que je me trompais.

Quand elle entra dans l'air de ma chambre, ce fut comme un parfum de divinité qui me dit :

— Voilà Gertrude.

Quand je pus penser que ce pouvait être elle, je reculai devant l'idée d'un pareil bonheur. Je restai aussi ébahi que mon hôtesse, et je ne trouvai ni un mot à dire ni un signe à faire, lorsque Gertrude me dit vivement :

— Ordonnez à votre hôtesse de laisser entrer chez vous tous ceux qui se présenteront.

J'étais si troublé que je donnai l'ordre contraire. Gertrude m'interrompit, et, d'une voix dont la fermeté résolue m'annonça qu'elle était sous l'empire d'une détermination qu'elle commençait à exécuter, elle dit elle-même à mon hôtesse :

— Madame, il va se présenter ici plusieurs gentilshommes, deux sans doute, peut-être trois. Vous les laisserez monter, et vous leur direz, au besoin, que monsieur le comte de Favreuse est seul.

Elle lui jeta quelques pièces d'or et lui fit signe de nous laisser.

A peine fûmes-nous seuls, qu'elle parcourut ma chambre des regards et qu'elle me dit :

— Y a-t-il ici un endroit où vous puissiez me cacher ?

Je lui montrai un cabinet obscur et attenant à ma chambre ; il était clos par une porte vitrée qui permettait de tout voir à travers un rideau de mousseline.

Sans se préoccuper de l'étonnement profond qui me tenait et des questions que je lui adressais, Gertrude entra dans ce cabinet comme pour s'assurer que de là elle pourrait voir et entendre la scène qui allait probablement se passer; elle en sortit aussitôt en me disant :

— Cela se trouve merveilleusement arrangé.

Alors elle releva son voile, rejeta sa coiffe (nous n'appellions pas encore cela des chapeaux, quoique cela y ressemblât beaucoup), et la jeta dans le cabinet pour ne laisser, par avance, aucune trace de sa présence dans ma chambre.

Qu'elle était belle ainsi, pâle, l'œil animé, la peau frémissante!

Vous n'avez peut-être jamais remarqué cela, monsieur, et je l'ai vu moi-même rarement : c'est cet imperceptible frissonnement de tout l'être lorsque la violence d'une colère mal contenue vous agite intérieurement. Aucune Circé à l'œil ardent n'eût eu plus de majesté que n'en avait alors cette blonde, pâle et faible créature de Dieu.

— Comte, me dit-elle, vous m'avez promis votre dévouement et votre obéissance, je viens savoir si vous êtes un homme d'honneur, je viens vous les demander.

— Je vous appartiens, lui répondis-je.

— Ainsi, ce que je vous ordonnerai, vous le ferez...

— Quoi que ce soit.

— Si mon mari vient vous provoquer, vous refuserez le combat?

J'étais pris à mon serment; je me décidai cependant à le tenir.

— Je vous le promets, lui dis-je.

— Quelque injure qu'il vous dise?

— Oui, madame.

— Quelque insulte qu'il vous fasse?

J'hésitai ; elle me regarda.

— Je le ferai, lui dis-je.

Elle poussa un profond soupir, comme si je venais de lui arracher un poids énorme qui l'étouffait, et elle s'assit ; elle me tendit la main comme un homme à un homme.

— Je vous remercie, me dit-elle.

Je ne lui parlai pas; j'étais fort triste, comme vous devez le penser, je ne pouvais prévoir jusqu'où ce monsieur de Belnunce pourrait se porter contre moi ; et tout recevoir, tout accepter sans mot dire, c'était dur. Je regretta les trois couleurs de la République et la guillotine.

Gertrude, qui réfléchissait profondément, s'aperçut de ma tristesse.

— A quoi pensez-vous donc? me dit-elle brusquement.

— Je pensais que, lorsque j'aurai accompli ce que vous me demandez, j'aurai payé, sinon racheté ma faute. Mon honneur pour le vôtre : c'est justice.

Gertrude me regarda fixement.

J'avais le cœur horriblement serré de douleur : la colère y entra subitement à la pensée qui me vint tout à coup que c'était l'amour qu'elle avait pour son mari qui avait poussé Gertrude à cette démarche.

Je ne pus retenir une sorte de rugissement, un vrai rugissement, ma foi ! et je pense que si j'en avais poussé un pareil aux oreilles de Nyd-Jaïra, elle se serait crue à la portée d'un tigre de grande espèce.

Puis je me pris à me frapper le front de grands coups de poing.

— Qu'avez-vous donc? me dit-elle.

— Oh! lui dis-je avec une fureur que je ne pouvais contenir, je ferai ce que j'ai promis, je le laisserai vivre, je le respecterai : vous l'aimez !

Gertrude leva les yeux au ciel, et un sourire désespéré agita ses lèvres pâles.

Je parvins à vaincre ce tumulte de mon âme qui m'avait emporté hors des bornes.

— Pardonnez-moi, lui dis-je, c'est le dernier cri du condamné qu'on torture et qui va mourir.

Gertrude baissa les yeux et me parut troublée.

— Je voudrais qu'il n'en fût pas ainsi, me dit-elle; je voudrais ne pas avoir à vous demander ce sacrifice, mais...

Elle hésita, et reprit en se levant vivement :

— Mais il le faut, et s'il le faut, ce n'est pas ma faute.

— Vous avez raison, lui dis-je, et je n'ai point à me plaindre.

— Comte, me dit-elle, il faut que l'un de nous deux soit perdu.

— C'est moi qui le serai, lui dis-je, moi...

J'aurais mieux aimé mourir, et, en vérité, je ne sais pourquoi l'homme lutte quelquefois avec tant de persévérance pour sa vie.

Moi-même ne me suis-je pas rattaché à l'existence comme un forcené? Eh! mon Dieu, ne valait-il pas mieux laisser faire les bourreaux de la République... Votre père... Morgos... Téhéta... Ah! j'ai pu mourir, et je n'ai pas su en profiter !

Gertrude me regarda et me dit :

— Allons, comte, vous oubliez que vous m'avez sauvée.

Cette fois, je n'y manquai pas, monsieur, je tombai à genoux devant elle ; avec ce mot, elle me payait mon honneur que j'allais perdre pour elle. Je pris sa main qu'elle m'abandonna. Elle venait de me la donner un instant auparavant. Je venais de la lui prendre, mais ce n'était plus la même chose.

— Et vous avez encore besoin de moi ? lui dis-je.

— Oui, me répondit-elle, oui; et cependant il est possible que le sacrifice que je vous demande ne soit pas nécessaire.

Elle me regarda encore, j'étais à genoux devant elle.

— Oh ! si j'osais ! s'écria-t-elle.

Elle avait sur les lèvres un aveu dont il me semblait que ma vie devait dépendre, mais elle se défendit de cet entraînement et s'arracha à l'émotion qui la dominait en se levant soudainement, et me disant :

— Non, non, c'est impossible !

A peine avait-elle prononcé ces paroles, qu'un bruit de voix se fit entendre et qu'elle s'élança dans le cabinet en me disant :

— Les voilà !

XXI

UN SOUFFLET

Après une pause de quelques minutes, monsieur de Favreuse continua :

— Je me relevai, et j'attendis ma destinée, qui entra sous la forme trinitaire du prince de Morden, de son fils Hercule de Morden et de monsieur le comte de Belnunce.

Ils étaient tous trois en habits de ville, boutonnés comme des gens qui veulent se donner un aspect belliqueux sous le frac. Ils me saluèrent du bout de la tête; je leur offris des siéges, ils me demandèrent à rester debout.

— Monsieur, dit le comte de Belnunce, si je n'ai pas jugé à propos de relever la question impertinente que vous m'avez faite hier soir, c'est que je me flatte de quelque savoir-vivre, et que le jour de mon arrivée chez la princesse de Hatzfeld je n'ai pas voulu troubler la joie de notre réunion et le bonheur de la comtesse par une scène scandaleuse; mais ce qui était convenable hier serait faiblesse aujourd'hui, et je viens vous demander raison de la manière dont vous m'avez parlé.

Pour tout homme d'honneur, c'est une horrible position que celle où il est obligé de faire le pied plat.

Toutefois, lorsqu'il est en face d'un homme de courage, il semble que cela soit moins insupportable que lorsqu'il sent la peur trembler sous l'insolence du faquin qui l'outrage. Et cependant, mépris pour mépris, injure pour injure, ne vaut-il pas mieux s'attirer ceux d'un méchant drôle que ceux d'un galant homme?

Cependant mon parti était pris, mon sacrifice résolu, et je me mis en devoir de l'accomplir le moins sottement que je pourrais.

J'avais juré de ne pas me battre, mais je n'avais pas promis de faire le plongeon par des excuses; je répondis donc très-sèchement à monsieur de Belnunce :

— Pour des raisons qu'il est inutile de vous dire, et que vous ne saurez jamais, je ne veux pas me battre avec vous; dispensez-vous donc d'injures inutiles, et qui ne vous mèneront à rien.

Le prince de Morden et son fils échangèrent un regard, mais qui n'avait rien d'insultant pour moi.

Évidemment ils se disaient :

— Vous voyez que cela devait arriver.

Cependant monsieur de Belnunce fronça le sourcil, sans aller trop vite dans la fanfaronnade qu'il jouait, tant j'avais parlé sec et ferme.

— Vous n'ignorez pas, monsieur, qu'il y a des moyens par lesquels on force un homme à se battre, et qu'il y a des insultes qu'il ne peut supporter, à moins qu'il ne soit le dernier des lâches.

— Je sais cela, monsieur, et il y a une chose que vous ne savez pas et que je veux bien vous apprendre : c'est que lorsqu'un galant homme, et je parle de moi, a dit à un autre qu'il ne pouvait accepter sa provocation, si cet autre, bien certain qu'il n'a aucun risque à courir, s'oublie assez pour l'insulter grièvement, c'est lui qui est le dernier des lâches.

Le prince et son fils ne dirent mot.

Monsieur de Belnunce reprit alors :

— A ce compte, monsieur, vous seriez insolent comme vous l'êtes en ce moment, et il vous suffira de dire que vous ne pouvez pas vous battre; c'est en vérité par trop commode.

— C'est comme cela.

— Mais vous n'êtes qu'un malheureux, me dit-il avec un accent de colère qui me fit croire qu'il avait eu tout de bon l'envie de se couper la gorge avec moi.

Ma réponse était trouvée et je lui répondis en lui tournant le dos :

— C'est comme ça.

— Mais vous n'êtes qu'un misérable !

Je me mis à me promener dans ma chambre en lui disant :

— C'est comme ça.

Il se mit à marcher après moi, et me cria :

— Mais vous n'êtes qu'un lâche !

— C'est comme ça.

— Mais je vais vous montrer...

Il leva la main sur moi; je me retournai et le regardai. La main resta en l'air. Je lui ris au nez.

On n'insulte pas plus un homme que je ne le faisais. Une colère aveugle emporta monsieur de Belnunce; il me donna un soufflet.

A ce mot monsieur de Favreuse devint vert et porta la main à sa joue.

— Oui, me dit-il d'un ton cependant assez calme, oui, j'ai reçu un soufflet, et je n'ai pas tué sur le coup l'homme qui me l'a donné.

A ce moment ma vue se troubla, je me sentis pris d'un horrible vertige, et je ne sais si je n'aurais pas oublié tous mes serments si un cri léger, parti du cabinet où était Gertrude, ne m'avait rappelé mon serment; mais la commotion était trop violente, et je tombai sur mon lit, près duquel je me trouvais.

J'y restai anéanti, brisé jusqu'au moment où j'entendis fermer la porte de ma chambre. Je me relevai, j'étais seul. J'aperçus mon épée, je la pris, et l'appuyant contre le mur, j'allais me percer d'outre en outre, lorsque Gertrude s'élança du cabinet où elle était restée; elle m'arracha mon épée, je me reculai et la repoussai violemment.

— Nous sommes quittes, lui dis-je, madame, laissez-moi mourir.

— Vous ne devez pas mourir, me dit-elle, je ne le veux pas.

— Assez... lui dis-je.

— Je ne vous le permets pas.

— Ah! m'écriai-je, je ne vous ai pas promis de vivre! J'ai tenu le serment que je vous ai fait, je ne vous dois plus rien.

Elle joignit les mains en signe de prière.

— Tenez, lui dis-je en lui montrant ma joue, il m'eût

frappé d'un coup d'épée au cœur, qu'il ne m'eût pas plus sûrement tué. L'affront me brûle, et...

J'étais furieux, monsieur; j'enfonçai mes ongles dans ma joue; elle me saisit la main, me l'arracha du visage, et pressant de ses lèvres cette joue déshonorée, elle me dit:

— Eh bien, sentez-vous encore l'affront?

Je n'étais pas revenu de la stupéfaction où cet acte inouï m'avait plongé, qu'elle avait disparu à son tour.

Je restai comme un fou, perdu dans un tumulte d'idées contraires, agité par un délire incroyable. Insulté, déshonoré, souffleté par le misérable Belnunce; aimé et relevé presque de mon déshonneur par Gertrude; oui, monsieur, je fus fou pendant une heure, idiot pendant quatre heures; et horriblement embarrassé le reste de la journée.

Cependant, monsieur, j'avais pris un parti fort simple en soi et facile à exécuter, mais qui demandait un premier pas horriblement difficile à faire. C'était un premier pas hors de chez moi.

Fallait-il le diriger du côté de chez madame Smith et y retrouver dix hommes que la vanterie insolente de monsieur de Belnunce devait avoir prévenus? Fallait-il plus audacieusement encore retourner chez la princesse, entrer fièrement dans son salon?

Une fois dans l'un ou l'autre de ces deux endroits, ma conduite était des plus aisées. Je n'avais qu'à rendre au premier homme qui me regarderait de travers l'insulte que j'avais reçue, et si l'on recommençait à railler, recommencer encore à corriger, jusqu'à ce que quelqu'un en finît de moi en me tuant, ou jusqu'à ce qu'on finît par comprendre qu'il ne ferait pas bon à se frotter à la pointe de mon épée.

Dans les grandes occasions, il faut saisir les grandes résolutions.

Je me rendis tout droit chez la princesse ; il faisait nuit, et je n'étais qu'à quelques pas de l'hôtel, lorsque je fus pris au passage par une femme que je reconnus pour appartenir à la comtesse.

Cette femme me pria de la suivre, me fit passer par une porte particulière, et m'introduisit dans un boudoir exactement fermé, et dans lequel je vis bientôt paraître madame de Belnunce.

— Je vous attendais, me dit-elle.

— Je vous sais gré de m'avoir estimé assez pour comprendre que je viendrais.

— Mais, reprit Gertrude, vous venez avec des intentions que je ne puis approuver et qui sont inutiles.

— Quelles intentions me supposez-vous donc ?

— De chercher querelle au premier venu dont la figure ne vous paraîtra pas convenable.

Je fis un signe de tête affirmatif.

— Vous courriez grand risque de vous tromper, me dit-elle ; le secret de l'horrible scène de ce matin ne sera pas ébruité.

— D'où le savez-vous ?

— Comte, je vous en ai trop dit pour que vous ne sachiez pas tout.

Dans la rapidité de ce premier échange de mots, je n'avais pas remarqué l'accent décidé de la comtesse.

— Ne craignez-vous pas, lui dis-je, qu'on ne remarque votre absence du salon ?

— Ma tante ne reçoit pas ce soir; mon père, mon frère et mon mari sont absents : nous avons tout le temps de causer.

Une porte s'ouvrit; monsieur de Belnunce, le prince de Morden et le jeune Hercule entrèrent; monsieur de Belnunce prit insolemment la parole, en disant :

— Vous vous trompez, madame; en voilà assez de vos conversations intimes avec ce misérable.

Je restai confondu, non pas tant de l'épithète que de l'apparition de ces messieurs.

Avant que la comtesse ni moi eussions eu le temps de répondre, monsieur de Belnunce s'était tourné vers son beau-père et vers le jeune Morden :

— Eh bien, ne vous l'avais-je pas dit? et maintenant croyez-vous que je supporterai plus longtemps mon déshonneur ?

Le prince de Morden, sur lequel j'avais l'œil, délibérait en lui-même, j'en suis certain, comment il allait me tuer; mais il savait par expérience combien j'avais la vie dure et tenace. Le jeune Hercule regardait son père, tout prêt à obéir au moindre signe qui lui ordonnerait de m'assommer.

Quant à monsieur de Belnuce, il continuait de cet horrible ton de jactance méridionale qui n'a pas sa pareille au monde :

— Et maintenant, voudrez-vous encore que je demeure avec madame, et ne comprenez-vous pas que j'aime mieux cent fois retourner en France, au risque de la mort qui peut m'y frapper, que de rester pour subir un affront qu'il est impossible de venger sur un pareil misérable ? Quant à madame, elle n'a rien à craindre, un homme qui se respecte ne peut punir une femme que par l'abandon.

Tandis que les Morden et moi étions en train de nous observer, eux cherchant un moyen de se défaire de moi, moi cherchant une manière de leur échapper, la comtesse écoutait les paroles de son mari avec une indignation qui finit par éclater.

En effet, tout à coup Gertrude s'écria :

— A mon tour de parler, monsieur !

— Silence ! s'écrie le prince, fille indigne ! N'essayez pas de sauver cet homme, il mourra, et déjà on n'aurait plus à emporter d'ici qu'un cadavre, si je ne voulais savoir de lui un secret qu'il faudra bien que je découvre, dussé-je le soumettre aux plus affreuses tortures.

— Je sais parfaitement, monseigneur, lui dis-je, que vous entendez à merveille l'office de bourreau.

— Ne raillez pas, me dit le jeune géant, lâche et vil gentilhomme.

— Ah ! m'écriai-je avec une véritable joie, j'ai bien pu jurer de ne pas me battre avec ce pied plat de Belnunce, mais je n'ai rien promis pour vous, mon gentil hussard, et ce sera, s'il vous plaît, une affaire entre nous.

L'étonnement que le père et le fils marquèrent à cette parole me fut une preuve qu'ils avaient cru à ma lâcheté de la veille.

Cependant l'énorme petit Morden, après avoir toutefois

demandé de l'œil à son père la permission de parler, le jeune Morden, dis-je, reprit :

— Pardieu ! s'il en est ainsi, monsieur le comte, j'aime mieux avoir à me défaire de vous loyalement que d'être obligé de vous envoyer dans l'autre monde par les mains de quelque goujat.

Pendant ce temps, monsieur de Morden s'était rapproché de sa fille et lui demandait si elle pouvait lui expliquer ce que signifiait ce serment dont je me targuais pour expliquer mon refus de me battre avec monsieur de Belnunce.

Ce fut alors que Gertrude, prenant son grand air d'impératrice, et s'illuminant d'une sorte de résolution extatique qui semblait la faire toucher au ciel, ce fut alors, dis-je, que Gertrude répondit :

— Assurément je puis tout vous expliquer, et jamais femme qui demande à être jugée n'aura trouvé devant elle un tribunal plus complet.

Vous, mon père, asseyez-vous, je vous prie ; vous aussi, mon frère ; et vous, monsieur le comte de Belnunce, vous mon mari... vous-même enfin, monsieur de Favreuse, prenez place avec ces messieurs.

Père, frère, mari, amant, soyez donc mes juges, asseyez-vous, je vous prie, et pour ma vie que vous avez prise et brisée, je vous demande une heure d'attention.

Après cela, vous déciderez de moi et de vous-mêmes.

Le père et le mari voulurent faire des façons, mais il y avait dans Gertrude une autorité à laquelle il était difficile de résister.

Nous prîmes donc place, et voici ce qu'elle nous dit.

XXII

UN LACHE

— Vous croyez lire un conte de fées, n'est-ce pas ? me dit monsieur de Favreuse en s'interrompant encore ; cela dépasse toute vraisemblance ; une pareille réunion, écoutant volontairement, vous semble un rêve de romancier. Eh bien, monsieur, c'est l'exacte vérité ; et ce qui est aussi l'exacte vérité, c'est ce qu'elle nous révéla aux uns et aux autres sur le compte de chacun.

— Parlez, ma sœur, dit le hussard, et hâtez-vous. Cet homme (et il parlait de moi) doit mourir !

— Il ne mourra pas seul ! reprit le prince.

Je ne puis vous dire de quel sourire de mépris et de dédain la fille couvrit pour ainsi dire les menaces du père.

— C'est ce que je déciderai, dit-elle, mes juges ; car vous allez entendre votre condamnation.

Père, frère et mari se levèrent à ce moment ; mais Gertrude, jouant avec un ruban de soie qui correspondait à une sonnette, se reprit à dire en souriant :

— Il faut m'assassiner ici, ou vous résoudre à m'écouter.

— Nous pouvons vous laisser seule, dit monsieur de Belmunce.

— En ce cas, tous les secrets du château de Morden seront bientôt connus de l'empereur.

— Vous oseriez ! s'écria le prince.

— Je vous ai déjà dit, fit sa fille avec une animation menaçante, que pour ma vie perdue vous me donniez une heure d'attention ; cela vous semble-t-il trop cher ?

— Écoutons-la, fit le jeune Morden avec plus de douceur.

Il y avait quelque chose de bon à tirer de ce garçon, ne fût-ce qu'un peu de sang jeune et pur, tandis que les deux autres étaient assurément ce qu'il y a de plus vicié au monde, vicié et carié jusqu'à la moelle du cœur.

Cependant Gertrude commença.

J'ai lu bien des descriptions dans ma vie ; et quoique ce genre soit rangé, par les gens qui s'occupent de l'art d'écrire, dans les détails les moins précieux de leur état, je voudrais avoir le talent de peindre pour vous faire voir d'abord l'attitude fière et farouche du prince, la mine hautaine de son fils, et la grossière impertinence de monsieur de Belnunce.

Je me mettrais dans un coin du tableau, me serrant modestement contre le mur, observant curieusement la mine des autres ; et, en face de ces autres, cette belle comtesse, pâle dans le cadre blond de ses cheveux en désordre, l'œil illuminé d'un feu bleu, magnifique d'expression, et parlant d'une voix qui entrait dans le cœur comme une musique surhumaine.

Et puis, monsieur, à mesure que parlait Gertrude, je voudrais vous montrer les révoltes successives de tous ces hommes, soudainement dominés par sa parole, se débattant sous les accusations dont elle les souffletait ; frémissant sous les noms dont elle les flétrissait, père, frère et mari, jusqu'à ce qu'ils restassent tous la tête basse et la rage au cœur, rage impuissante et contenue sous le pied de leur victime.

Dieu a dit à la femme qu'elle écraserait la tête du serpent, et lorsque les peintres ont reproduit la sainte Vierge, ce Messie des femmes accomplissant la prédiction du Seigneur, jamais ils ne l'ont faite plus belle, plus imposante, plus calme que n'était Gertrude, debout sur son triomphe.

— Je vois parfaitement le tableau, dis-je à monsieur de Favreuse; mais que s'était-il donc passé qui pût donner un pareil avantage à la comtesse de Belnunce ?

— Des choses inouïes, monsieur, et qui paraissent de l'autre monde.

Voici ce que c'est :

— Mon père, dit la comtesse en s'adressant au prince, mon père, lorsque vous avez voulu que, malgré l'infâme attentat dont j'avais été la victime, je devinsse l'épouse du comte de Belnunce, et que l'homme dont j'allais porter le nom ignorât ce malheur, j'ai refusé.

La menace, la violence m'ont forcée de vous obéir, ou plutôt de feindre de vous obéir. Vous aviez pris vos précautions pour que je ne pusse parler à monsieur; mais j'avais pris les miennes pour lui faire remettre une lettre où je lui disais tout.

Je le dis bien haut, oui, j'avais rêvé qu'il pourrait se trouver un amour assez élevé pour me pardonner mon malheur! et, lorsque après ma lettre reçue, je vis monsieur de Belnunce marcher à l'autel et recevoir ma main, je crus lui devoir une reconnaissance qui ne pourrait jamais égaler une si noble action.

Deux heures après la cérémonie, j'étais détrompée ; et par les mêmes mains qui s'étaient chargées de ma lettre, j'en reçus une où cet homme, qui venait de me donner son nom, avait l'impudeur de me dire qu'il avait de moi tout ce qu'il en avait désiré, ma fortune et la position qu'il ambitionnait.

— Montrez cette lettre ! s'écria le comte.

— Vous savez bien que je ne l'ai pas, vous aviez tout admirablement calculé ; vous étiez sûr qu'à sa lecture je perdrais la tête, le sens, la raison, et qu'il serait facile à celui qui me l'avait remise de la reprendre ; vous avez été plus prudent que moi, vous avez gardé la mienne, comme un lâche que vous êtes.

(Mon cher monsieur, c'était une affreuse scène, je vous jure.)

Le comte se leva, le bras du hussard le repoussa sur sa chaise et l'y jeta pâle et tremblant ; Gertrude continua :

— C'est alors que vous, mon père, vous m'avez enfermée comme une prisonnière dans votre château, me laissant à la surveillance d'une honteuse créature qui a tué ma mère.

Ce fut le tour du prince de se récrier.

— Ah ! fit Gertrude, il ne faudrait pas réveiller ce souvenir au cœur de l'empereur ; il ne faudrait pas le remettre sous les yeux de toute la noblesse ; il ne faudrait pas que Magnus et moi nous vinssions confirmer par notre témoignage les bruits qui ont couru il y a dix ans, pour que le crime vous fût rejeté à la face.

Ah ! vous l'avez voulu, vous m'y avez forcée, eh bien, je vous dirai tout... tout...

Nous ne sommes pas ici à Morden ; vous ne pouvez pas ici faire mourir de faim un prisonnier dans la nuit d'un cachot ; vous ne pouvez pas livrer votre fille à un médecin chargé de faire périr dans son sein l'enfant qui n'est pas né ; vous n'avez pas à vos ordres l'infâme Téhéta ni l'empoisonneur Morgos. Il faut me tuer ici, dans cet hôtel, et être jugé comme meurtrier... ou il faut m'entendre.

Elle était superbe en parlant ainsi, et je voudrais retrouver l'éloquence de ses paroles pour vous dire toutes ces choses, et je la retrouverais que je ne pourrais jamais reproduire l'éloquence de son geste, de son regard, de son accent ; car tout cela, monsieur, c'est l'éloquence.

Et si bien, que lorsqu'elle leur détailla leur dernière infamie, elle avait un rire sardonique qui faisait frémir, un mépris écrasant.

— Braves gentilshommes, leur disait-elle, vous êtes revenus pour tuer l'homme qui m'avait perdue, et voici votre calcul : Vous avez remarqué qu'il avait manqué de politesse avec monsieur de Belnunce, et comme monsieur de Belnunce vous fatigue autant que monsieur de Favreuse, vous avez poussé celui-ci contre celui-là.

Quel que soit le vainqueur, avez-vous dit, le vaincu sera un ennemi de moins.

Mais monsieur de Belnunce n'a nullement envie de mourir ; il a joué une trop belle partie pour cela. Aussi, lorsque vous lui avez prouvé qu'il importait à son honneur de se venger de monsieur de Favreuse, savez-vous ce qu'il a fait ?

Gertrude se mit à rire avec rage, et continua :

— Oh! vous m'avez fait bien du mal, mon père, et vous aussi, mon frère ; mais je ne vous fais par l'injure de vous comparer à cet homme. Il m'a d'abord raconté comment vous aviez exigé de lui qu'il punît monsieur de Favreuse, puis il a ajouté :

« Oh ! je les ai devinés, ils veulent me faire venger leur insulte sous prétexte de la mienne ; mais il ne me convient pas de me faire estropier ou tuer par ce méchant sabreur. Or, comme vous me semblez avoir sur ce monsieur de Favreuse un empire complet, avertissez-le de ne pas se fâcher de ce qu'on me force à lui dire, ou bien tenez-vous pour avertie que, s'il s'en fâche, je me permettrai, avant de me couper la gorge avec lui, de publier la charmante lettre que j'ai reçue de vous. »

Les deux Morden regardèrent monsieur de Belnunce, comme s'ils s'attendaient à une explosion de colère ; mais le lâche ne bougea pas.

XXIII

ARRANGEMENTS DE FAMILLE

Gertrude continua :

— Et puis, dit-elle en s'adressant à son père, je vous avais vu tenter de tels crimes pour garder intact ce que vous appelez l'honneur de votre nom, que j'ai accepté cette horrible obligation, que j'ai été demander à celui qui m'avait perdue d'accepter à son tour l'insulte. Il m'a promis de le faire, et il l'a fait.

Et cet homme m'est devenu respectable au moment où vous l'avez soufflété, vous, monsieur de Belnunce, bien assuré de votre impunité; et voilà qu'après cette suprême lâcheté vous amenez ici mon père et mon frère pour me montrer, moi, donnant un rendez-vous à celui que vous appelez mon amant! Voilà qu'il vous marchande mon honneur!

Combien vous a-t-il demandé pour se retirer en France et vous épargner un scandale? Il vous a demandé de l'argent, j'en suis sûre, je le connais... Eh bien, non! ni les uns ni les autres, vous n'atteindrez au but que vous cherchiez.

Monsieur de Belnunce, vous allez demander pardon à genoux à monsieur de Favreuse de l'insulte que vous lui avez faite, ou je lui permets de vous rendre partout cette insulte, et monsieur de Belnunce publiera ma lettre s'il le veut.

— Jamais! s'écria monsieur de Morden; d'ailleurs cet homme oublie que cette lettre le déshonorerait encore plus que nous : car au moment où il vous a donné sa main il savait tout.

— Elle ment! s'écria monsieur de Belnunce, je n'ai reçu cette lettre qu'après la cérémonie...

— Osez répéter cela, s'écria Gertrude, vos yeux sur les miens! regardez-moi en face, et osez répéter cela! Il faut, mon Dieu! il faut que je sache jusqu'où peuvent aller la bassesse et l'audace du mensonge.

Le comte baissa la tête.

— Oh ! lâche ! lâche ! s'écria la comtesse... A genoux, et demandez pardon à celui que j'ai forcé de se laisser insulter par vous.

— Oui, s'écria le jeune prince, et j'espère que si monsieur de Favreuse veut raison de cette insulte, ce n'est pas à vous qu'il la demandera.

— Je ne veux point des excuses de cet homme, dis-je à mon tour, elles me seraient un outrage. Je ne veux pas non plus mesurer mon épée avec la vôtre, dis-je à monsieur de Morden le fils ; pourquoi une querelle entre nous ? le monde en chercherait le motif, et peut-être la trouverait-il.

Vous avez voulu cacher dans la mort le secret de votre fille ; il est mieux enfermé sous la parole d'un gentilhomme que sous la clef d'un cachot ou la pierre d'une tombe.

Voulez-vous m'en croire ? maintenant que nous nous sommes tous vus à visage découvert, reprenons notre masque devant le monde. Vous, monsieur de Belnunce, soyez, puisqu'il le faut, l'époux trop honoré d'une femme incomparable ; vous, prince, et vous, jeune homme, faites qu'on oublie tout ce que vous avez tenté de crimes pour me faire disparaître.

Quant à moi, je resterai le gentilhomme étranger auquel personne ne fait attention. Il y a prudence à vivre ainsi, il y a justice envers votre fille ; le voulez-vous ?

— Je mets à cela, fit monsieur de Belnunce, une condition.

— Pas de condition de votre part, m'écriai-je ; vous accepterez ce qui sera décidé, et ce qui sera décidé vous l'accomplirez. Oh! il y a entre nous un lien qui nous enchaîne éternellement l'un à l'autre : c'est le soufflet que vous m'avez donné.

Je deviens dès aujourd'hui votre ami le plus cher ; je ne vous quitte plus, comte; et si jamais vous manquez au serment que vous allez faire, si vous prétendez vous échapper ou dire un mot, je vous le jure par mon nom que je respecte, je vous tue comme une bête malfaisante. Taisez-vous donc et écoutez...

Prince, acceptez-vous ?

— J'y mettrai une condition, moi, s'écria le prince, et sans cette condition, monsieur, rien de ce que vous proposerez n'est acceptable pour moi.

Il avait un air plus sombre qu'à l'ordinaire, et j'avoue que, sans savoir où il voulait en venir, j'avais peur de ce qu'il allait commander.

Enfin, après un moment de silence, les yeux baissés comme s'il reculait lui-même devant la proposition qu'il avait à faire, il se décida à parler.

— Eh bien, dit-il, je veux croire que ce secret sera gardé par tous ceux qui vont le jurer ici; mais peut-être existe-t-il quelqu'un qui le soupçonne...

Il s'arrêta et reprit :

— Quelqu'un qui le connaît.

— Qui donc? lui dis-je.

Le prince réfléchit.

— Ne fût-ce que Magnus, reprit-il lentement.

— J'ose répondre de son silence ! m'écriai-je.

— Ah! fit le prince, alors même qu'il voudrait être indiscret, une pareille accusation ne trouverait aucune créance, s'il n'existait une preuve de tout ceci.

— Quelle preuve ?

Le prince attacha son œil de loup sur sa fille, et dit d'une voix brève et sèche :

— Il y a une preuve vivante de votre faiblesse, il faut que cette preuve disparaisse.

Gertrude pâlit, et moi je me sentis une envie démesurée d'étrangler ce vieux tueur.

Je vous le dis, monsieur, comme il y a des animaux carnassiers, il y a des hommes qui ont un instinct de meurtre. Tuer est une sorte de point fixe où ils font aboutir toutes les combinaisons de leur esprit. Le prince de Morden était de ces bêtes-là.

Gertrude fut sur le point de répondre; j'eus encore peur d'une lutte, je tâchai de l'éviter, et je dis au prince :

— Vous vous êtes trompé, il n'existe...

Le prince me regarda et me coupa la parole avec un seul mot :

— Oubliez-vous que Téhéta était là ?

— Oh oui ! fit Gertrude, mais elle ne sait pas où est ma fille.

— Elle le savait hier, fit le prince.

Et se tournant vers moi, il ajouta :

— Et elle le saura demain, quelque précaution que vous ayez pu prendre pour le lui cacher.

— Encore un assassinat! s'écria Gertrude qui, emportée par la connaissance qu'elle avait des façons de son père, ne se trompa point sur le sens qu'il fallait leur prêter. Et vous avez pensé à me le proposer, à moi, à une mère!...

Assurément je partageais la sainte indignation et toute la colère de Gertrude ; mais de même qu'il y a des choses sur lesquelles il est parfaitement inutile de discuter avec certains imbéciles entêtés, de même il y a des sentiments qui sont inintelligibles pour certains cœurs. Le prince eût vu sa fille se tordre de douleur et de désespoir à ses pieds, qu'il n'en eût pas été plus touché qu'un sourd des cris d'un malheureux qui se noie derrière lui.

Je pris donc le parti de le ramener sur un terrain où j'étais sûr de le trouver plus sensible et plus attentif; je lui dis :

— Cette enfant est dans des mains qui ne se la laisseront pas ravir impunément, et je puis vous affirmer que sa disparition sera encore plus recherchée que sa naissance.

Le prince me suivit de très-bonne grâce sur ce terrain, et me répondit :

— Je me charge de détourner les poursuites.

— Et moi, lui dis-je, je me charge de ramener ces poursuites à leur vrai but.

— Qu'est-ce à dire? fit le prince d'un air que n'eût point pris un Bouillon ou un Montmorency parlant à un échevin qui fait des remontrances.

Je suis bon homme de ma nature, et j'avais vécu dans un pays où l'on n'avait pas compté ma noblesse pour grand'chose ; mais, ma foi, à ce moment, la moutarde me monta au nez, d'autant que la bonne moitié de cette noblesse hongroise vient d'un ramas de Cosaques, de Bosniaques, de Dalmates, de sauvages enfin qui n'ont aucune racine de la vraie noblesse, et je répliquai :

— Il y a à dire que moi je ne le veux pas.

— Vous ! dit le hussard du haut de ses six pieds, et avec un accent de dédain.

— Moi, jeune Hercule, lui dis-je ; moi, comte de Favreuse, dont les ancêtres suivaient Louis VII à la croisade, quand les vôtres décrottaient les pieds de leurs chevaux dans les marais de la Gallicie ; moi qui porte une potence et une corde dans mes armes, parce qu'un de mes ancêtres a abattu de sa main la potence et coupé de son épée la corde où le roi Charles IV avait fait pendre un de ses vassaux.

Ah çà, parce que j'y mets de la bonne grâce, vous vous imaginez avoir affaire à un Belnunce ! Assez d'assassinats, messieurs, assez de meurtres et de lâchetés de cette espèce, que ceci soit dit une fois pour toutes.

Il y avait là de quoi me faire étrangler sur place ; mais le prince était de ces natures qui n'ont guère de courage dans le mal que lorsqu'elles sont sûres de l'impunité.

Il ordonna d'un mot à son fils de se taire, et, feignant de dédaigner de me répondre, il dit à Gertrude :

— Qu'il n'en soit plus question ; je me fie à vous du soin de cacher cette enfant à tous les yeux.

— Ainsi, mon père, vous renoncez...

Le prince de Morden interrompit sa fille, et ajouta, en me désignant du doigt :

— Entendez-vous de cela avec monsieur.

Tout aussitôt il fit signe à son fils de se disposer à sortir, et il s'apprêta lui-même à le suivre.

Monsieur de Belnunce se leva d'un air arrogant, et voulut accompagner son noble beau-père; mais celui-ci s'arrêta et lui dit sèchement :

— Je ne pense pas que nous allions tous deux du même côté.

Cela dit, il s'éloigna, et laissa monsieur de Belnunce seul avec sa femme et moi.

Un des arts les plus difficiles dans ce monde, c'est l'art des entrées et des sorties, celui des sorties surtout.

Nous en faisions jadis une étude particulière; mais, en vérité, je doute que le plus grand maître eût pu surpasser monsieur de Belnunce dans celle qu'il fit.

Il se tourna vers la comtesse et vers moi, nous salua fort ironiquement, et dit :

— Je vais avertir vos gens de ne pas venir avant qu'on les sonne.

De bonne foi, monsieur, quand on se mêle d'être lâche, il faut l'être à ce degré-là; cela prend l'importance d'un vice bien porté.

XXIV

UN GUET-APENS

A peine le Belnunce fut-il parti, que la comtesse se mit à fondre en larmes.

— Oh! mon Dieu, s'écria-t-elle, j'ai pu aimer un pareil homme, et je me suis perdue pour lui !

Elle avait raison de pleurer, monsieur, car c'est là un des plus grands désespoirs de la vie que d'avoir donné la fleur de son âme et de sa jeunesse à quelque chose de vil et de honteux. Une femme surtout ne se relève jamais de l'infimité de son premier amour; c'est une flétrissure qui lui reste au cœur.

Vous connaissez mon système : je méprise les paroles vides et les consolations inutiles; je ne dis pas un mot à Gertrude à ce sujet, j'étais de son avis. Je la laissai pleurer; puis, quand elle se fut calmée d'elle-même, je lui demandai ce qu'elle voulait que je fisse de sa fille; il fut décidé qu'elle resterait dans la maison où je l'avais placée.

J'avais bien autre chose à demander à Gertrude, mais la question était difficile.

Enfin je trouvai le biais.

— Et comment, lui dis-je, pourrai-je vous donner des nouvelles de notre Marie ?

La comtesse se tut. Elle m'avait parfaitement compris.

— Non, me dit-elle; nous ne devons pas nous revoir.

Je voulus insister.

— Non, jamais, reprit-elle, je ne le dois pas.

— Mais pourquoi ?

— Je suis trop malheureuse, dit-elle en se détournant.

— Mais c'est une raison pour que je ne vous quitte plus.

— Comte, me dit Gertrude avec une naïveté dont je ne croyais pas une femme capable, vous m'aimez trop pour que nous risquions, vous de céder à votre amour, moi d'y croire. Oh! quand on souffre, on est si faible; non, non, je ne veux plus vous voir.

Moins elle le voulait, plus je le désirais; mais je ne pus rien gagner sur sa résolution.

Malgré mes prières les plus ardentes, malgré ses hésitations, elle ne voulut accepter aucun moyen d'intelligence particulière, ni signes, ni correspondance. Je lui parlai vainement de sa fille.

— Il me suffit, me répondit-elle, de savoir où elle est.

Il me fallut la quitter, car, à l'instant même, on annonça la princesse de Hatzfeld.

Je me retirai.

Ne soupçonnant pas que ma sortie de l'hôtel pouvait être surveillée, et, autant pour ne pas manquer à une habitude journalière que pour avoir des nouvelles de ma fille, je me rendis chez madame Smith.

Je n'avais pas fait vingt pas dans la rue, qu'il me sembla qu'on marchait derrière moi. Cela n'avait rien d'étonnant, mais j'étais en position de m'alarmer de la moindre circonstance.

Je m'arrêtai, on s'arrêta. Je repris ma marche, des pas se firent entendre de nouveau.

Décidément, j'étais suivi.

Dans quel dessein? voilà ce que j'ignorais.

Voulait-on se défaire de moi, ou voulait-on seulement m'espionner? Dans l'un et l'autre cas, il fallait éviter le danger.

Je tirai mon épée et je revins sur mes pas, jusqu'à la distance où pouvait être le personnage qui m'avait suivi. Je n'aperçus personne ; je pensai avoir rêvé.

Je repris ma route : à peine avais-je fait trente pas, que j'entendis le même bruit ; je m'arrêtai encore, j'appelai, et je n'entendis plus rien. Cette fois je me retourne, et je me mets à courir de toutes mes forces vers l'endroit où le bruit de pas avait cessé. Je ne trouve encore rien.

Alors il me prit une horrible peur. J'eus peur d'avoir peur. Je crus que la crainte que j'avais d'être assommé me faisait entendre des bruits qui n'existaient pas.

C'est comme ça qu'on devient fou ; et dans ce moment j'aurais préféré voir devant moi quatre grands gaillards bien armés que de me trouver seul, avec cet ennemi que j'entendais, mais qui n'existait peut-être pas.

Je me mis à jurer ; aussitôt on se mit à rire à vingt pas de moi ; mais cette fois du côté que je venais de quitter... J'y courus encore, et ne vis rien.

Il fallait cependant en finir : je me décidai à continuer mon chemin ; mais, devenu plus raisonnable, je me résolus à rentrer chez moi, espérant tromper l'espion chargé de découvrir où j'allais ; car je supposai qu'en me suivant on espérait trouver la trace de la maison où j'avais caché ma fille.

Cette fois encore je vous ai raconté en détail cette petite circonstance pour vous prouver combien la vie d'un homme et celle d'une femme, et l'existence de toute une famille, peuvent dépendre d'un rien, d'un bruit indifférent, quelquefois d'un rêve.

Me suivait-on ou ne me suivait-on pas ? est-ce mon imagination qui, frappée des dangers romanesques parmi lesquels j'avais vécu si longtemps, créa des bruits étranges qui me firent tellement peur ?

Je n'en ai jamais rien su, et je n'en sais encore rien ; mais il n'en est pas moins certain que ce fut ce bruit de pas qui m'empêcha d'aller chez madame Smith, et ce fut mon absence de chez cette dame qui fut la cause d'événements qui changèrent complétement ma position.

Cependant il est bon que je suive l'ordre des événements.

Le lendemain, à ma grande surprise, je reçus une invitation pour un dîner que donnait la princesse pour célébrer le retour de son neveu. C'était accepter de la manière la plus formelle la comédie que j'avais proposée, et je m'en réjouis de tout mon cœur.

Cependant, monsieur, je n'étais pas content; le cœur me brûlait toujours à la joue, et quoique je n'eusse aucune crainte au sujet de monsieur de Belnunce, que je savais trop lâche pour oser se vanter d'une action qu'il était incapable de soutenir, je ne sais quel mauvais pressentiment me disait, malgré moi, que j'aurais à souffrir horriblement de cette injure.

Je regrettai vivement de n'avoir pas été le soir même chez madame Smith, et j'aurais pu juger, à la mine de ceux que j'y aurais rencontrés, si quelque chose avait été éventé de la scène qui s'était passée chez moi.

Fort tourmentée de cette idée, je me décidai à sortir dans la journée, ce qui ne m'arrivait jamais, et je me rendis au Prater, sûr d'y rencontrer de ces causeurs qui savent tout, disent tout, et qui, s'ils avaient quelque connaissance de mon histoire, ne manqueraient pas de me tourner le dos pour faire du courage aux dépens de ma poltronnerie présumée.

En sortant de chez moi, je remarquai une vieille femme qui me demanda l'aumône. C'était chose assez commune à Vienne, où les mendiants ne sont pas la partie la moins propre de la population.

Cependant l'aspect de cette femme me frappa. J'attribuai l'émotion que me causa sa voix à l'appréhension où j'étais de quelque événement imprévu, et je me rendis au Prater.

Comme tous les gens qui cèdent à un mouvement d'irritation, j'étais arrivé à la promenade avant que personne de ceux qui avaient l'habitude de s'y montrer eût pensé à y mettre le pied.

Je n'avais pas fait un tour, que je retrouvai ma vieille mendiante à l'angle d'une allée. Je fis semblant de ne pas l'apercevoir, et j'espionnai mon espionne. Je quittai la promenade, et je vis qu'elle me suivait; je revins au Prater, elle me suivit encore.

J'en avais assez, j'allai droit à elle, et je lui demandai la raison pour laquelle elle s'attachait ainsi à mes pas.

— Le chemin est ouvert à tout le monde.

— Mais il ne me plaît pas à moi qu'il soit ouvert derrière mes talons.

— Obtenez une ordonnance impériale qui défende de passer où vous avez passé.

C'était une femme qui me parlait ainsi, et toute vieille, toute mendiante qu'elle était, je ne pouvais la corriger comme j'eusse fait d'un homme; cependant, je lui dis assez vivement :

— Prenez garde, la vieille, que s'il vous plaît de me suivre ainsi, je puis vous mener dans tel endroit où vous ne seriez peut-être pas aussi insolente.

— Oh! fit-elle, vous auriez le courage de me battre! Ça ne m'étonne pas; quand on reçoit des soufflets d'un homme, on doit être capable de les rendre à une femme.

Comprenez ma stupéfaction, mon étonnement, ma fureur.

Cet horrible secret que je venais guetter sur le visage des gens les plus considérables de Vienne, pour savoir s'il en avait été dit quelque chose dans les salons, ce secret, je le trouve du premier coup au pouvoir d'une pauvresse inconnue! Je restai dans une sorte d'anéantissement, ne sachant que dire, que faire, que penser.

La mendiante m'examinait d'un air curieux et moqueur, elle jouissait de ma peine; ce n'était donc pas là une pauvresse comme une autre; c'était indubitablement un émissaire de monsieur de Belnunce ou du prince.

A mon tour, je la regardai plus attentivement; mais elle détourna vivement le visage.

— Nous allons changer de rôle, lui dis-je; ce n'est plus toi qui me suivras, c'est moi qui ne te quitterai plus jusqu'au moment où je saurai qui tu es et qui t'a envoyée sur mes pas.

— A votre aise, monsieur le comte, me dit-elle; seulement, soyez assuré que je vous ferai faire peut-être plus de chemin que vous ne voudriez en avoir fait.

— J'ai les jambes bonnes.

La mendiante ne me répondit pas et quitta le Prater. Comme je le lui avais promis, je la suivis.

Elle me fit passer par un dédale de rues, de chemins, sans que je m'aperçusse qu'elle jouait avec moi la malicieuse fuite de la Galatée de Virgile, paraissant vouloir se cacher, et ayant grand soin que je ne la perdisse point de vue.

Enfin elle arriva à une ruelle bordée par les murs élevés de deux jardins; elle précipita sa course, mais, malgré tous ses efforts, elle semblait ne plus pouvoir se traîner; si bien qu'arrivée à la porte du petit pavillon, elle perdit toute l'avance qu'elle avait sur moi.

Je l'atteignis juste au moment où elle allait fermer la porte; je la repoussai malgré ses efforts, et j'entrai en même temps qu'elle.

La porte se referma derrière nous.

Je me trouvai dans une espèce d'antichambre sombre; la mendiante la traversa rapidement, et gagna l'étage supérieur par un petit escalier tournant et couvert de tapis épais sur lesquels on n'entendait plus le bruit de ses pas. J'aurais dû m'apercevoir que j'avais été emmené comme un niais qui a mordu à un hameçon bien appâté, mais j'étais tout entier à l'ardeur de ma poursuite.

Je grimpai après ma Galatée, et j'arrivai dans un salon d'une magnifique coquetterie. C'était un de ces appartements à la mode allemande, tout ornés de rocailles, de coquillages, de petits tritons: c'était du meilleur goût.

A peine y eus-je mis le pied, que la mendiante rejeta en arrière sa coiffe qui lui cachait le visage, et me dit :

— Eh bien ! me reconnais-tu maintenant ?

Elle avait parlé allemand, lequel allemand j'avais étudié par nécessité. Je ne reconnus point mon Atalante, et le coup de théâtre, s'il était préparé, manqua tout son effet.

Aussitôt elle prit un bassin d'or, s'y plongea le visage et fit tomber une horrible purée de bistre, de noir, de vert, que sais-je? et, se relevant une seconde fois, elle me montra le visage net et propre de Téhéta.

Ce ne fut qu'à l'aspect de ma bohême que je compris avec quelle adresse perfide j'avais été attiré à la suivre.

La vipère avait compris que je me tiendrais en garde contre tous les rendez-vous qu'on me voudrait donner, si attrayants qu'ils fussent, tandis que je ne résisterais pas à l'envie de punir une insolence.

D'une part, je ressentis une certaine satisfaction à voir que mon secret n'était pas tombé si bas que j'avais pu le croire, et qu'il était resté entre les mains qui avaient trempé dans toute cette intrigue de crimes. D'une autre part, je compris qu'entre ces mains il devenait contre moi une arme terrible.

Je n'eus pas grand'peine à m'expliquer comment Téhéta le savait ; elle le devait à la confidence du prince, et probablement j'étais dans la petite maison où il logeait sa belle esclave.

— Je suis ici chez vous, la belle, lui dis-je.

— Vous êtes ici, comme au château, en mon pouvoir ; ici, comme à Morden, je puis vous faire libre ou vous retenir prisonnier ; je puis vous sauver ou vous faire périr.

Ceci pouvait être très-sérieux, mais je me donnai garde de le prendre sur ce ton, et je lui dis :

— Bon, bon, ma toute belle, on ne se défait pas d'un homme si aisément que ça.

Elle me regarda en haussant les épaules.

— Je n'aurais qu'à quitter ce pavillon et vous ne sortiriez pas de la chambre où vous êtes. Et une fois que j'en aurais fermé la porte pour ne plus la rouvrir, vos efforts seraient vains pour la briser, vos cris ne sortiraient pas de cette enceinte. Je vous le dis, ici comme à Morden, vous êtes en mon pouvoir.

— Soit ! mais vous me permettrez alors de m'opposer à votre départ, lui dis-je en la saisissant vivement dans mes bras.

Téhéta ne fit aucune résistance, et me dit :

— Essayez de sortir si vous le voulez ; vous verrez où cela vous conduira de vouloir faire de la violence avec moi.

J'essayai toutes les portes ; elles étaient en glaces fort richement encadrées de cuivre, mais elles étaient inébranlables.

— Oh ! me dit Téhéta, vous pouvez les briser comme vous avez cassé mon miroir à Morden ; vous trouverez l'obstacle invincible qui vous arrêtera.

Jamais homme ne fut plus persécuté que moi d'une succession d'impuissances que j'étais forcé de reconnaître et d'avouer.

Que pouvais-je en effet contre Téhéta ? Me battre avec

elle, jurer, tempêter, menacer ; pourquoi ? pour me mettre en définitive à sa merci ! Je réfléchis qu'il valait mieux commencer par là, et je lui dis tout doucement :

— Vous m'avez sans doute fait venir ici pour quelque chose ; voulez-vous me l'expliquer ? Je n'ai pas oublié que je vous dois la vie, et c'est un devoir pour moi de le reconnaître par tous les bons offices que je pourrai vous rendre.

Téhéta reçut ma proposition de l'air d'une femme qui n'y croit point.

— Vos bons offices ? me dit-elle avec dédain, c'est trop et ce n'est pas assez.

Que pouvez-vous, exilé, pauvre et abandonné comme vous l'êtes, pour moi qui tiens dans mon obéissance un des hommes les plus riches et les plus puissants de l'empire ?

— J'avoue mon impuissance, lui dis-je, et cependant ce n'est pas seulement pour le plaisir de me voir que vous m'avez entraîné ici ; vous devez avoir un dessein que je serais ravi de connaître.

— Je vous le dirai tout à l'heure, me répondit Téhéta ; vos bons offices me sont inutiles, mais vous pouvez beaucoup plus pour moi.

— Expliquez-vous.

XXV

NOUVELLE VENGEANCE DE TÉHÉTA

Je prévoyais quelque chose d'extraordinaire, d'étrange, de terrible, et l'air embarrassé de Téhéta me le montrait assez; mais, à vrai dire, je ne m'attendais pas du tout à la proposition extravagante qui sortit comme un coup de pistolet de la bouche de Téhéta. Elle se mordait les lèvres, balançait sa tête d'un air incertain, ne sachant par où commencer, lorsque tout à coup elle se décida à tirer en plein but, et me dit sans préambule, sans préparation :

— Je veux être comtesse de Favreuse !

— Hein ? plaît-il ?... que voulez-vous dire? de quoi s'agit-il? J'ai mal entendu.

Toutes les exclamations possibles de surprise me vinrent l'une après l'autre à l'esprit.

Téhéta, contente de m'avoir lâché sa bordée, me laissait épuiser la mousqueterie de mes questions sans en paraître émue; elle s'y attendait. Mais lorsque, ennuyé du silence qu'elle gardait après cette farouche déclaration, je lui dis qu'elle était folle, elle se remit à prendre un air de dédain et de mépris.

— Non, me dit-elle, je ne suis point folle ; et si je vous ai amené ici pour vous faire cette proposition, c'est qu'ici vous serez forcé d'écouter tout ce que j'ai à vous dire.

Je la saluai respectueusement, et je lui répondis de ma plus douce voix :

— J'ai entendu hurler les tigres de l'Inde, ce qui est effroyable; j'ai entendu pleurer les crocodiles et les caïmans, ce qui est touchant à fendre le cœur d'un nabab; ainsi je vous entendrai menacer ou prier tant qu'il vous plaira; mais dussiez-vous me hacher comme chair à pâté, je vous jure que jamais...

— Ne jurez pas, reprit Téhéta en fronçant le sourcil;

attendez de savoir ce qui vous menace avant de prendre une résolution.

— Le pire de tout ce qui peut me menacer, c'est d'être tué, et pour le peu de cas que je fais de ma vie, vous pouvez être assurée...

— Je le sais, me dit-elle, et si vous eussiez été un lâche comme monsieur de Belnunce, je ne vous aurais pas choisi.

— L'honneur m'est grand, lui dis-je.

Téhéta changea tout à coup d'expression, et me dit avec des larmes qui lui échappèrent malgré tous ses efforts :

— Je ne vous aurais pas aimé si vous eussiez été un lâche.

Personne ne méprise la passion qu'il inspire, et, quand une femme est belle, on trouve toujours qu'elle a raison de vous trouver de son goût. Je ne me laissai point aller cependant à la douce tentation de répondre à cette déclaration, et je gardai le silence.

Téhéta se mordit les lèvres de rage.

— Mais cet amour vous est fort indifférent, n'est-ce pas? et j'en suis si bien convaincue, que je l'ai tout à fait oublié.

— En ce cas, vous devez avoir perdu en même temps l'envie de devenir comtesse de Favreuse ?

— Oh! me dit-elle, ce n'est pas à mon amour que j'obéis, c'est ma vengeance que je veux.

— Et en quoi, s'il vous plaît, puis-je être utile à votre vengeance par mon mariage avec vous?

Téhéta fut sur le point de me répondre ; mais comme si elle n'eût pas voulu établir la discussion sur ce sujet avant de m'avoir bien persuadé de la nécessité de lui obéir, elle reprit :

— Je serai comtesse de Favreuse, ou tout ce que vous aimez périra dans le déshonneur et le désespoir.

Je compris enfin Téhéta.

— Oh ! me dit-elle, si je n'avais été maîtresse que de votre existence, je ne vous aurais pas amené ici, bien sûre de vous voir préférer la mort à la honte d'épouser la fille esclave ; mais à l'heure qu'il est je tiens dans mes mains l'honneur de madame de Belnunce, je tiens dans mes mains cette enfant que vous avez espéré soustraire à ma vengeance.

— C'est impossible ! m'écriai-je.

— Si vous aviez été hier soir chez madame Smith, vous sauriez qu'on devait me la rendre ce matin.

— Hier, m'écriai-je... oh ! je l'en aurais empêchée !

— Vraiment, me dit Téhéta en ricanant ; c'était pourtant ce que j'espérais ; mais vous n'êtes pas venu, et à défaut du scandale que vous auriez fait, on m'a remis l'enfant.

Je ne comprenais pas beaucoup comment Téhéta trouvait bon que je ne fusse pas allé chez madame Smith, et comment elle eût trouvé meilleur que j'y fusse allé. Elle avait cependant raison.

C'était une terrible combinaison, une combinaison de femme méchante, longuement méditée, bien couverte de tous côtés et presque impossible à éviter, comme les grandes manœuvres des grands capitaines.

Voici quelle avait été sa façon d'agir d'abord :

Elle s'était présentée elle-même chez madame Smith, comme une mère éplorée à qui l'on a ravi son enfant; elle l'avait réclamée, et, en preuve de son droit à cette réclamation, elle avait amené la nourrice gagnée par elle, et qui déclara l'avoir reçue de sa main; enfin elle avait fait valoir cette fatale marque imprimée sur le corps de l'enfant, et qui était un signe de reconnaissance.

Comme je vous l'ai dit, voilà l'action; maintenant voici le raisonnement :

Ou j'apprendrais la prétention de Téhéta, et alors je la combattrais, alors je m'opposerais de toutes mes forces à la remise de l'enfant. Que j'eusse fait cela dans un premier mouvement de surprise, et c'était cent fois probable, quelles étaient les conséquences de cette résistance ?

De quel droit m'occupai-je de cette enfant trouvée sur le seuil d'une maison ? C'était donc moi qui l'avais posée là, moi qui l'avais remise à madame Smith; cette enfant m'était donc quelque chose, je savais qui elle était, où elle était née. On eût poursuivi une enquête à ce sujet, et vous devez juger jusqu'où elle eût pu remonter.

C'est à ce moment que Téhéta me produisit avec une effrayante logique la date du prétendu accident arrivé à Gertrude, l'histoire publiée par la princesse de la voiture brisée sur la grande route et retrouvée cependant à la porte de la cabane par les gens de la princesse.

Alors elle me rappela que le lendemain matin même de

cette nuit, j'avais paru chez moi avec cette enfant, que plus tard je l'avais portée moi-même chez la nourrice ; elle me rappela encore que c'était moi qui étais venu avertir la princesse de l'accident que je devais n'avoir appris que par hasard.

— Oui, me dit-elle, j'aurais voulu que vous eussiez été là, et alors je vous aurais traité d'infâme, et pour vous défendre il eût fallu révéler toutes ces circonstances qui eussent toutes abouti à prouver la faute de Gertrude.

Alors, s'écria-t-elle, j'aurais parlé à mon tour, j'aurais raconté tout ce qui s'est fait au château de Morden, et je me serais vengée de cet homme qui m'a achetée enfant pour me déshonorer jeune fille, pour me tenir prisonnière ; je me serais vengée de cette comtesse de Belnunce qui me méprise pour avoir appartenu à mon maître comme lui appartient le chien avec lequel il chasse ; je me serais vengée de toi, comte, que j'ai sauvé et qui m'as trahie pour cette femme que tu ne connaissais que pour t'avoir dénoncé à son père ; de toi, qui étais, j'en suis sûre, le complice de Nagy-Tcha, et qui l'as poussée à la mort de mon père.

Je vous traînais tous dans la boue et le déshonneur ; mais tu n'es pas venu, et l'on m'a remis cette enfant ; elle est en mon pouvoir. Que je dise un mot, ou plutôt que je ne le dise pas, et elle meurt ; car je ne suis pas si imprudente que toi, je n'ai pas seulement confié à ma vie le soin de ma vengeance, je l'ai encore légué à ma tombe.

Tu peux me tuer ici, comte de Favreuse, et du même coup dont tu me tueras, tu tueras Gertrude, et ta fille Marie, et toi-même ; car sans moi vivante tu ne sortiras pas d'ici, tu y mourras de faim, et c'est un supplice que tu connais.

Après cette phrase, monsieur de Favreuse poussa un soupir, et reprit du ton le plus détaché :

— Quelle peste, monsieur, que les femmes enragées d'une passion quelconque !

Téhéta était enragée de trois ou quatre à la fois : elle était enragée de vengeance, enragée d'amour, enragée d'ambition, enragée de vanité, etc., etc.

Je la connaissais trop, non point pour croire très-exactement tout ce qu'elle me disait, mais pour être certain que je l'aurais pétrie avec une massue dans un mortier que je ne l'aurais pas fait reculer, et je n'avais pas contre elle les armes morales qu'elle avait contre moi : elle n'avait personne à l'honneur de qui elle s'intéressât, pas même au sien.

Elle se targuait d'être perdue, et me disait impudemment :

— Votre nom me servira à me relever de mon infamie ; oui, me disait-elle en s'exaltant, je serai l'égale de cette comtesse de Belnunce, et j'aurai sur elle cet avantage de porter un noble nom, noblement porté.

Tout cela était fort charmant, mais tout cela ne me tirait point d'embarras, et puis j'avais mille choses à penser, à prévoir ; ma fille et Gertrude m'occupaient avant tout ; car, pour ce qui était du mariage, j'étais parfaitement déterminé à tout promettre pour sortir d'abord des griffes de Téhéta, sauf à compter ensuite avec elle.

Cependant je ne pouvais pas céder trop vite, de peur que la jalouse Téhéta ne suspectât mon obéissance.

En conséquence, je pris un chemin détourné et qui devait me conduire à mon but.

— Téhéta, lui dis-je, je ne puis ni ne veux vous épouser ; mais à supposer que la reconnaissance que je vous dois eût pu me faire oublier la distance qui nous sépare, et surtout ce que vous avez été, je me croirais le dernier des hommes d'obéir à une menace de mort.

J'avais espéré que Téhéta verrait dans cette manière de prendre les choses un commencement de concession, puisque j'admettais comme possible l'idée d'un mariage entre elle et moi, s'il ne m'était pas imposé par la menace ; mais soit que ma finesse fût trop fine pour cet esprit absolu, soit qu'elle ne le fût pas assez pour cette nature vipérine, elle me répondit :

— Vous ne le voulez pas, eh bien, comte, restons ici, et vienne la mort pour nous deux ; c'est une sorte de mariage, c'est une destinée commune. Nous serons unis dans les tortures de la faim et de la mort.

Nous avons bien en France quelques caractères extravagants et qui se font remarquer par des actes d'une folie inouïe : nous avons des amants qui tuent leurs maîtresses et qui se tuent après ; il y en a qui se tuent ensemble parce que des parents barbares refusent de les marier ; mais il n'y a pas de femme, du moins que je sache, qui propose tranquillement à un homme qui ne veut pas d'elle, de faire une partie de mourir de faim en tête-à-tête ; c'est le cas ou jamais de se manger mutuellement.

Cependant je n'étais pas du tout décidé à éprouver la constance de Téhéta, et j'aimais autant ne pas faire un mariage *in extremis*. D'un autre côté, je voulais savoir comment elle entendait l'engagement qu'elle me demandait, afin de découvrir comment je pourrais y manquer.

Je me jetai sur un sofa et lui dis d'un ton nonchalant :

— Écoutez, la belle, si c'est un nom que vous voulez, rien que mon nom, c'est une chose dont je puis traiter avec vous, mais à la condition que nous ne nous verrons jamais.

— Vous êtes donc assez lâche pour donner votre nom à la femme que vous méprisez?

— Ah çà, voyons, lui dis-je, ma chère enfant, que diable voulez-vous que je fasse? Si je vous refuse, il faut que je meure de faim comme un chien, et moi qui ai goûté de cette cuisine, ou plutôt de cette absence de cuisine, j'avoue que je ne suis pas tenté de recommencer; si, pour échapper à cette destinée, je consens à vous épouser, vous me traitez de lâche; vous conviendrez qu'il est difficile de vous contenter.

Téhéta ne me répondit point d'abord, elle se consultait; enfin elle finit par me dire :

— Eh bien, soit! si ce n'est pas le bonheur, ce sera du moins la vengeance.

— Eh bien, va pour votre vengeance, lui dis-je. Et comment entendez-vous que je vous la donne?

— Ne vous l'ai-je pas dit?

— Vous m'avez dit votre projet, mais il faut arriver à l'exécution.

— Elle est plus simple que vous ne pensez : vous allez me faire un engagement signé de votre nom, librement signé, et vous pourrez sortir.

— Et qui me répondra que vous me rendrez ma fille? qui me répondra que vous laisserez la comtesse de Belnunce en repos?

— Je vous le promets.

Je me mis à rire au nez de Téhéta.

— Vous me demandez des écrits, lui dis-je, et vous m'offrez pour toute garantie des serments : vous êtes folle!

Téhéta se mit dans un coin, frappant la terre du pied avec colère, cherchant probablement un moyen de faire une transaction. La lutte était curieuse.

Elle avait une dose de sang bohême qui lui persuadait qu'on ne fait de bons marchés qu'en prenant tout et ne cédant rien ; mais, d'un autre côté, une certaine justesse d'idées lui démontrait la fausseté de cette prétention. Il y avait donc, comme je vous le disais, une lutte curieuse entre l'instinct et le raisonnement.

Enfin une idée lumineuse sembla éclairer toutes les incertitudes de Téhéta : elle se leva soudainement, alla vers la porte, l'ouvrit et me dit :

— Vous pouvez sortir; je ne vous demande ni serment, ni écrit, ni promesse; mais n'oubliez pas une chose, c'est que votre fille est entre mes mains, et que si dans trois jours le mariage que je vous demande n'est pas fait, vous ne la reverrez jamais. N'oubliez pas que celle que vous aimez est tout à fait perdue.

Allez maintenant; j'aime mieux comme garantie de votre obéissance la terreur que vous emporterez d'ici, que tous les engagements que vous pourriez prendre.

Cela me donnait trois jours de répit, je n'en demandais

pas tant; j'acceptai, en demandant toutefois à Téhéta où je pourrais lui donner ma réponse.

— Vous me trouverez tous les jours au Prater, à l'heure qu'il vous plaira d'y venir.

Je lui indiquai une heure et je sortis.

Mais Téhéta m'avait donné une excellente leçon : au lieu de m'éloigner, je me résolus à l'attendre et à faire pour elle le rôle d'espion qu'elle avait joué pour moi.

Je cherchai un abri; mais ce pavillon était situé, comme je vous l'ai dit, dans une rue bordée d'un bout à l'autre de deux murs plats sans le moindre enfoncement; toutefois, je n'eus pas le temps de m'ennuyer à faire le guet, je vis Téhéta sortir sur mes pas.

Elle devina sans doute l'intention qui m'avait fait rester là et elle me dit :

— Oh ! vous pouvez me suivre, je n'ai pas besoin de cacher l'endroit où est votre fille, elle y a été ouvertement placée par moi comme ma fille, et s'il vous plaisait de la réclamer, je crois vous avoir dit quelles seraient les conséquences de cette réclamation.

Elle s'éloigna aussitôt sans se presser le moins du monde, et comme pour me donner la facilité de la suivre.

Je crus plus utile de me rendre chez madame Smith; cette dame était absente.

XXVI

FIN DE LA CONFESSION

Ce jour-là même je devais assister au grand dîner de la princesse ; je voulais y paraître, et je m'y rendis.

Il me parut que ce qui avait été dit restait pour accepté. Rien ne m'annonça qu'on soupçonnât la position dans laquelle je me trouvais vis-à-vis de la famille Morden.

Dans la soirée, je m'approchai de Gertrude, et je lui glissai rapidement à l'oreille la demande d'une entrevue ; elle ne fit pas semblant de m'entendre. Je quittai le salon de meilleure heure qu'à l'ordinaire, et je me rendis chez madame Smith. Je la trouvai cette fois. Elle était désolée de l'obligation où elle avait été de rendre l'enfant.

Sans lui apprendre l'exacte vérité, je lui dis que Téhéta lui avait menti, et je fis si bien, que je lui persuadai de réclamer cette enfant comme ayant un droit sur elle pour l'avoir trouvée.

Madame Smith s'amouracha de cette idée et du procès qui pouvait en être la conséquence. Cela la posait, cela lui donnait un rôle dans le monde, un rôle de bienfaitrice ardente, exaltée.

Toutefois, malgré la retenue avec laquelle je m'expliquai avec madame Smith, je fus forcé de lui laisser comprendre que cette enfant m'était plus chère que le premier venu.

Une fois ceci admis, tout le reste était facile à découvrir. Quelles étaient mes habitudes ? La plus ordinaire était d'aller tous les soirs chez la princesse... Qui trouvais-je là tous les jours ? la comtesse de Belnunce.

Une fois là, l'investigation était encore plus facile, surtout pour une femme qui avait été élevée dans l'arrière-chambre d'une femme du grand monde.

En effet, madame Smith n'avait pas réfléchi une demi-heure sur l'intérêt passionné que je prenais à cette enfant, qu'elle me disait :

— Allons, cher comte, ne faites pas le modeste, tout s'accorde.

Et en effet, vous êtes arrivé à Vienne à la même époque qu'elle : ce que vous faisiez et où vous étiez avant de venir dans notre ville, vous ne le dites à personne ; et puis...

Vous dirai-je, monsieur, qu'en vingt minutes elle savait mon secret, non pas tel qu'il était véritablement dans la bizarrerie de ces circonstances, mais tel qu'il se bâtit de soi, dans l'ordinaire de la vie ; elle en savait l'essence, le dernier mot. Nous prîmes nos mesures pour que madame Smith, aidée de ses nombreux amis, pût obtenir la restitution qu'elle demandait, et l'obtenir en quelques heures, sans discussion, sans défense possible de la part de Téhéta.

Il fallait une surprise, un véritable coup de main, sans que j'eusse l'air de m'en mêler ; tout cela fut convenu le soir même.

Madame Smith eut tous les ordres qu'elle demanda ; on mit à sa disposition presque autant d'agents de police que s'il eût été question d'une affaire politique ; et il ne s'agit plus que de savoir où l'on trouverait Téhéta.

Je fis autant que possible la description du pavillon où j'avais été conduit par ma bohême, et les familiers de la police autrichienne l'eurent bientôt reconnu comme appartenant à l'hôtel de monsieur de Morden, ce qui calma singulièrement leur vif empressement à aider les recherches de madame Smith.

Je crus pouvoir changer ces fâcheuses dispositions en leur apprenant que l'enfant que l'on cherchait n'était plus dans ce pavillon, mais avait dû être transportée dans quelque autre endroit qu'il serait facile de découvrir en suivant Téhéta.

On fut généralement de cet avis; mais nous n'avions que trois jours pour arriver à notre but, et la police allemande n'a pas l'enthousiasme expéditif de notre police de Paris.

Laissons là, dit monsieur de Favreuse, l'histoire de toutes ces allées et venues, de toutes ces courses, de toutes ces poursuites, de toutes ces fuites; qu'il vous suffise de savoir le résultat passé de toute cette histoire, qui sera loin de vous faire soupçonner cependant le résultat présent, quoique tout ce que je viens de vous dire soit parfaitement nécessaire pour que vous puissiez comprendre ce que je veux de vous.

Sachez donc, monsieur, que, soit que Téhéta eût été instruite des ordres obtenus par madame Smith, soit qu'elle-même eût compris la folie de l'espérance qu'elle avait conçue, soit qu'une main plus puissante que celle de Téhéta eût déjoué tous ses desseins, elle disparut ainsi que l'enfant, sans que personne ait pu savoir ce qu'elle était devenue.

Avec elle s'enfuirent les craintes que j'avais pour Gertrude.

Si vous tenez à savoir la fin de mon histoire personnelle, je vous dirai que depuis cette époque jusqu'en 1810, époque où les Belnunce revinrent en France, ma vie s'est à peu près passée tout entière, soit à Vienne, soit en Hongrie.

J'étais devenu le commensal très-habituel du prince de Morden, vivant très-politiquement, mais très-poliment avec monsieur de Belnunce, m'étant chargé d'instruire un peu la lourde jeunesse du jeune géant à qui était réservé l'honneur de propager la race des Morden.

Quant à mes rapports avec Gertrude, monsieur, pendant les dix ans où nous avons vécu tous les jours ensemble, ils ont été ceux de deux amis qui se sont donné mutuellement tout ce qu'ils ont de confiance, de dévouement et d'abnégation de soi-même.

J'ai eu d'autant plus de mérite à vivre ainsi, monsieur, que j'aimais Gertrude avec une véritable passion.

Mais si vous avez bien calculé le temps qui s'est passé entre les premiers jours de mon arrivée à Versailles et ceux de mon arrivée à Vienne, vous devez comprendre que je n'étais déjà plus un très-jeune homme, et qu'au moment où Gertrude arriva à tout l'éclat de sa beauté, je commençais singulièrement à décroître à titre d'amoureux.

J'ai aimé la comtesse avec passion et respect; je l'aime encore, monsieur, avec une dévotion qui ne lui laisse pas de rivale !

XXVII

CONCLUSION

A ce moment, monsieur de Favreuse s'arrêta, et, après un moment de réflexion, il continua, mais en homme qui parle pour parler et non plus pour dire la vérité. La fatuité du vétéran reprenait la parole :

— Je ne sais ni ne veux savoir, dit-il, si, malgré tout ce qu'elle a dit contre monsieur de Belnunce, elle ne s'est point raccommodée avec lui. Il était fait à peindre et elle l'avait aimé.

Je pense que le malheureux aura obtenu son pardon, car il désirait rendre valable un certain testament entaché d'une singulière obligation.

Mais cela ne fait rien à notre histoire.

Que la comtesse ait eu par-ci par-là, depuis cette époque, des velléités d'amour, c'est ce qui est plus que probable pour une femme aussi poursuivie et aussi flattée qu'elle l'a été ; mais elle a été envers moi d'une délicatesse parfaite à cet égard. Jamais ma place d'intime ne m'a été disputée, ni à sa table, ni dans son salon.

Si vous êtes curieux de savoir comment un vieux garçon peut arranger son existence quand il a épuisé toutes les passions, je vous dirai que tous les jours de ma vie je vais faire ma partie chez madame de Belnunce, et que je m'en viens après tranquillement finir ma soirée chez madame Smith.

C'est absolument aujourd'hui comme il y a vingt ans ; seulement madame de Belnunce, au lieu d'être l'ardente et folle jeune fille dont l'imagination avait fait les fautes bien plus que son cœur, madame de Belnunce est une charmante femme un peu rétive, un peu pincée, d'une exacte dévotion, fort bien en cour, et qui, dans les jours de grande gaieté, m'appelle libertin.

Quant à madame Smith, je crois vous avoir dit qu'elle avait été svelte, fine, délurée, et vous êtes à même de juger de l'élasticité de la peau humaine en voyant ce qu'elle est devenue.

Quant à moi, monsieur, je puis dire que je n'ai vieilli ni dans mon esprit ni dans ma peau ; je n'ai maigri ni engraissé d'aucun côté ; seulement le corps et le cœur commencent à devenir un peu calleux, et si j'ai troublé ma quiétude présente par le souvenir de l'histoire que je viens de vous raconter, c'est qu'il a fallu des motifs bien puissants pour cela.

FIN DU DEUXIÈME VOLUME.

LIBRAIRIE NOUVELLE
15, BOULEVARD DES ITALIENS, 15
JACCOTTET, BOURDILLIAT ET Cⁱᵉ, ÉDITEURS

OEUVRES COMPLÈTES
DE J.-B. POQUELIN
MOLIÈRE
NOUVELLE ÉDITION
PAR
M. PHILARETE CHASLES
PROFESSEUR AU COLLÉGE DE FRANCE.

> « Chaque homme de plus qui sait lire
> » est un lecteur de plus pour Molière. »
> SAINTE-BEUVE.

Le plus populaire des écrivains français, le poëte dramatique du bon sens, celui qui représente avec une fidélité incontestable notre génie national, devait occuper la première place dans cette série d'auteurs classiques que notre librairie populaire s'est promis de publier. C'est surtout en France que le mot si juste et si profond de M. Sainte-Beuve possède toute sa force et doit recevoir sa plus complète application.

Le nombre des Français qui savent lire s'accroît chaque jour; pas un d'entre eux n'ignorera Molière.

Depuis le moment où deux religieuses charitables reçurent les derniers soupirs de l'auteur du *Misanthrope*, près de deux siècles se sont écoulés. Tout a changé autour de nous: mœurs, institutions, relations sociales; tout, jusqu'au langage et au style de la conversation.

Molière est donc à la fois un ancien et un moderne; c'est le plus intime de nos amis; c'est un vieux maître. Traductions commentaires, éditions diverses, imitations, critiques, parodies, controverses, forment autour de cette grande renommée une auréole glorieuse et un nuage qui s'épaissit. Attirés par une puissante sympathie vers cette intelligence souveraine et hardie, nous perdons de vue le sens de ses œuvres, nous sentons que les années qui s'écoulent creusent entre lui et nous un abîme sans cesse plus profond.

Qu'est-ce que Molière, en effet?

Nous ne comprenons plus *Sganarelle*; *Georges Dandin* nous est étranger; *Scapin* et *Mascarille* effrayent nos habitudes et nos mœurs; les licences d'*Amphitryon* nous répugnent. Nos oreilles s'étonnent des antiques expressions employées par la bourgeoisie parisienne, et prodiguées par Molière.

Partout des allusions qui nous échappent.

Tantôt elles se rapportent à la vie du poëte, vie si douloureusement passionnée; tantôt à la cour et aux contemporains de Louis XIV. Cette époque brillante, qui précède la révocation de l'édit de Nantes et qui suit immédiatement le mariage espagnol, célébré dans l'île des Faisans, ne s'explique pas sans Molière, et Molière ne s'explique pas sans elle.

Une édition vraiment populaire de notre auteur comique devait résoudre tous ces problèmes. Il fallait isoler chacune des créations du grand homme, les replacer au milieu des circonstances mêmes qui en ont déterminé la naissance, au sein des éléments qui y ont concouru. Il était indispensable de suivre Molière à la piste, depuis ses tréteaux de la porte de Nesle, témoins des premiers essais de sa troupe juvénile, jusqu'au salon de Ninon de Lenclos, où fut tramée, parmi les éclats de rire de Chapelle et de ses amis, la grande cérémonie du *Malade imaginaire*.

D'où nous vient *Sganarelle?* quel est le berceau de *Jodelet?* Et ce pauvre *Amphitryon*, pourquoi fut-il joué sur la scène au moment même où M. de Montespan, un autre Amphitryon sacrifié par le Jupiter de l'époque, allait vivre dans ses domaines, par ordre de Jupiter? A quoi se rapportent et *la Comtesse d'Escarbagnas*, et cet autre gentilhomme maltraité et immortel, *M. de Pourceaugnac*?

L'œuvre de Molière, nous le répétons, est un commentaire perpétuel des premières années de Louis XIV.

Un savant, que la sympathie populaire entoure, et dont l'enseignement captive la jeunesse, — M. Philarète Chasles, versé dans toutes les littératures de l'Europe moderne, et qui a fait des origines et du progrès de notre langue l'objet de l'étude la plus féconde, la plus approfondie, — M. Philarète Chasles a bien voulu se charger de surveiller et d'éclairer cette nouvelle édition de Molière, revue par lui d'après les meilleurs textes, et augmentée d'un commentaire absolument nouveau.

Non-seulement cette édition contient les résultats et l'essence des commentaires précédents, mais on y trouve pour la première fois la série continue et complète de la vie littéraire du grand homme. Tous les faits et toutes les idées qui ont successivement présidé à la création des *Précieuses ridicules*, du *Tartufe*, du *Misanthrope* et des *Femmes savantes* y servent de cadre à ces chefs-d'œuvre. Les expressions insolites, les tournures surannées y sont notées et expliquées avec un soin curieux. Enfin, tout en écartant les épines de la science, on n'a oublié aucun des fruits et des conquêtes qui feront de cette édition de Molière, élucidée plutôt que commentée, la véritable édition populaire et définitive.

LES ŒUVRES COMPLÈTES DE MOLIÈRE
FORMENT CINQ VOLUMES
DE LA BIBLIOTHÈQUE NOUVELLE
à 1 fr. le volume

Grand in-16 de 400 pages, imprimé avec caractères neufs, sur beau papier satiné.

A. DE LAMARTINE

LECTURES POUR TOUS

EXTRAITS
DES
ŒUVRES GÉNÉRALES DE LAMARTINE
CHOISIS, DESTINÉS ET PUBLIÉS
PAR LUI-MÊME,
A L'USAGE DE TOUTES LES FAMILLES ET DE TOUS LES AGES

Un volume in-32 de 600 pages, orné d'un portrait de Lamartine.
Broché : 2 fr. 50 c. — Relié : 3 fr.

On apprend à lire à tous les enfants, puis, quand les enfants sont devenus des adolescents ou des hommes, on se dit : « Cachons-leur nos livres ! car nos livres ne sont pas sains pour eux ;
» Ceux-ci les troublent dans leur esprit ;
» Ceux-là les corrompent dans leurs mœurs ;
» Ceux-ci les rebutent par leur sécheresse ;
» Ceux-là les dégoûtent par leur médiocrité ;
» Ceux-ci leur inculquent des opinions avant l'âge du jugement ;
» Ceux-là les ennuient par leur monotonie ! »

Qu'arrive-t-il? L'adolescent se livre furtivement aux mauvaises lectures, ou bien, faute de livres appropriés à son âge, à son intelligence, à son âme, il se décourage de lire, et il s'abrutit dans d'ignobles distractions.

Ce sont ces considérations qui ont engagé M. de Lamartine à faire, dans la mesure de ses forces, ce que d'autres écrivains feront sans doute à leur tour, c'est-à-dire à offrir aux familles de toutes les classes et de toutes les professions sociales des lectures saines, courtes, intéressantes, et irréprochables pour leurs foyers.

www.ingramcontent.com/pod-product-compliance
Lightning Source LLC
Chambersburg PA
CBHW071329150426
43191CB00007B/666